讲武习勤的皇家苑囿
——南苑历史文化区研究

刘仲华　等著

前　言

位于京城南中轴线起点永定门外二十里，历经辽、金、元、明、清五朝，几乎伴随整个北京都城发展历程、见证北京历史发展的南苑，是与老北京城、紫禁城、三山五园同等重要，构成北京完整古都风貌所不可或缺的重要历史文化区。

第一，南苑是多民族文化交流的积淀地。

南苑是中国历史上草原游牧文化与中原农耕文化互相融合、共同作用的地区，是北京作为全国文化中心的历史见证。在辽代，南苑因地势低洼，多处有涌泉，被君主作为"捺钵"（意为皇帝的行营）之地。元代统治者也保留着草原民族的骑射习性，称南苑为"下马飞放泊"。明代永乐时扩建，周围筑土墙，设东、西、南、北四红门，又修建桥梁、寺庙、行宫，并定名为"南海子"。苑内奇花名树、飞禽走兽不计其数，南海子也被誉为"燕京十景"之一，名曰"南囿秋风"。清代强调"国语骑射"，沿用南苑为皇家苑囿。1653年，清顺治帝在南苑接见了藏族宗教领袖五世达赖喇嘛。1780年，乾隆帝又在南苑德寿寺接见了六世班禅额尔德尼。清朝皇帝在南苑的这两次接见，对于维护和稳定中央政权对西藏的管辖起到了十分重要的作用。与此同时，康熙帝、乾隆帝在南苑举行"大阅"时，往往还邀请少数民族首领观赏并给予赏赐。1758年，乾隆帝在南苑举行"大阅"时，前来觐见的哈萨克、布鲁特、塔什罕等部首领一同观看了阅兵。南苑是辽金以后中国多民族文化在北京地区融合

讲武习勤的皇家苑囿

交流的历史见证,也是北京能够长期成为"大一统"中国政治中心和文化积淀深厚的都城依托所在。

第二,南苑是都城部分政治功能的承接地。

在不同历史时期,南苑承载了封建社会都城的部分政治功能,直至清代成为功能独特的皇家苑囿。辽代政权由契丹民族创建,因其疆域辽阔和固有的政治文化习俗,建国后保留了随四季变化、逐水草畋猎的政治统治方式——捺钵制度。而以宫殿坛庙为主的传统都城,无法满足像契丹等游牧民族所建立政权的政治统治需要。长于骑射的契丹王朝在南京(今北京)设"延芳淀"(位于今通州区),经常举行围猎活动。同时,"阅骑兵于南郊",训练兵马。由女真族建立的金朝占据辽南京后,海陵王常率近侍"猎于南郊"。元代同样以"下马飞放泊"作为游猎和训练戎马的重要场地。明清时期延续并完善了这一功能。清朝统治者尤其重视骑射传统,视其为立国之本,历代皇帝都将阅武围猎作为加强皇权、提高武备、治国安邦的重要举措。在三山五园兴起之前,南苑是清前期统治者御园理政的重要场所。据研究统计,顺治皇帝在位18年,临幸南苑达32次之多。康熙皇帝在位期间,41次到南苑行围,几乎连年举行。乾隆帝一生到南苑行猎达48次之多。《乾隆御制诗》曰:"于此习围忆少年,朝家家法意深焉。"因此,历史上的南苑不仅是封建帝王走马畋猎的娱游之地,还是封建都城部分重要政治功能的承接地。

第三,南苑是北京城市所需物资的供应地。

南苑位于永定河冲积带,水草丰美,土壤肥沃,"旧时有皇庄五所,菜园五所,瓜园五所,马馆三处,牛圈四处,海户一千六百人。桃林柳陌,沃壤天开,鸟族兽群,孳育蕃息"。南苑不仅是皇家讲武习勤之场所,还是物质生产和资源贮备的基地。除了皇帝行围、供太常寺祭祀所使用的鹿只外,南苑还设有马圈,牧养供奉内廷的御马以及京营使用的大量马匹;设有牛圈、羊圈，向内廷供应鲜乳、奶酪等乳制品；设有果园，每年给内廷交纳各种桃李等水果。另外，南苑所产牧草也是明清时期京城马匹草料供应的重要来源。为加强对南苑的管理，明代永乐以后，把元朝的上林署改成上林苑监，设良牧、蕃育、林衡、嘉蔬、川衡、冰鉴及典察左右前后十署。清代则专门设奉宸苑，对南苑进行管理，内设海户、苑户等值差人员，负责照看苑内的果蔬、禽兽、树木、草场和建筑。当时的南苑物产丰富，是京城重要的农、林、牧、渔产品供应地。

南苑中最传奇的动物是麋鹿，俗称"四不像"，原产于中国。我国的野生麋鹿早已灭绝，最后一个种群就散养在南苑中。1865年，法国神父大卫发现这种珍稀动物后，将麋鹿运送到欧洲。此后，德国、日本等国都曾向清廷索要过麋鹿。例如，1887年日本致函清廷："闻中国京师南苑内有一种野兽名四不像，从前曾送德国一对，现已孳生，日本向无此兽，本国君主极为歆慕，欲得之以扩眼界。"1900年八国联军扰掠北京，南苑遭破坏，麋鹿被盗走，从此在中国绝迹。直到1985年，麋鹿才由欧洲重新返回中国，如今饲养在南海子麋鹿苑中的麋鹿就是其后代。麋鹿见证了中华民族的百年坎坷与复兴，堪称历史传奇。

第四，南苑是水文化历史的活态遗存地。

南海子属永定河水系，自古以来水草丰美，淀泊众多。明清时期，南苑地域辽阔，总占地面积210平方公里，是当时北京城面积的三倍。自辽至清代，南苑始终保持着"四时不竭，汪洋若海"的湿地风貌，这为北京城水系生态的平衡提供了重要支撑。清代曾经对南苑水系进行过多次治理。1726年，雍正帝命修水利，疏通凉水河，入凤河故道，一路挑挖，最后泄入运河。1777年，乾隆帝治理南苑内团河，重加疏浚，拓宽数十丈。团河流出南苑后入凤河，又东南流入永定河。利用此次挑挖团河之土，乾隆帝建造了团河行宫，"略加点缀，构筑行宫以备憩息"。清代治理南苑水系，不仅消除了水患，便于农田灌溉，造福周围百姓，而且也有益于南海子湿地的维护。可以说，南苑独特的水文地理条件是这里成为湿地的先决条件，但需要着重指出的是，自辽金元明清以来，融合多民族文化传统的皇家苑囿文化，对北京自然生态文化的形成与保护也起了至关重要的作用。

第五，南苑是爱国主义教育的文化基地。

清末国难频仍，1900年八国联军侵犯北京，南苑惨遭破坏，再加上光绪年间大水频发，致使南苑围墙多半倾圮，新旧衙门和南红门行宫等各处殿宇坍塌严重。至于作为"祖宗旧制"的南苑"行围校猎"和"大阅八旗"，也久已荒废。困局之下，清廷已无力再修缮和维护南苑的运转，南苑全面放垦。1902年，清廷下令成立南苑督办垦务局，将南苑内闲置土地招租，开荒耕种，以便百姓生存糊口。闻此消息，宫廷里的宦官、权贵，地主、商人蜂拥而至，圈占土地，在南苑连续建起数十处庄园。南苑由此开始出现大批村落。1904年袁世凯在南苑驻军，修筑兵营房。1906年，又修建了京苑轻便铁路。1910年，清政府在南苑筹办航空事业，建简易飞机跑道。1913年，北洋政府在南苑创建南苑航空学校。1937年，抗日战争爆发，日军向南苑驻军进攻。在南苑战役中，佟麟阁、赵登禹两位将军壮烈殉国。新中国成立后，中央人民政府追认佟麟阁、赵登禹为烈士。

南苑历史文化区的内涵丰厚，是北京古都风貌的重要组成部分，区内历史遗存是今天北京城市建设中的珍贵文化资源。当前，北京正在全面落实"四个中心"的建设任务，而南苑作为西山永定河文化带和南中轴线延长线上的重要关节点，在北京城市南部发展、新国门国际交流中心文化布局，乃至未来京雄文化带的发展中，区位优势将得到进一步发挥。全面挖掘和利用南苑区域的历史文化资源，无疑会为我们今天的城市建设提供可资借鉴的规划思路和决策参考。

目 录

第一章 捺钵文化与南苑历史文化的缘起 …………………… 1
  一 延芳淀与春捺钵 ………………………………………… 1
  二 春水与建春宫 …………………………………………… 12
  三 京城体系与捺钵职能 …………………………………… 16

第二章 元明时期南苑地区皇家苑囿的形成 …………………… 21
  一 元代"飞放泊"与南苑地区围猎活动 ………………… 21
  二 明代南海子的扩建及皇家苑囿的形成 ………………… 29
  三 明代海户的设置 ………………………………………… 41

第三章 清前期南苑的发展与御园功能 ………………………… 52
  一 顺治至乾隆时期的南苑建设 …………………………… 52
  二 南苑管理与海户、苑户 ………………………………… 59
  三 南苑与清前期御园理政 ………………………………… 67
  四 皇帝行围与南苑大阅 …………………………………… 78

第四章 清后期南苑的衰败 ……………………………………… 85
  一 嘉庆时期南苑败象日益显现 …………………………… 85
  二 道光时期南苑的整顿 …………………………………… 99
  三 咸丰至光绪时期南苑修缮与驻军防卫 ………………… 127

第五章 清末南苑放垦与苑囿变迁 ……………………………… 137
  一 日渐强烈的放垦之议 …………………………………… 137

  二　京畿社会动荡对南苑的破坏 …………………… 141
  三　招佃垦种与南苑村落的发展 …………………… 147

第六章　南苑与京城生态文化 ………………………… 166
  一　水系治理与北京南部生态 …………………… 166
  二　明清诗歌中的南苑风光 ……………………… 186

第七章　民国时期南苑与北京南部变迁 ……………… 205
  一　南苑阅兵、兵营和火车线 …………………… 205
  二　南苑航空学校与南苑机场 …………………… 223
  三　南苑之战：北京抗战史上的悲壮一幕 ……… 241

后　记 ……………………………………………………… 251

第一章 捺钵文化与南苑历史文化的缘起

任何事物或现象的出现，都非凭空而来，而是有它自身的历史渊源和发展逻辑。南苑文化的形成，离不开辽金元明清时期不同的民族文化在这片自然地域上的生根发芽与开花结果。

一 延芳淀与春捺钵

辽金捺钵文化是助推南苑这一区域进入封建都城文化体系的重要缘起。众所周知，四时捺钵是契丹所建立的辽朝政治制度的重要创举，是北方部族生活习俗与中原政治的天然融合。谈辽代捺钵文化，还得要从辽初开创的"四楼"制说起。史载："在上京者曰西楼，木叶山曰南楼，龙化州曰东楼，唐州曰北楼。"①《辽史》卷一一六《国语解》又称："岁时游猎，常在四楼间。"这是北方民族游猎文化的一种政治反映。《辽史》卷三十一《营卫志上》总序言契丹，"有事则以攻战为务，闲暇则以畋渔为生，无日不营，无在不卫；立国规模，莫重于此"。游牧民族的这种四季迁徙并非一种杂乱无章的自由行为，而是以四季营地为中心有序展开。②这种"四楼"制，实际上就是捺钵文化的最初形态。清代学者赵翼早就提出："盖辽以巡幸为主，有

---

① （宋）李焘：《续资治通鉴长编》卷一一〇，天圣九年六月丁丑。
② 韩茂莉：《历史时期草原民族游牧方式初探》，《中国经济史研究》2003年第4期。

东、西、南、北四楼，曰捺钵。"① 中国国内四时捺钵研究的开创者傅乐焕也认为"四楼"盖即辽太祖四时捺钵。② 近年来又有学者对此作了阐释，更加证实了四楼完全具备捺钵活动的特定要求，符合北方民族游猎传统，其实质为四季营地，乃是契丹捺钵制度的最初创制。③

何谓四时捺钵？各自又有何特点？南苑地区又是如何进入捺钵文化体系的呢？据《辽史》卷三十一《营卫志上》载曰："有辽始大，设制尤密。居有宫卫，谓之斡鲁朵；出有行营，谓之捺钵。"这是说捺钵为一种游猎的行营，制度比较完备。《辽史》卷三十二《营卫志下》又载曰："天地之间，风气异宜，人生其间，各适其便。王者因三才而节制之。长城以南，多雨多暑，其人耕稼以食，桑麻以衣，宫室以居，城郭以治。大漠之间，多寒多风。畜牧畋渔以食，皮毛以衣，转徙随时，车马为家。此天时地利所以限南北也。辽国尽有大漠，浸包长城之境，因宜为治。秋冬违寒，春夏避暑，随水草就畋渔，岁以为常，四时各有行在之所，谓之捺钵。"这里是从长城南北两个相对独立的地域环境谈捺钵文化的产生，可谓抓住了问题的核心。从人地关系来讲，长城以南以汉人为主体的政权，采取的是城郭宫廷的理政模式；而长城以北以游猎民族为主体的政权，奉行的是四时转徙、车马为家的理政模式。具体到契丹所建立的辽朝，逐渐形成了独特的捺钵制度，也就是四时行在之所的理政模式。其原则是秋冬避寒，春夏避暑，随水草而迁徙，以渔猎为主要生活方式，年年如此。实际上，这与前面所言的"行营"所指相同，只不过"行营"近于文言，而"四时各有行在

---

① （清）赵翼：《廿二史劄记校证》卷二七"辽燕京"条，王树民校证，中华书局，1984，第592页。
② 傅乐焕：《辽代四时捺钵考五篇》，《中央研究院历史语言研究所集刊》第10本，1948，后收入傅乐焕：《辽史丛考》，中华书局，1984，第89~97页。
③ 陈晓伟：《捺钵与行国政治中心论——辽初"四楼"问题真相发覆》，《历史研究》2016年第6期。

之所"近于口语。①

中原士人起初并不了解契丹的捺钵文化。宋人庞元英《文昌杂录》载："北人谓住坐处曰捺钵。闻契丹主要四时皆有捺钵，不晓其义。近者彼国中书舍人王师儒来聘，余充接伴使，因问之。答曰：'是契丹语，犹言行在也。'"这很容易让人简单地把它与中原政权帝王的"行在所"联系在一起。《史记》卷一百十一《卫将军骠骑列传》"遂囚建诣行在所"，《史记集解》引蔡邕曰："天子自谓所居曰'行在所'，言今虽在京师，行所至耳，巡狩天下，所奏事处皆为宫。在长安则曰奏长安宫，在泰山则曰奉高宫，唯当时所在。"《汉书》卷六《武帝纪》"征诣行在所"，如淳曰："蔡邕云：天子以天下为家，自谓所居为行在所，言今虽在京师，行所在至耳。"颜师古则曰："此说非也。天子或在京师或出巡狩，不可豫定，故言行在所耳。不得亦谓京师为行在也。"元人周伯琦《近光集·扈从诗序》言："纳钵，汉言顿宿所也。"临时住所，这种理解更远离捺钵文化的真实内涵。

所谓四时捺钵，就是指春夏秋冬四个季节的捺钵活动。春捺钵，钩鱼捕鹅；夏捺钵，避暑，"与北、南臣僚议国事，暇日游猎"；秋捺钵，"入山射鹿及虎"；冬捺钵，"与北、南大臣会议国事，时出校猎讲武，兼受南宋及诸国礼贡"②。如果按照《辽史·营卫志》所叙，春捺钵是在鸭子河泺，夏捺钵是在吐儿山，秋捺钵是在伏虎林，冬捺钵是在广平淀。不过，这仅仅代表圣宗时期及以后制度，而非有辽一代规制。③ 辽南京延芳淀等也是辽朝春捺钵的重要选择地。

契丹人的四时捺钵所独有的特点，就是由地理环境所形成

---

① 姚从吾：《姚从吾先生全集（二）》，台湾正中书局，1977。
② （元）脱脱等：《辽史》卷三二《营卫志》，中华书局，1974，第373~374页。
③ 傅乐焕：《辽代四时捺钵考五篇》，《中央研究院历史语言研究所集刊》第10本，1948，收入傅乐焕：《辽史丛考》，中华书局，1984，第89~97页。

讲武习勤的皇家苑囿

的生活方式。① 契丹统治集团春捺钵地的选择与自然环境关系最密切,首选的是河湖众多之地,特别是湖泊乃春捺钵必需的生态环境。位于今北京通州区南部,辽代时就形成了一个天然的大湖泊,史称延芳淀。据考证,辽延芳淀的范围,北至今北京通州区张家湾、台湖一带,西至马驹桥,西南至今北京大兴区采育,南至今北京通州区南界②。既然称淀,延芳淀应有广阔的水面,芦苇丛生。其规模应当很大,不仅可以狩猎,而且还有居民成邑的生活功能。故有学者指出,延芳淀水域非常宽阔,它是北京地区见于文献记载的最大湖泊,其生态功能不可小视。③ 这一水草丰美的郊野,自然成为辽代君主游猎休憩的好去处。

《辽史》卷四十《地理志》载曰:"漷阴县,本汉泉州之霍村镇。辽每季春弋,猎于延芳淀。居民成邑,就城故漷阴镇,后改为县。在县东南九十里,延芳淀方数百里。春时鹅鹜所聚,夏秋多菱芡。国主春猎,卫士皆衣墨绿,各持连锤、鹰食、刺鹅锥,列水次,相去五七步。上风击鼓,惊鹅稍离水面。国主亲放海东青鹘擒之,鹅坠,恐鹘力不胜,在列者以佩锥刺鹅,急取其脑饲鹘,得头鹅者,例赏银绢。国主、皇族、郡臣各有分地,户五千。"《辽史拾遗》卷一七引明人徐昌祚《燕山丛录》曰:"漷县西有延芳淀,大数顷,中饶荷芰,水鸟群集其中。辽时每季春必来弋猎,打鼓惊天鹅飞起,纵海东青擒之,得一头鹅,左右皆呼万岁。"这与《辽史·营卫志》对春捺钵具体活动的描述是一致的:"春捺钵:曰鸭子河泊。皇帝正月上旬起牙帐,约六十日方至。天鹅未至,卓帐冰上,凿冰取鱼。冰

---

① 姚从吾:《东北史论丛》(下),台湾正中书局,1959,第1页。
② 尹钧科:《北京郊区村落的地理特点和历史成因的初步分析》,《历史地理》(第十一辑),1993。
③ 孙冬虎:《辽金时期北京地区生态环境管窥》,《首都师范大学学报》2005年第1期。

第一章 捺钵文化与南苑历史文化的缘起

泮,乃纵鹰鹘捕鹅雁。晨出暮归,从事弋猎。鸭子河泺东西二十里,南北三十里,在长春州东北三十五里,四面皆沙埚,多榆柳杏林。皇帝每至,侍御皆服墨绿色衣,各备连锤一柄,鹰食一器,刺鹅锥一枚,于泺周围相去各五七步排立。皇帝冠巾,衣时服,系玉束带,于上风望之。有鹅之处举旗,探骑驰报,远泊鸣鼓。鹅惊腾起,左右围骑皆举帜麾之。五坊擎进海东青鹘,拜授皇帝放之。鹘擒鹅坠,势力不加,排立近者,举锥刺鹅,取脑以饲鹘。救鹘人例赏银绢。皇帝得头鹅,荐庙,群臣各献酒果,举乐。"对此,《契丹国志》也有类似的记载。另外,《契丹风土歌》更生动形象地描述了契丹春捺钵捕鹅的壮观场景:"春来草色一万里……平沙软草天鹅肥,胡儿千骑晓打围。皂旗低昂围渐急,惊作羊角凌空飞。海东健鹘健如许,鞲上风生看一举。万里追奔未可知,划见纷纷落毛羽。"① 宋人程大昌称契丹人春捺钵凿冰捕鱼的活动是"北方盛礼"②。

值得一提的是,辽帝"春水"期间用海东青捕鹅已经成为最具民族特色的狩猎方式,这在辽墓壁画及器物纹饰中都有反映,特别是"春水玉"对这一场景刻画得淋漓尽致,海东青、天鹅、水草、荷花在玉雕中栩栩如生的展现,向今天的人们诉说着古老的契丹族与大自然亲密接触的生活场景。③

据文献记载,辽帝多次临幸延芳淀等地进行捺钵活动,且多在春正月和二月,所以应将南京归为春捺钵之地更为合适。④ 辽代国祚存续(907~1125)期间,辽代诸帝春捺钵游猎总频次为166次,占比达76%,表明辽帝春捺钵确实为辽朝政治生活

---

① (宋)姜夔:《白石诗词集》,夏承焘校辑,人民文学出版社,1959,第25页。
② 程大昌:《演繁露》卷三,中国书店出版社,四库影印本第852册,2010,第176页。
③ 夏宇旭:《地理环境与契丹人四时捺钵》,《社会科学战线》2015年第2期。
④ 王新迎:《从辽圣宗前期捺钵看南京城的职能及地位》,《首都师范大学学报》2004年增刊。

中的一项重要制度。① 其中，与今北京地区有关的春捺钵活动，有辽景宗时幸华林、天柱一次。《辽史·地理志四》南京道顺州"城东北有华林、天柱二庄，辽建凉殿，春赏花，夏纳凉"，可见华林、天柱位于今北京顺义区东北。温泉，仅见于《辽史·游幸表》，景宗乾亨三年（981）二月，"放鹘于温泉南"，然从景宗于乾亨三年二月丙子（3月16日）"东幸"，己丑（3月29日）"复幸南京"推测，此"温泉"的地理位置应在南京之近地。② 可以说，景宗春捺钵地除沿袭辽初四楼之间地域外，又新开辟辽南京之东的新春捺钵游猎区域。辽圣宗在位50年，记录有春捺钵的年份多达46年，游幸之地约有47处。其中，辽圣宗驻跸延芳淀8频次，华林、天柱2频次，潞县西1频次，潞河1频次，台湖3频次，沉子泺1频次，西括折山1频次，南甸1频次，曲水泺1频次，共计19频次。③

延芳淀是辽圣宗春捺钵的主要场地。如统和四年（986），承天萧太后与圣宗至南京指挥军事时，令皇族庐帐驻于南京延芳淀。《辽史》卷十一《圣宗纪二》则称东京延芳淀。孙承泽《日下旧闻考》卷一一〇《京畿·通州三》引《北平古今记》："又统和十二年正月幸延芳淀。十三年九月奉安景宗及皇太后石像于延芳淀。不言南京。按统和四年十月命皇族庐帐驻东京延芳淀，是东京亦有延芳淀也。"于德源认为，此乃实误，理由是："时萧太后一行自居庸关至南京，未有令皇族驻帐东京（治今辽阳）之理。且《辽史·地理志二》记东京水道甚详，并不见延芳淀之名。所谓东京延芳淀实则就是南京延芳淀，东京在

---

① 高福顺、梁维：《辽代诸帝春捺钵地略考》，《赤峰学院学报》（汉文哲学社会科学版）2018年第3期。
② 高福顺、梁维：《辽代诸帝春捺钵地略考》，《赤峰学院学报》（汉文哲学社会科学版）2018年第3期。
③ 高福顺、梁维：《辽代诸帝春捺钵地略考》，《赤峰学院学报》（汉文哲学社会科学版）2018年第3期。

第一章 捺钵文化与南苑历史文化的缘起

会同元年（938）以前称南京，编史者或因此而误。"① 《辽史》卷十三《圣宗四》："戊戌，以景宗石像成，幸延寿寺，饭僧。"延寿寺，《辽史拾遗》卷十七载："兴宗重熙十一年十二月幸延寿寺饭僧。"《松漠纪闻》曰："燕京兰若相望大者三十有六，然皆律院，自南僧至，始立四禅寺，曰大觉招提、竹林、瑞像、延寿，院主有质坊二十八，所僧职有正副，判录或呼司空。"《辽史》卷十五《圣宗六》："（开泰元年十二月）奉迁南京诸帝石像于中京观德殿。"显然，这里的"延芳淀"是属辽南京的。

统和七年（989）三月春，驻跸延芳淀，直到夏四月离开。《辽史》卷十二《圣宗本纪三》载曰："（统和七年三月）是春驻跸延芳淀。夏四月甲寅，还京。"统和十二年（994）春正月癸丑，潞阴镇水灾，淹没了三十多个村庄，乙卯就前往延芳淀，三月戊午到南京城，壬申到长春宫，观牡丹。夏四月辛卯又到南京城。直到五月戊午，才来到炭山避暑。② 在延芳淀期间，"戊午，蠲宜州赋调庚申，郎君耶律必舒等谋叛，伏诛。壬戌，以南院大王耶律景为上京留守，封漆水郡王。霸州民李在宥年百三十有三，赐束帛锦袍银带，月给羊酒，仍复其家。二月甲申，免南京被水户租赋。己丑，高丽来贡。甲午，免诸部岁输羊及关征。庚子，回鹘来贡。三月丁巳，高丽遣使请所俘人畜，诏赎还"。这说明，春捺钵时，不仅仅是游猎，还要处理一些政务。正如一些学者所指出的，春捺钵之地是契丹皇帝处理军国大事的重要场所，契丹皇帝不但在冬夏捺钵之地处理军政大事，而且在春捺钵之地也同样处理军国大政。③

统和十三年（995）春正月壬子幸延芳淀，庚午如长春宫，

---

① 于德源：《辽南京（燕京）城防宫殿苑囿考》，《中国历史地理论丛》1990年第4期。
② （元）脱脱等：《辽史》卷一三《圣宗本纪四》。
③ 武玉环：《春捺钵与辽朝政治——以长春州、鱼儿泊为视角的考察》，如任免汉族官员、处理汉人州郡所在地事宜、制定与汉人汉地相关的法律、处理外交事宜、召开议政会议等。

7

讲武习勤的皇家苑囿

夏四月甲午如炭山清暑。在延芳淀期间,同样处理一些政务,即"甲寅,置广灵县。丁巳,增泰州、遂城等县赋。庚申,诏诸道劝农。癸亥,长宁军节度使萧解里秩满,民请留,从之"①。统和十五年(997)春正月庚午幸延芳淀,二月丙申朔如长春宫,夏四月己酉幸南京,己未如炭山清暑。在延芳淀期间,"丙子,以河西党项叛,诏韩德威讨之。庚辰,诏诸道劝民种树。癸未,乌舍长武周来降。戊子,女直遣使来贡。己丑,诏南京决滞囚。乙未,免流民税"②。统和十八年(1000)二月幸延芳淀,夏四月己未驻跸于清泉淀。统和二十年(1002)春正月庚子如延芳淀,三月壬戌驻跸鸳鸯泺。驻跸延芳淀期间,"诏安抚西南面向化诸部。甲寅,夏国遣使贡马驼。辛酉,女直宰相伊尔岱来贡。二月丁丑,女直遣其子来朝。高丽遣使贺伐宋捷。三月甲寅,遣北府宰相萧继远等南伐"③。这两次幸延芳淀,各长达两个月之久。

需要注意的是,在提及延芳淀时,紧跟着就是前往长春宫,或观赏牡丹,或处理其他政务。《日下旧闻考》卷二十九《宫室·辽金》:"《辽史本纪》圣宗统和十三年正月壬子幸延芳淀,庚午如长春宫。又十五年正月庚午幸延芳淀,二月丙申朔如长春宫。按:延芳淀在东京,其地与上京之长春宫较近,此二条似是指上京之长春宫而言,非南京也。原书以宫名本同,牵连误引耳。"同书征引孙承泽《北平古今记》称:"辽有二长春宫,一在南京,一在长春州(治今吉林白城市东)。若统和五年(987)三月朔,幸长春宫赏花、钓鱼。十二年(994)三月如长春宫观牡丹。十七年(999)正月朔,如长春宫。则非南京之长春宫也。"并有这样的注释:"《辽史本纪》圣宗统和十二年三月戊午幸南京,壬申如长春宫。按:戊午距壬申仅十五日,不应即至上京之

---

① 《辽史》卷一三《圣宗本纪四》。
② (元)脱脱等:《辽史》卷十三《圣宗本纪四》。
③ (元)脱脱等:《辽史》卷十四《圣宗本纪五》。

第一章 捺钵文化与南苑历史文化的缘起

长春宫，似应仍指南京而言。"有学者也指出，《辽史》卷十二《圣宗纪三》载："统和七年（989）二月壬子朔（初一日），上御元和殿受百官贺。乙卯（初四日），大飨军士，爵赏有差。是日，幸长春宫。"二月壬子至乙卯，其间不过二日，圣宗绝无可能自南京远至上京，此长春宫更当为南京长春宫无疑。[①] 从前后语境来看，这些"长春宫"都应属于辽南京地区的一个行宫。辽南京长春宫故址，今已无从考知。但《辽史》中大多同时记载契丹国主幸长春宫、延芳淀，据此可以推测辽南京长春宫当在南京城、延芳淀附近。金代，在今北京大兴南苑一带有建春宫，位置在辽南京城东南、延芳淀之西，或即故辽长春宫。[②]《大清一统志》卷五《顺天府二》："延芳淀：在通州西南。《辽史·地理志》：'潞阴县有延芳淀，方数百里。春时鹅鹜所聚，夏秋多菱芡。辽时每季春弋猎于此。'旧志：今南海子侧有延芳村，或谓延芳淀即南海子之旧名云。"

除了延芳淀这一主要春捺钵地外，辽南京还有台湖、潞县、潞河等地，且它们基本属于延芳淀春捺钵体系。据统和八年（990）正月辛巳"如台湖"，庚子"如沉子泺"，三月"幸盘山诸寺，猎西括折山"，统和九年（991）正月庚辰"如台湖"，三月甲子"幸南京"，四月丙戌"清暑炭山"，以及统和十年（992）正月丙午"如台湖"，三月丙辰"如炭山"，四月乙丑"以台湖为望幸里"的春捺钵行迹分析，台湖似应在辽南京与盘山之间，今北京市通州区有台湖镇，境内有辽萧太后河，此河之南有湖泊，今称台湖，疑辽代台湖即指此。当然，沉子泺、西括折山亦应在今北京市通州区一带。《辽史·游幸表》载，统和七年（989）十二月，"猎于蓟州之南甸。钩鱼于曲水泺"。蓟州，今天津蓟县，

[①] 于德源：《辽南京（燕京）城防宫殿苑囿考》，《中国历史地理论丛》1990年第4期。

[②] 于德源：《辽南京（燕京）城防宫殿苑囿考》，《中国历史地理论丛》1990年第4期。

讲武习勤的皇家苑囿

南甸当在蓟县城南境，曲水泺当在南甸之近地。又统和九年（991）正月"如台湖"、三月"幸南京"、二月"如曲水泺"的春捺钵行迹推断，曲水泺距台湖亦不远，当为延芳淀春捺钵体系的组成部分。①辽圣宗统和五年（987）二月"幸潞县西，放鹘，擒鹅"，统和十二年（994）十一月"渔于潞县西泺"，统和十四年（996）正月己酉"渔于潞河"。《辽史·地理志四》："潞县。本汉旧县，属渔阳郡。唐武德二年置元州，贞观元年州废，复为县。有潞水。在京东六十里。"又《资治通鉴》："鲍丘水从塞外来，南过幽州潞县，谓之潞水。"潞县在今北京通州区域内。

从统和五年（987）一直到统和二十年（1002），这十多年间辽春捺钵主要集中在南京附近。到了辽道宗时期，南京之东的延芳淀区域已完全退出春捺钵游猎地序列。

辽圣宗选择南京地区作为其统治的中心，频繁驻跸游幸，一方面在督控宋辽战事，另一方面也是将南京作为当时辽朝的一个政治枢纽，控制整个辽境的事态。②南京地区具有得天独厚的地理优势，自古以来就是兵家必争之地，"幽州之地，左环沧海，右拥太行，北枕居庸，南襟河济，诚天府之国。而太行之山自平阳之绛西来，北为居庸，东入于海，龙飞凤舞，绵亘千里。重关峻口，一可当万。独开南面，以朝万国，非天造此形胜也哉！"③宋初十几年，宋朝基本执行的是先南后北的统一方针，并未对辽主动出击。宋太宗继位后，一举灭了北汉，统一了中原地区，进而开始收复燕云地区。于是辽宋之间爆发了高梁河之战，结果以宋军惨败而宣告战役结束。高梁河之战失败后，尽管宋太宗暂时休养安兵，但仍没有放弃对幽燕地区的收

---

① 高福顺、梁维：《辽代诸帝春捺钵地略考》，《赤峰学院学报》（汉文哲学社会科学版）2018年第3期。
② 王新迎：《从辽圣宗前期捺钵看南京城的职能及地位》，《首都师范大学学报》2004年增刊。
③ 于敏中等编《日下旧闻考》卷五《形胜》，北京古籍出版社，1983。

第一章 捺钵文化与南苑历史文化的缘起

复。宋雍熙三年（辽统和四年，986），宋朝开始第二次北伐，即历史上著名的雍熙北伐。高梁河之战和雍熙北伐两次失利，宋丧失了战略进攻的主动权，陷入消极防御、被动挨打的局面。辽方虽然在战略上取得成功，但胜利的取得并不轻松。《辽史·耶律休哥传》上说："宋乘下太原之锐，以师围燕，继遣曹彬、杨继业等分道来伐。是两役也，辽亦岌岌乎殆哉！"故在雍熙北伐之后的几年冬春时节，辽圣宗母子亲率大军南下中原，占领部分城池。在南下的同时，辽帝的捺钵活动也相随而来。综观圣宗统治前期，可发现这样一个规律，即在每次秋冬南下之后，圣宗一般都是在第二年的春天回到南京地区，奖赏将士，进行捺钵活动。① 这说明此时的南京地区受到辽朝统治者的高度重视，作为统治的中心地区，圣宗母子常亲临于此，凭借南京的有利地形扼守住这一通往中原的门户，南京已经成为辽朝的军事前哨。而在澶渊之盟以后，辽宋双方结束战争对峙，开始了百年和平的局面，辽朝的政治中心因此又回到了中北部地区。辽圣宗建立中京，这成为辽朝后期真正意义上的统治中心，而捺钵活动自然随之转移到了中京附近的鸳鸯泊，也就再未到南京地区春捺钵。傅乐焕根据《辽史》和《续资治通鉴长编》的相关记载，研究春捺钵地点的变化，并认为其变化的原因与辽宋、辽金战争直接相关。② 当然，我们也不能排除自然环境的变化对其的影响。③

---

① 王新迎：《从辽圣宗前期捺钵看南京城的职能及地位》，《首都师范大学学报》2004年增刊。
② 傅乐焕：《辽代四时捺钵考五篇》，《辽史丛考》，中华书局，1984。
③ 参见王守春《10世纪末西辽河流域沙漠化的突进及其原因》，《中国沙漠》2000年第3期；《辽代西辽河冲积平原及邻近地区的湖泊》，《中国历史地理论丛》2003年第1期。张国庆《生态环境对辽代契丹习俗文化的影响》，《文史哲》2003年第5期。穆鸿利《关于契丹四时捺钵文化模式的思考》，《内蒙古社会科学》（汉文版）2005年第6期。夏宇旭《地理环境与契丹人四时捺钵》，《社会科学战线》2015年第2期。以上学者均从新的角度考证了辽代春捺钵与地理及气候的关系。

讲武习勤的皇家苑囿

二　春水与建春宫

　　四时捺钵不单是有辽一代契丹之制，而且在金朝女真政权中也相沿不衰。金代学者赵秉文《闲闲老人滏水文集》有《春水行》《扈从行》诗，其中《春水行》诗曰："光春宫外春水生，驾鹅飞下寒犹轻。绿衣探使一鞭信，春风写入鸣鞘声。龙旂晓日迎天仗，小队长围圆月样。忽闻叠鼓一声飞，轻纹触破桃花浪。内家最爱海东青，锦鞲掣臂翻青冥。晴空一击雪花堕，连延十里风毛腥。初得头鹅夸得隽，一骑星驰荐陵寝。欢声沸入万年觞，琼毛散上千官鬓。不才无力答阳春，羞作长杨侍从臣。闲与老农歌帝力，欢呼一曲太平人。"即形象逼真地描写了春捺钵的猎鹅活动在金朝得以再现的生动场面。在留居金朝十多年的宋使洪皓的《松漠纪闻》中，常以"春水秋山"为习用语。《金史》卷四十三《舆服志上》："其从春水之服，则多鹘捕鹅，杂花卉之饰。其从秋山之服，则以熊鹿山林为文。……其刻琢多如春水秋山之饰。"《金史》卷八十九《伊喇慥传》："驾幸上京，显宗守国，使人谕之曰：'自大驾东巡，京尹所治甚善。我将有春水之行，当益勤乃事。'还，以所获鹅鸭赐之。"南宋著名学者朱熹所撰《朱子语类》卷一三三曾说："金虏旧巢在会宁府，四时迁徙无常。春则往鸭绿江猎。夏则往一山，极冷，避暑，秋亦往一山如何，冬往一山射虎。"傅乐焕在研究四时捺钵的同时，还专门考证了"春水"即"春捺钵"的问题。①

　　金朝国主阿骨打对契丹捺钵制度是熟悉的，徐梦莘《三朝北盟会编》所引宋朝马扩《茅斋自叙》里曾两度讲道："阿骨打已至契丹纳拨行帐，前列契丹旧阁门官吏，皆具朝服。引唱舞蹈，大作朝见礼仪"；"阿骨打坐所得契丹纳拨行帐，前列契

---

①　傅乐焕：《辽代四时捺钵考五篇》，《辽史丛考》，中华书局，1984。

12

第一章　捺钵文化与南苑历史文化的缘起

丹旧教坊乐工,作花宴"。从《金史》等史著来看,金熙宗即位之当年(天会十三年,1135)即建天开殿这一春水地。《金史·地理志》"上京会宁府"条载:"行宫有天开殿,爻剌春水之地。"这就是金人的春捺钵。又如天眷元年(1138)二月壬戌上如约罗春水,皇统五年(1145)二月乙未次济州春水等。①

金世宗时,金朝春水秋山捺钵正式进入制度化、规模化阶段。《大金国志·熙宗纪》明确言,皇统三年(1143)七月,"(金)主谕尚书省,将循契丹故事,四时游猎,春水秋山,冬夏刺钵"。此可知金朝春水秋山承袭于契丹捺钵。大臣梁襄曾上书劝谏帝王不要巡幸金莲川时讲道:"议者又谓往年辽国之君春水秋山,冬夏巴纳,旧人犹喜谈之,以为真得快乐之趣。陛下效之耳。"②巴纳,即辽朝的捺钵。《金史语解》卷十二:巴纳,地方也。卷十一作捺钵。

从大定三年(1163),直到大定二十七年(1187),初步统计,共计有13频次,如安州(今河北保定市)春水,顺州(今北京顺义区)春水,长春宫(今河北滦州石城县)春水等。③时间上,一般是在正月、二月期间。实际上,春捺钵除了安州、顺州以及蓟州之玉田、滦州之石城长春宫等外,金中都城南及其附近的春水地也是很重要的一部分。如大定二十一年(1181)正月甲子如春水,丙子次永清县(今河北廊坊市永清县)。永清,属大兴府的一个县。这样,甲子如春水的地点应在中都城与永清县之间,很可能就位于中都城南。大定二十五年(1185)正月甲寅帝如春水,二月庚申还都。大定二十八年(1188)正月甲辰如春水,二月乙亥还都。这两次春水地或许距离中都城亦不远。

---

① (元)脱脱等:《金史》卷四《熙宗纪》。
② (元)脱脱等:《金史》卷九六《梁襄传》。
③ 参见《金史》卷六《世宗纪上》、《金史》卷七《世宗纪中》、《金史》卷八《世宗纪下》、《金史》卷一九《世纪》、《金史》卷六四《后妃传下》。

13

讲武习勤的皇家苑囿

金章宗时,又是金朝帝王春水的一个兴盛期,也是中都城南春水地的发展阶段。金人赵秉文《扈从行》诗就记载了其扈从章宗捺钵行猎的宏大场面:"马翻翻,车辘辘,尘土难分真面目。年年扈从春水行,裁染春山波漾绿……朝随鼓声起,暮逐旗尾宿……圣皇岁岁万机暇,春水围鹅秋射鹿。"[1] 据统计,从明昌元年(1190)至泰和八年(1208),共计有17频次。[2] 其中,在中都城南或附近的有,明昌元年(1190)春正月辛未如近畿春水,己卯如春水。二月甲辰至自春水,朝于隆庆宫,甲寅如大房山。三月乙卯朔谒奠兴陵,丙辰还都,朝于隆庆宫。明昌三年(1192)春正月壬戌如春水,二月甲戌朔敕明安穆昆许于冬月,率所属户畋猎二次,每出不得过十日。壬辰至自春水。丁酉猎于近郊。[3] 所谓的"近畿""隆庆宫""大房山""近郊",均与中都城有关联。《金史》卷一百二十七《赵质传》载曰:"大定末,举进士,不第。隐居燕城南,教授为业。明昌间,章宗游春水,过焉。……幸其斋。"特别是承安元年(1196)二月己亥,幸都南行宫春水,甲戌至自行宫。[4] 这里的"都南行宫"显然是指中都城南的一处行宫,即建春宫。《金史》卷十一《章宗纪三》载,承安三年(1198)春正月丙辰如城南春水,己未以都南行宫名建春。甲子,至自春水。二月己巳朔,幸建春宫。甲申至自建春宫。承安四年(1199)二月乙丑,如建春宫春水。己巳,还宫。庚午,御宣华门,观迎佛。辛未,如建春宫。乙亥还宫。戊寅如建春宫。甲申,还宫。乙酉,如建春宫。戊子,还宫。三月己亥,如建春宫。泰和二年(1202)春正月甲戌,如建春宫。泰和三年(1121)春正月庚辰,如建春宫。二月癸

---

① 薛瑞兆、郭明志编纂《全金诗》卷六七,南开大学出版社,1995,第408页。
② (元)脱脱等:《金史》卷九《章宗纪一》,《金史》卷一一《章宗纪三》,《金史》卷一二《章宗纪四》。
③ (元)脱脱等:《金史》卷九《章宗纪一》。
④ (元)脱脱等:《金史》卷一一《章宗纪三》。

14

丑,还宫。《金史》卷十二《章宗纪四》载,泰和五年(1205)二月己亥如建春宫,泰和七年(1207)二月癸亥如建春宫,泰和八年(1208)二月甲寅如建春宫,八月癸酉如建春宫。《金史》卷二十四《地理志》载曰:"大兴(县),倚辽名析津,贞元二年更今名,有建春宫。"《日下旧闻考》卷二十九《宫室·辽金》按:"《金史·章宗纪》明昌五年正月丁亥幸城南别宫。所谓别宫者,即承安时之建春宫也。明昌在承安改元之前,是时尚未有建春之名,故或称别宫,或称行宫,无定名焉。"这说明,至少金章宗明昌五年(1194)时,已有建春宫春水。总的来看,建春宫春水就达十几频次。直到元朝时,建春宫仍然存在。《元史》卷一百五十《舒穆噜明安传》载曰:"驻军于京南建春宫。"

金捺钵之制虽袭自辽,然与辽多有不同。一般说来,辽居留之时间长,金则短暂,辽之行动复杂,金则简单。《金史》卷十一《章宗纪三》载,泰和二年(1202)壬戌,谕有司曰:"金井捺钵不过二三日留,朕之所止,一凉厦足矣。若加修治,徒费人力,其藩篱不急之处,用围幕可也。"《金史》卷九《章宗纪一》:"率所属户畋猎二次,每出不得过十日。"确实,金代保留了传统渔猎生活方式,其季节性及时间规定不像辽朝那么严格。[1]但说金则全出嬉游,无关于政治[2],恐怕并非历史事实。都兴智就认为金代捺钵不完全是"寓乐于山水之中",亦有其政治目的,如通过渔猎活动练兵习武,皇帝借机考察官吏、体察民情等[3]。都会宁期,统治重心在上京地区,捺钵基本袭辽制;都燕前期,政治中心已转入中原,但仍须在塞外坐夏、秋猎以巡边耀武,威慑北边各族;都燕后期,女真日渐汉化,且北方

---

[1] 孙雪江、张博程:《辽代四时捺钵体制及其影响试析》,《考试周刊》2014年第45期。
[2] 傅乐焕:《辽代四时捺钵考五篇》,《辽史丛考》,中华书局,1984。
[3] 都兴智:《金代皇帝的"春水秋山"》,《北方文物》1998年第3期。

边患严重，皇帝仅在中都周围行"春水秋山"；都汴后，捺钵之风尽废，但仍在开封附近游猎。在此期间，国家权力机构随皇帝转移到行宫，朝廷百官大都要扈从皇帝。故不能说金代捺钵与政治完全无关。①

虽然金代捺钵在制度化和规范性方面不如辽，但也是金代历史上一个不容忽视的问题，它表现了女真生活习俗和民族文化的某些特性。②《日下旧闻考》卷二九《宫室》引《金史·章宗纪》："（承安四年）如建春宫。上谕点检司曰：'自蒲河至长河及细河以东，朕常所经行，官为和买其地，命百姓耕之，仍免其租税。'"《金史》卷四十七《食货志二》："十九年二月上如春水，见民桑多为牧畜啮毁，诏亲王公主及势要家牧畜，有犯民桑者，许所属县官立加惩断。"大定二十四年（1184），平章政事完颜襄和奉御完颜平山射死怀孕的野兔，结果世宗大怒，"杖平山三十，诏襄诫饬之，遂下诏禁射兔"③。泰和元年（1201），金章宗幸长春宫春水，"上以方春，禁杀含胎兔，犯者罪之，告者赏之"④。金朝的春捺钵确实体现了帝王的一种"君道"。

三　京城体系与捺钵职能

契丹辽朝建立的捺钵制度，不仅是北方民族草原游牧与渔猎文化融合的一种新型发展，更是城国与行国二元政治的一种展示，之后延续到金朝、元朝与清朝。

辽帝仿照中原设立固定的京都，"太宗以皇都为上京，升幽州为南京，改南京为东京，圣宗城中京，兴宗升云州为西京，

---

① 刘浦江：《金代捺钵研究》（上），《文史》1999年第4辑。
② 刘浦江：《金代捺钵研究》（上），《文史》1999年第4辑。
③ （元）脱脱等：《金史》卷八《世宗纪下》。
④ （元）脱脱等：《金史》卷一一《章宗纪三》。

第一章 捺钵文化与南苑历史文化的缘起

于是五京备焉"①。但辽朝皇帝处理政事是贯穿在捺钵活动过程中的,"五月,纳凉行在所,南北臣僚会议。十月,坐冬行在所,亦如之"②。四时捺钵中的狩猎只是一种形式,根本的是行国政治的运行,捺钵地是辽朝的政治中心。正如学者所言:"此乃契丹民族生活之本色,有辽一代之大法,其君臣之日常活动在此,其国政之中心机构在此。"③ 四时捺钵是辽朝国家政治生活中的头等大事④,捺钵就是辽朝的朝廷⑤,所言并不为过。

《史记·大宛列传》中出现了"行国"一词。《史记·匈奴列传》对此作了进一步阐释:"其约束轻,易行也。君臣简易,一国之政犹一身也。"这就是所谓"行国政治"的最初由来。有学者分析指出,草原游牧政权根据季节早晚和牧场好坏经常而有规律地移动,可汗牙帐迁徙到哪里,整个国家的政治、经济乃至文化中心也随之集中在哪里。⑥ 从行国政治视角观察,四楼作为太祖四季驻跸之所,实际承担着契丹王朝政治中心的特定角色。⑦ 金太祖、太宗两朝时,都城会宁府虽然创立,但国家政治中心的作用相当弱化,国家权力机构随同皇帝转移到行宫。⑧

所谓"城国",《汉书》卷九十四上《匈奴传》云:"地节三年,西域城郭共击匈奴,取车师国。"颜师古注曰:"城郭,谓诸国为城居者。"《汉书》卷七十《陈汤传》颜师古注曰:

---

① (元)脱脱等:《辽史》卷三七《地理志》。
② (元)脱脱等:《辽史》卷三二《营卫志》。
③ 傅乐焕:《辽代四时捺钵考五篇》,《辽史丛考》,第37页。
④ 陈晓伟:《捺钵与行国政治中心论——辽初"四楼"问题真相发覆》,《历史研究》2016年第6期。
⑤ 李锡厚:《辽中期以后的捺钵及其与斡鲁朵、中京的关系》,《中国历史博物馆馆刊》1991年第6期。
⑥ 贾敬颜:《释"行国"——游牧国家的一些特征》,《历史教学》1980年第1期。
⑦ 陈晓伟:《捺钵与行国政治中心论——辽初"四楼"问题真相发覆》,《历史研究》2016年第6期。
⑧ 刘浦江:《金朝初叶的国都问题——从部族体制向帝制王朝转型中的特殊政治生态》,《中国社会科学》2013年第3期。

讲武习勤的皇家苑囿

"谓西域国为城郭者,言不随畜牧迁徙,以别于匈奴也。"程大昌《北边备对》言:"汉叙西域诸国有城郭国,有行国。城郭,则其筑城有守者也;行国,则不立城郭,而以马上为国者也。"① 宋神宗就明确讲道:"有城国、有行国。"② 所以说,"城国"是一个与"行国"相对的政治文化概念,它以农耕定居生活为主,将都城作为举国政治中心。一般意义上,都城是一个王朝的最高权力中心和国家行政机构所在地,其实这只是农耕定居的一种都城文化理念。然而从契丹、女真等北方民族的游牧政治生活实践层面考虑,这种都城政治中心论很难成立。正如有学者所指出的,契丹皇帝不居京城,也很少临幸于此,辽朝统治中心不在京城,而是皇帝所居的行宫,上京不过是建国初期在汉人怂恿、策划下兴建的,徒具国家象征意义。③

北方民族建立的王朝的一大特点就是在游牧文化主导下不断地吸收农耕文化因素,由此兼备行国与城国双重政治文化,既保留着草原游牧时期传统的四季营地和游牧汗帐,同时在农耕文化思维的影响下建立有一定规制的都城。不过,各个北方民族政权的政治制度中兼容游牧文化与农耕定居文化的多寡程度却有很大不同,都城功能及地位各有其历史特征。大体有三种类型:第一种为有名无实的政治象征型。辽朝的都城就属于这种类型。尽管辽初建立了皇都,至辽兴宗重熙十三年(1044)五京完备,但它们充其量不过是地方行政机构,从未发挥过都城的实际功能,乃表面仿效中原式国都制度,仅具有象征意义

---

① 朱易安等编《全宋笔记》第四编之八,戴建国、刘宇点校,大象出版社,2008,第128页。
② (宋)李焘:《续资治通鉴长编》卷三二八,元丰五年七月乙未,中华书局,1979。
③ 杨若薇:《契丹王朝政治军事制度研究》,中国社会科学出版社,1991,第195页。

第一章 捺钵文化与南苑历史文化的缘起

而已。① 第二种是都城与季节性营地复合型。蒙古帝国时期当然是纯正的行国政治，元世祖时期则为之一变，忽必烈统合汉地，既而借鉴农耕城国政治，遵循蒙古草原四季游猎传统而创立两都巡幸制度，定大都大兴府为驻冬之都，上都开平府是驻夏之都，由此将两座都邑分别与冬季营地、夏季营地复合在一起。第三种属于都城政治功能日益强化型。最典型的案例要数拓跋鲜卑。②

20世纪40年代，傅乐焕、姚从吾就提出辽的政治中心不在汉人式的五京，而在游牧式的捺钵，之后的诸多学者沿着这一思路进行了详尽论证，使之更加丰富。实际上，北方游牧民族与中原汉族的制度、礼仪、习俗及心理特征相去甚远，完全用中原汉族的模式来推断契丹社会显然是不合适的。"关注差异"是研究民族史必不可少的重要方法。把中原汉族的思维定式套用到辽金元史的研究可能是一个误区。③ 因而北方游牧民族政权虽有京城之设，但政治中枢并不固定在京城中。

不过，我们并不能因此而否定京城设置的历史与政治意义。在契丹国家的政治生活中，捺钵地与京城深深地契合在一起。④ 根据《辽史本纪》所记载的辽帝捺钵地点和次数所做的统计图表来看，夏季的地点还是多集中于上京附近，南京是独立成组的，而冬季的地点相对要均匀一些，分布在上京、中京、南京、西京及东京附近，并以上京和中京最为频繁，南京次之。圣宗前之太祖、太宗、世宗、穆宗、景宗五朝的捺钵地点与后期比较总的数量较少，巡幸的绝对次数也大大少于后期。前期春夏秋冬无论哪一季，除了皇都上京附近外，南京始终占据了显要

---

① 康鹏:《辽代五京体制研究》，博士学位论文，北京大学，2007年12月，第95~97页。
② 陈晓伟:《捺钵与行国政治中心论——辽初"四楼"问题真相发覆》，《历史研究》2016年第6期。
③ 尤李:《辽金元捺钵研究评述》，《中国史研究动态》2005年第2期。
④ 诸葛净:《论辽之京城体系》，《华中建筑》2009年第7期。

讲武习勤的皇家苑囿

的位置,而到后期,南京的地位有所削弱,特别是夏季的地点中,已无南京,但在秋冬季,依然形成中京、上京和南京三个中心区域,而中京地位则日益凸显。由此可知,在政权的运作过程中,传统的捺钵地点与京城契合在一起,尤其是在冬季重要的议事季节,京城显示出了其在国家政治生活中的重要地位。在契丹国以游牧为主体的政治结构中,京城不可能成为中原都城意义上的政治中心,但在对农业人口的管理中,提供了体制上的支撑。而换一个角度来看,也可发现多个京城的设置正是与契丹这种中央政府随皇帝宫帐四时捺钵地的转移而转移的状况相适应的。因而尽管辽政权以二元制为原则,但这种二元分立并非两个互不相干的体系的并列。"捺钵"与"五京"成为两个相辅相成的体系,游牧和农业这两种性质截然不同的社会经济体系及其相关的人口以这样的方式统一在一个国家之中。

第二章　元明时期南苑地区皇家苑囿的形成

元明时期，南苑地区开始出现皇家苑囿。元代以来这里成为蒙古统治者延续游牧民族传统习俗并兼以训练武备的重要场所。元代的"飞放泊"，成为南苑土地开发的最早历史。明代以来，南苑地区不仅是皇家狩猎休闲的重要去处，也成为人口迁移及皇家物资供应的重要区域。明代以来南苑地区的土地开垦，也成为北京城市发展的重要构成。

一　元代"飞放泊"与南苑地区围猎活动

蒙古人承袭金代传统，沿用辽之"捺钵"一语，这在元代文献中有相关记载。《元史》卷九十《百官志六》："经正监，秩正三品，掌营盘、巴纳。"还有"巴纳官人"[1]，《元史语解》卷二："巴纳，满洲语，地方也。卷九十作纳钵，围场名。"《元史语解》卷十八："巴纳，满洲语，地方也。卷九十五作伯纳。"元朝著名诗人耶律铸《双溪醉隐集》中有"秋山"诗、"春水"诗，反映出世祖入燕后，沿用春水、秋山之情形。

蒙古人也在春秋时节出塞狩猎。周伯琦《立秋日书事三首》诗注云："上京之东五十里有东凉亭，西百五十里有西凉亭。其

---

[1]　（明）宋濂等：《元史》卷九五《食货志三》，中华书局。

讲武习勤的皇家苑囿

地皆饶水草，有禽鱼山兽，置离宫。巡守至此，岁必猎校焉。"①杨允孚《滦京杂咏》有这样一首诗："纳宝盘营象辇来，画帘毡暖九重开。大臣奏罢行程记，万岁声传龙虎台。"龙虎台位于今昌平西北，是元政府在大都至上都路上建造的一座行宫。杨允孚在自注中云："龙虎台，纳宝地也，凡车驾行幸宿顿之所，谓之纳宝。"②"纳宝"也写作"纳钵"，元人周伯琦《扈从诗前序》曰："启行至大口，历皇后店、皂角，至龙虎台，皆纳钵也，国语曰纳钵者，犹汉言宿顿所也。"③《析津志辑佚》也有相关记载，如居庸关在元代又被称作纳钵关，"南龙虎台，北棒槌店，皆有次舍，国言谓之纳钵关"④。今人傅乐淑的《元宫词百章笺注》中收录元代诗句也有"纳钵"的记载："上都四月衣金纱，避暑随銮即是家。纳钵北来天气冷，只宜栽种牡丹花。"从上述元代文献记载可见，可以确定元朝皇帝的行宫是被称作"纳宝"或"纳钵"的，而"纳宝"或"纳钵"的语源其实就是来自契丹语"捺钵"。

不过，元朝捺钵的常用表达词为"飞放"，并有了新的内涵。王恽在《玉堂嘉话》卷八中收录的元世祖忽必烈捺钵一事，其中就提到"趁春水飞放故也"。此处说的虽是世祖忽必烈进入中原之前的情形，但对我们了解其入主中原后的捺钵情况，是有参考意义的。《元史》卷一百一《兵志四》载曰："元制：自御位及诸王，皆有昔保齐，盖鹰人也。是故捕猎有户，使之致鲜食以荐宗庙，供天庖，而齿革羽毛，又皆足以备用。此殆不可阙焉者也。然地有禁，取有时。而违者则罪之。冬春之交，天子或亲幸近郊，纵鹰隼搏击，以为游豫之度，谓之飞放。"这

---

① 顾嗣立：《元诗选·初集》，载周伯琦《立秋日书事三首》，中华书局，1987，第1866页。
② （元）杨允孚：《滦京杂咏》，中华书局，1985。
③ （元）周伯琦：《扈从集》前序。
④ （元）熊梦祥：《析津志辑佚·属县》"昌平县居庸关"条，北京古籍出版社，2001。

第二章 元明时期南苑地区皇家苑囿的形成

里的"飞放",显然是指一种狩猎制度,但有了限制条件,即"地有禁,取有时",并非岁岁四季进行捺钵,只是冬春之交才可狩猎,且在都城近郊。狩猎有捕猎专门者,即猎户,属鹰人组织,后来设立了鹰坊。所获得猎物,以供宗庙祭祀之用。元朝捺钵可分两期,进入中原前曰前期,完全袭辽之制;而入主中原之后曰后期,则与金代之中都燕京时期大致相同,即夏秋出塞,春冬在燕京。①

元朝政权建立之后,将北京定为元朝大都。蒙古族统治者长于骑射,虽迁至中原地区,为延续本民族传统习俗,故选择在农闲时节到大都郊外进行游猎。元朝对草原生活习俗的延续体现在多个方面,其中之一是将宫殿建筑与园林建筑融为一体。元世祖营建大都城,是以金代的皇家园林太宁宫为中心,帝王正殿则位于太液池东侧,皇太后及皇太子宫殿位于太液池西侧。此外,在日常生活当中,蒙古统治者在大都城的主要活动便是游猎、宴饮,以保持并延续游牧民族之习俗,并兼以训练武备。姚燧《平章政事忙兀公神道碑》载:

> 海东青杂鹘,先朝多或十赐。惟至白鹘髇爪玉如,圣语晓曰:"是禽惟朕及鹰师所鞲,以卿世臣诸孙,宣力之多,日桑榆矣,无以娱心。河南治地,平衍而远,且多陂泽,鹅鹳所集,时出纵之,使民得见昭代春秋蒐田之盛,不敢萌启邪心。"②

围猎是古代北方游牧民族重要的生产方式之一,他们以此来获取生活及生产资料,也是借以向后代子孙传授生活技能及加强武备训练的主要途径。"在蒙古族统一蒙古高原、西征欧亚

---

① 穆鸿利:《关于契丹四时捺钵文化模式的思索》,《内蒙古社会科学》2005年第6期。
② 苏天爵编《元文类》卷五九,《四库丛刊初编》第2032册,第18~19页。

讲武习勤的皇家苑囿

的过程中，由于长期征战的需要，围猎成为训练军队的重要手段，'围猎有类出兵'，围猎的武备功能逐渐占据主导地位。元代建立以后，围猎的娱乐功能日显突出，成为蒙古贵族休闲、娱乐的重要内容。"[1] 因此，来到中原地区的元代统治者在定都元大都之后，势必要在大都城周边找寻这样的地方。而当时的南苑地区水草丰沛，荒无人烟，就是元朝的"飞放泊"地点之一。所谓"飞放泊"，就是供皇家放鹰捕猎的广阔水面，每至"冬春之交，天子或亲幸近郊，纵鹰隼搏击，谓之飞放"[2]。

元朝皇帝最早的外出"飞放"，可远溯至契丹四时纳钵和辽南京、金中都城南的"春水"。忽必烈藩邸二月中旬便曾于忽兰赤斤以东马头山"趁春水飞放"[3]。元朝建立之后，其飞放地点又转移到水草较为丰沛的大都城东南地区。关于忽必烈"飞放"活动之记载，在《马可波罗行纪》中有过十分详细的记载：

> 大可汗在大都城中度过十二月、正月和二月后，到三月里他离开这里。往南走两天，留在距洋海很近的地方。除去许多隼和撒克鹰外，他至少带有一万捕鹰匠和五百只大鹰。……大可汗常常坐在一个美丽的木头寝室中。四只象抬着室走……他叫所要的大鹰拿来放出。这些鹰最后和鹤争斗。……他临朝用的帐篷是非常的大。……有几处禁地在五天路程以外，又有几处在十天或十五天路程以外的。……直到复活节前后，他就率领所有跟从人沿着来时的路，直回到汗八里城……也只在他主要的宫中停留三天。

狩猎是蒙古统治者十分重视的活动，这不仅是民族习俗的延续，更是统治者武力强大的保障。成吉思汗时期，甚至进行

---

[1] 郝盐省：《蒙古族围猎变迁考》，《内蒙古社会科学》2017年第2期。
[2] （明）宋濂等：《元史》卷一一〇《表第五上》。
[3] （明）宋濂等：《元史》卷二七《本纪第二十七》、卷二八《本纪第二十八》。

第二章 元明时期南苑地区皇家苑囿的形成

了"猎法","成吉思汗极其重视狩猎。他常说,行猎是军队将官的正当职司……每逢汗要进行大猎(一般在冬季初举行),他就传下诏旨,命驻扎在他大本营四周和斡耳朵附近的军队作好行猎准备,按照指令从每十人中选派几骑……军队的右翼、左翼和中路,排好队形,由大异密率领……他们花一两个月或三个月,形成一个猎圈,缓慢地、逐步地驱赶着前面的野兽……最后,猎圈收缩到直径仅两三帕列散时,他们把绳索连接起来,在上面复以毛毡;军队围着圈子停下来,肩并肩而立……猎圈再收缩到野兽已不能跑动,汗便带领几骑首先驰入;当他猎厌后,他们在捏儿格中央的高地下马,观看诸王同样进入猎圈,继他们之后,按顺序进入的是那颜、将官和士兵"。所有参与的人员都要十分细致勇猛,"唯恐有一头野兽逃出圈子。如果出乎意料有一头破阵而出,那么要对出事原因做仔细地调查,千夫长、百夫长和十夫长要因此受杖,有时甚至被处以极刑。如果(举个例说)有士兵没有按照路线(蒙古人称之为捏儿格)行走,或前或后错走一步,就要给他严厉的惩罚,决不宽恕"①。

海东青是分布在东北地区的一种名鹰,元帝外出围猎期间,必携带海东青予以辅助,每每携带"一万捕鹰匠和五百只大鹰"。至元十三年(1276)被掳北上的南宋宫廷琴师汪元量写有《斡耳垛观猎》一诗,对于当时春猎情景描述得极为精彩:

　　黑风满天红日出,千里万里栖寒烟。快鹰已落蓟水畔,
猎马更在燕山前。
　　白旄黄钺左右绕,毡房帐殿东西旋。海青渺然从此去,
天鹅正坠阴崖巅。

此外,每至大汗外出围猎,其左右护卫及行经驿道之状况,

---

① 志费尼:《世界征服者史》(上),内蒙古人民出版社,1981,第29~44页。

讲武习勤的皇家苑囿

在《马可波罗行纪》中亦有相关记载:

> 大汗有两男爵,是亲兄弟,一名伯颜(Bayan),一名明安(Mingam)。人称此二人曰古尼赤(Cunichi),此言管理番犬之人也〔百衲本:此言狩猎师(Mastersofthenhunt),他们饲养狩猎犬、寻猎犬、灰狗以及我们称为獒犬的大型犬〕。兄弟两人各统万人……大汗出猎时,其一男爵古尼赤将所部万人,携犬五千头,从右行。别一男爵古尼赤率所部从左行。相约并途行,中间留有围道,广二日程。围中禽兽无不被捕者。……君主偕诸男爵骑行旷野行猎时,可见此种大犬无数,驰逐于熊、鹿或他兽之后,左右奔驰,其状极堪娱目也。①

元代京郊有多处飞放泊,《方舆胜览》载:"下马飞放泊在大兴县正南,广四十顷;北城店飞放泊、黄埃店飞放泊俱广三十顷。"② 其中另一处飞放泊地点位于通州潞县,"晾鹰台在县西南二十五里。高数丈,周一顷,元时游猎,多驻于此"③。这里是"原隰平衍,深流芳淀,映带左右"④。此外,据《元史》记载,至大元年(1308)七月,"筑呼鹰台于潞州泽中,发军千五百人助其役"⑤。元代还有柳林海子及延芳淀。元代皇帝去这几处飞放泊巡猎十分频繁。元世祖至元十八年(1281)正月,"车驾幸潞州",正月再次"车驾幸柳林"⑥。英宗至治元年(1321)二月,"牧于柳林,敕更造行宫"。二年(1322)正月,"建行殿于柳林",三月"幸柳林",五月耿直,"大风,雨雹,拔柳

---

① 马可·波罗:《马可波罗行纪》,内蒙古人民出版社,2008,第228页。
② (清)于敏中等:《日下旧闻考》卷七五,北京古籍出版社,1985,第1265页。
③ (清)于敏中等:《日下旧闻考》卷一〇〇《京畿·方舆纪要》。
④ (清)顾祖禹:《读史方舆纪要》卷一一,中华书局,2005,第462页。
⑤ 《元史》卷二二《本纪第二十二》。
⑥ 《元史》卷一《本纪第一》。

第二章　元明时期南苑地区皇家苑囿的形成

林行宫内外大木二千七百"。① 文宗至顺元年（1330）七月，"调诸卫卒筑漷州柳林海子堤堰"。三年（1332）七月，"调军士修柳林海子桥道"。元顺帝元统三年（1335）正月，"帝猎于柳林，凡三十五日"。关于元帝四方狩猎，元朝诗作多有记载，如元人张昱所作《辇下曲》百余首，即有两首与之相关，其一曰："旌旗千骑从储皇，诈柳行春出震方。祖宗马上得天下，弓矢斯张何可忘。"其二曰："天朝习俗乐从禽，为按名鹰出柳阴。立马万夫齐指望，半空鹅影雪沉沉。"元帝所念念不忘的四处狩猎，游乐之外更有教育子孙之意。此外，延芳淀也在漷县西，《清一统志》谓："延芳淀在通州西南。……旧志：今南海子侧有延芳村，或谓延芳淀即南海子之旧名云。"

文献中所言"下马飞放泊"即今南苑地区。《清稗类钞》中记载："南苑在京城南，为元时南海子故址，亦名飞放泊，广百余里。"② 元代"飞放泊"在南苑的设立，开启了南苑一带作为皇家苑囿的时代。元统年间进士买住曾作《和别都尔丹〈浮云寺〉》，其中就写到南苑："马首山光泼眼青，柳边童叟远欢迎。花飞南苑芳春暮，凉入西楼夜月平。野鸟唤晴声正滑，主人留客酒初行。明年我亦燕山去，稻可供炊鱼可羹。"③ 元代还在南苑内建有幄殿，"殿傍瞭鹰台，台临三海子，筑七十二桥以渡"④。

为满足皇家射猎需求，在南苑地区还饲养了数量众多的飞禽走兽。蒙古中统三年（1262）十月，忽必烈颁旨："道与中书省忽鲁不花为头官员，圣旨到日，照依旧来体例，中都四面各五百里地内，除打捕人户依年例合纳皮货的野物打捕外，禁约不以是何人等，不得飞放打捕鸡兔。这地面里头若有养鹰鹞飞放的人每，飞放的心有呵，咱每根底问了，教靠着咱每飞放也

---

① 《元史》卷三《本纪第三》。
② （清）徐珂：《清稗类钞》宫苑类，商务印书馆，第34页。
③ 王叔磐编《元代少数民族诗选》，内蒙古人民出版社，1981，第244页。
④ 陈梦雷：《古今图书集成》，江苏广陵书社，2002。

讲武习勤的皇家苑囿

者。这般省谕了呵,咱的言语别了的,不有罪过那甚么。"① 至元十年(1273)九月又一次颁旨,更加明确地划定了禁猎区域,重申区内不准放鹰:"今后拆么诸班鹰鹘都休放者。东至州,南至河间府,西至中山府,北至宣德府,已前得上司言语,来的休放者。若有违反者人呵,将他媳妇孩儿每头匹事产都断没也者。"②《日下旧闻考》对此说明更为详细:"大都八百里以内,东至滦州,南至河间,西至中山,北至宣德府,捕兔有禁。以天鹅、老、仙鹤、鸦鹘私卖者,即以其家妇子给捕获之人。有于禁地围猎为奴婢首出者,断奴婢为良民。收住兔鹘向就近官司送纳,喂以新羊肉,无则杀鸡喂之。自正月初一日至七月二十日禁不打捕,著之令甲。"③ 此外,《元典章》中也记载了关于捕猎的规定,如"正月为头,至七月二十八日,除毒禽猛兽外,但是禽兽胎孕卵之类,不得捕打,亦不下捕打猪鹿兔"④。至元七年(1270)六月下旨曰:"今后禁地内除狼虎野狐外,如有围猎的人,奴婢首告出来,断为良者。"再到大德元年(1297)二月十八日再下圣旨言:"正月为羔儿时分,至七月二十日,休打捕者。打捕呵,肉瘦,皮子不成用,可惜了性命。野物出了踏践田禾么道,依在先行了的圣旨体例,如今正月初一日为头,至七月二十日,不拣是谁,休捕者。打捕人每有罪过者,道来圣旨。"⑤ 此外,王恽《便民三十五事·禁约侵扰百姓》也提到元朝围猎活动对于相关地区居民日常生活多有侵扰,嗣后应立禁约,内言:"每岁鹰房子南来,所经州县,市井为空。将官吏非理凌辱,百姓畏之,过于营马。及去,又须打发

---

① 《大元通制条格》卷二八,郭成伟点校,法律出版社,1999。
② 《元典章》,《典章三十八·兵部》卷五,中国书店出版社,1990,第564页。
③ (清)于敏中等:《日下旧闻考》卷七五,北京古籍出版社,1985,第1267页。
④ 《元典章》,《典章三十八·兵部》卷五,中国书店出版社,1990,第564页。
⑤ 《元典章》,《典章三十八·兵部》卷五,中国书店出版社,1990,第9页。

第二章　元明时期南苑地区皇家苑囿的形成

撒花等物，深为未便。乞严行禁约，以安吏民。"[1]

此外，自从元代开始南苑还承担了物质生产和物资储备的任务，需要为宫廷及皇室提供各种生活日用消费等物资。元世祖至元十九年（1282）置上林苑署，"掌宫苑栽植花卉、供进蔬果，利拃以饲驱马，备煤炭以给营缮"[2]。

二　明代南海子的扩建及皇家苑囿的形成

明永乐十二年（1414），南苑在元代"飞放泊"的基础上得以继续扩大。《日下旧闻考》记载："南海子在京城南二十里，旧为下马飞放泊，内有按鹰台。永乐十二年增广其地，周围凡一万八千六百六十丈，中有海子三，以禁城北有海子，故别名南海子。"[3] 此外，《春明梦余录》中记载道："南海子在京城南二十里，旧为下马飞放泊，内有按鹰台。永乐十二年增广其地，周围凡一万八千六百六十丈。乃育养禽兽种地蔬果之所。中有海子，大小凡三，其水四时不竭，汪洋若海，以禁城北有海子，故别名曰南海子。"[4] 明宣宗时期，对南海子附近又进行了修治。其中宣德三年（1428）十一月，"命太师英国公张辅等拨军修治南海子周垣桥道"；四年（1429），"行在工部言去年芦沟河决，淹没禾稼坏南海子墙垣及庆丰诸闸，用工修筑久而未就，今请命廷臣往督之"[5]；七年（1432）八月，"修南海子红桥等闸"[6]。明英宗时期，对南苑的整修达到鼎盛，并新建了不少设施。"正统七年正月，修南海子北门外桥。八年（1433）六月，修南

---

[1] （元）王恽：《秋涧集》卷九〇《便民三十五事·禁约侵扰百姓》，《元人文集珍本丛刊》第2册，第470页。
[2] （清）孙承泽：《天府广记》，北京出版社，1962，第367页。
[3] （清）于敏中等：《日下旧闻考》卷七五，北京古籍出版社，1985，第1267页。
[4] （清）孙承泽：《春明梦余录》，北京古籍出版社，1982。
[5] 《明宣宗实录》卷五三，宣德四年四月辛卯。
[6] 《明宣宗实录》卷九三，宣德七年八月壬寅。

29

海子红桥"①。正统十年（1435）正月，修南海子北门外红桥。十二年六月，修南海子北门大红桥。天顺二年（1458）二月，修南海子行殿大虹桥一，小桥七十五。②天顺七年（1463）四月，"新建弘仁桥，成桥在南海子东墙外，旧名马驹桥。水自城西南经南海子出，岁以木为桥，水涨即冲去，往来者病涉。上悯之欲建石桥，遂发内帑银数万两，顾工匠民夫为之。因命内阁臣李贤、陈文、彭时等往观焉，贤言工程浩大，顾民夫莫若用军士，一月人与银一两，彼亦乐为之矣，不惟军士得济，抑且力齐而工易完，上从之。既而文武大臣亦皆感激，出俸银以为助，桥成改名弘仁，命贤为碑记"③。弘治三年（1490）十二月甲辰，内阁大学士刘吉等言"南海子墙垣自有海户可以修筑，今劳动军士数千，将及经年未见毕工，其他差官勘事等项尤为烦琐，不能悉言"，因此请求"将沙河桥、南海子做工军士尽放回营休息"，故"军士久劳工役及烧造内官骚扰地方诚宜停止，其令金山口、沙河桥、南海子及王府做工军人等俱与休息"。④正德二年（1507）八月，因临近中秋节，南海子地方也有诸多应将工程，如"时方修理南海子殿宇桥梁、制造元宵灯火及诸项工程所费，动以万计"⑤。成化十年（1474），"命工部左侍郎王诏、都督同知芮成、董后府所属诸卫军千人修葺南海子行殿及围垣，既而会昌侯孙继宗等言后府属卫军少乞行，五府所属共拨千人，从之"⑥。

正德年间，南苑地区的管理有所松弛，直到嘉靖年间，这里竟然成为盗贼隐匿之处。《上林苑海子碑记》载："迨正德间，其先驰非复祖宗旧制矣。嘉靖以来，用言者汶其弊滋甚，削至

---

① 《明英宗实录》卷二，天顺二年二月癸卯。
② 《明英宗实录》卷二八六，天顺二年八月丁未。
③ 《明英宗实录》卷三五一，天顺七年四月己巳。
④ 《明孝宗实录》卷四五，弘治三年十一月甲辰。
⑤ 《明武宗实录》卷二九，正德二年八月庚辰。
⑥ 《明宪宗实录》卷一三二，成化十年八月甲午。

第二章 元明时期南苑地区皇家苑囿的形成

于盗贼为巢，渐遗民害当路，目击时弊极言之。"万历年间著名诗人戴九玄曾在《南海子》诗中，生动地描绘出了当时南海子的败落景象："内宫监守但坐看，四垣崩圮禽物散。树木斫卖雉兔空，白日劫盗藏其中。"明末朝局动乱，南海子也一派荒败景象。天启二年（1622），"以近京南海子一带地方劫盗公行，命兵部传提督等官密行侦逻，务令擒获以靖地方"①。至十月，南城御史温皋谟言："强盗高养吾出没近畿，白莲教首周应元潜住南海子，乞严捕缉以靖乱。得旨：本内伙盗著督捕官协同该地方道府设法擒拏捕盗，宜密宜速，乃奉旨劄行，何以稽延旬余？经承员役著严查究治。"② 三年六月，南海子地方盗贼已经十分猖獗，"今京师所虞者，南海子盗贼"，应"将此兵另立一营，布之海子地方，所统之将赐以专敕，以获贼之多少、失事之有无为殿最，有功兵丁从重奖赏，则彼责既专而意又有所觊，自不至骚扰居民而为乱矣"③。十月，再次上奏南海子盗贼境况，巡视京营科彭汝楠等言，"近郊大盗纵横，而南海子一带莽荡无际，又为中使编直之所，诸奸盗每藉之为逋，逃主近捕获盗犯，半是逃兵又半是通州营丁，前已鼓噪于部道之门，今且肆劫于周行之道。该总兵张士显开镇近都统领多兵纪律不闻，纵容有据"，主张应"力清营伍，但遇逃亡不时开除，如以后有强盗出自该营，总兵官一并参处，上从之，著近京各镇通行申饬"。④壬申，巡抚顺天右佥都御史岳和声"以南海子失事，有旨：令该抚按督同地方官用心巡缉。因疏言：高密店为霸州道属大兴县地方，巡缉之责京营为政臣，与道臣不得问焉。南海子西围一带为旧州守备戍守之徽，越西围以及坝上诸铺依城凭社者未觉而潜踪已觉，而偏护守备不能制，而臣与道臣更不得问焉。

---

① 《明熹宗实录》卷二六，天启二年九月辛亥。
② 《明熹宗实录》卷二七，天启二年十月癸酉。
③ 《明熹宗实录》卷三五，天启三年六月甲子。
④ 《明熹宗实录》卷三九，天启三年十月壬戌。

讲武习勤的皇家苑囿

合于内外各额设巡捕官员外,再设总捕府佐一员,上则协同通、霸两道,下则统辖宛、大两县,而与各城司坊官员、京营将领、旧州守备相为表里。无事则分督巡防,有事则协力追缉,凡内属海围坝店、外属卫屯民居得以一体讥察而受成,于巡城御史及抚按二臣,其官不烦创设。闻顺天府军马两通判,稚有余闲合以一判,兼摄捕务,时驻海子围中旁,察坝上诸铺而其应行条款,一则内外军民俱编立保甲以清勾引,一则事俱互相应援以资守望,一则盗必有窝细掺主名以荡窟穴,一则地必有邻严究连坐以杜容隐其得获,而军兵为盗者,则究主将,以纪律之不明其得获,而坝围有捕者则问该监,以容隐之何故,可径行者径行转闻者转闻,年终失事有功分别举劾",并得旨令该部议覆。①

《陈子龙诗集》中专门写到了南海子,但"我朝因之讲武事,周垣百里中苍茫"之所,而今已是"皂雕已放韩卢死,苑墙离离白日闲",昔日广阔秀美之景色早已不再:

京城以南三海子,元人旧时校猎场。
我朝因之讲武事,周垣百里中苍茫。
清泉缭绕草深细,高台突兀云飞扬。
惟闻兔走复鹿触,妖狐特立如人长。
武皇翻然匹马出,四家子弟奔腾至。
锦衣自臂海东青,红装齐上飞黄骑。
大者截熊小献豜,毛羽纷纷风满地。
百年老麋亲射得,金牌尚带永乐字。
三军大飨按鹰台,围坐敕教无谢赐。
即今主上忧时艰,游畋不复开天颜。
皂雕已放韩卢死,苑墙离离白日闲。

---

① 《明熹宗实录》卷三九,天启三年十月壬申。

第二章 元明时期南苑地区皇家苑囿的形成

何况国家禁憔悴，北抵居庸西尽山。
广成弃地既相假，上林果实复见颁。
高柔谏草可焚却，扬雄赋就难追攀。
九成格气怀夷蛮，郊有乐兽名般般。

其后另附有《考证》，提到高士奇《扈从西巡日录》对南海子亦有介绍，内言："南海子，元时为飞放泊。至大元年，筑呼鹰台于漷州泽中，初改鹰坊为仁虞院。……明永乐年，增广其地。缭以周垣，百六十里，育养禽兽。又设二十四园，以供花果。内有三水，故以海名。"[①] 隆庆二年（1568）三月，"上幸南苑。先是左右有言南海子之胜者，上欣然欲观，是日驾至，则荒莽阻湿，宫馆不治，上亦悔之，遽命还跸"[②]。可见此时的南苑在管理上已经十分涣散，相比前朝盛景已然颓败。

明代南苑地区经过扩建之后，已经具备了完整的管理体系及建制。《养吉斋丛录》中对南苑地区营建工程记载甚详，如官署衙门之兴建、皇家庙宇以及行宫的建设等："其实设东、西、南、北四提督，以内珰为之，分建衙门，今称新衙门、旧衙门者是也。"为了祭祀之需，在南海子内修建了关帝庙、灵通庙、镇国观音寺等皇家庙宇。另载大红门东侧建造了一座庑殿行宫："明有庑殿，为行宫，今俗称吴殿。"[③]

明代南苑地区专门设有管理机构，亦即上林苑监。上林苑之名，始于汉代，专为帝王游玩和打猎之所。明初洪武二十五年（1365），当时就有朝臣上奏设立上林苑，但朱元璋认为可能有碍民业，故未采纳。永乐五年（1407）明成祖决计在迁都北京之前设立上林苑，并下有良牧、蕃育、嘉蔬、林衡、川衡、冰鉴及典察左右前后十署。洪熙中期将十署合并为蕃育、嘉蔬

---

① （明）陈子龙：《陈子龙诗集》卷九，上海古籍出版社，2006，第253页。
② 《明穆宗实录》卷一八，隆庆二年三月丙子。
③ （清）吴振棫：《养吉斋丛录》，北京古籍出版社，1983。

讲武习勤的皇家苑囿

二署。宣德十年（1435）定为四署，设官一如前列。需要注意的是，上林苑专为皇帝统理，因此又设有内监管理。开始设有内监九人，到弘治年间增至十八人。正德时期上林苑又添设总督、签书、监工等多名专职内官进行督理，其人数更是多达近百人。上林苑监之任职内官一般由礼部会同钦差司礼监监官共选。上林苑所产，主要送太常寺及光禄寺两地，专供皇家祭祀、宾客燕享等用。上林苑设有上林苑监进行管理，其官职机构已经较为完备，其"设正官左、右监正各一人，正五品；左、右监副各一人，正六品；左、右监丞各一人，正七品。首领官典簿厅典簿一人，正九品。子机构有良牧、蕃育、林衡、嘉蔬四署。属官各设典署一人，正七品；署丞一人，正八品；录事一人，正九品。嘉靖元年（1522）革蕃育、嘉蔬二署典署，林衡、嘉蔬二署录事"[①]。其上林苑监各官监理范围及职能，《续文献通考》中记载甚详：

> 监正掌苑囿、园地、牧畜、种树之事。副丞为之贰。凡禽兽、草木、蔬果，率其属督其养户、栽户，以时经理其养地、栽地，而畜植之……典簿勾校文移。良牧牧牛羊豕。蕃育育鹅鸭鸡，皆籍其牝牡之数，而课孳卵焉。林衡典果实花木，嘉蔬典莳艺瓜菜，皆计其畦町、树植之数，而以时苞进。[②]

明代宫廷日用亦多由上林苑供给。万历三十三年（1605）丁卯，礼部言"每岁端阳太医院官同圣济殿内官往南海子采取蟾酥，残伤物命甚多，此药主攻毒之方，合用原少，且坊肆间可随时取办，不烦采而有者，乞敕停免，从之"[③]。南苑地区兵士之粮食日

[①] 王天有：《明代国家机构研究》，故宫出版社，2014，第115页。
[②] （明）王圻：《明史》卷七四《志第五十·职官三》。
[③] 《明神宗实录》卷四一六，万历三十三年十二月丁卯。

第二章 元明时期南苑地区皇家苑囿的形成

用经费,据《明宪宗实录》记载,成化十七年(1481),"给修理南海子官军五千员,各人月米一斗,盐一斤"①。

明代南苑辟有四门,东面称东红门,南面称南红门,西面称西红门,北面则为南苑正门,又称北红门。据记载,天顺二年(1458)十月初十日,状元彭时随明英宗至南海子检阅士兵围猎,"海子距城二十里,方一百六十里,辟四门,缭以周垣。中有水泉三处,獐鹿雉兔不可以数计,籍海户千余守视。每猎则海户合围,纵骑士驰射于中,亦所以训武也"②。围猎时至,"每猎则海户合围,纵骑士驰骑于中"③。南海子周边除了有广阔的水域之外,还有大片陆地。明代建有二十四园,"南海子周环一百六十里,有水泉七十二处。元之飞放泊也。晾鹰台,元之仁虞院也。明置二十四园"④。这里除满足皇家休闲游览,还增加了另外一项功能,便是通过定期围猎以训练兵士。

嘉靖年间,南苑又增建关帝庙,《日下旧闻考》载:"关帝庙建自明嘉靖年间,在德寿寺西南里许。"⑤

明朝皇帝多次巡幸南海子。其相关记载有:

> 永乐中,岁猎以时,讲武也。(《帝京景物略》)
> 正统七年(1442),"十月丙午猎南海子"。(《明会要》)
> 天顺二年(1458),"上猎南海子。亲御弓、矢,勋臣、戚臣、武臣,应诏驰射,献禽,赐酒馔(陈设饮食),颁禽从官,罢还"。(《明会要》)
> 天顺三年(1459),"十月十日,明英宗在内阁学士李贤、彭时、吕原扈驾下狩猎于此"。(《殿阁翰林记》)《彭

---

① 《明宪宗实录》卷二五五,成化十七年五月庚寅。
② (明)彭时:《可斋杂记》,《四库全书存目丛书》子部第239册,齐鲁书社,1995,第342页。
③ 黄佐:《翰林记》,商务印书馆,1936,第217页。
④ (清)于敏中等:《日下旧闻考》卷七五,北京古籍出版社,1985,第1267页。
⑤ (清)于敏中等:《日下旧闻考》卷七五,北京古籍出版社,1985,第1267页。

讲武习勤的皇家苑囿

文宪公笔记》中载:"是日,扈从官皆蒙颁赐獐、鹿、兔,而内阁三人,比诸人差厚云。"

正统十年(1515)十月,上畋于南海子。(《明英宗实录》)

正德十二年(1517)二月,车驾幸南海子。(《明武宗实录》)

正德十二年(1517),"正月己丑。大祀天地于南郊,逐猎于南海子"。(《明史》)

正德十四年(1519),"大祀天地于南郊,逐猎于南海子"。(《明史》)

天顺二年(1458),甲子驾幸南海子。(《明英宗实录》)

天顺二年冬十月,戊寅驾幸南海子。(《明英宗实录》)

天顺四年(1460)二月,癸酉驾幸南海子。(《明英宗实录》)

天顺四年三月,己卯上幸南海子。(《明英宗实录》)

天顺四年十月,戊辰驾幸南海子。(《明英宗实录》)

天顺四年十一月,庚戌驾幸南海子。(《明英宗实录》)

天顺五年(1461)十一月,壬戌驾幸南海子。(《明英宗实录》)

天顺五年十二月,乙亥驾幸南海子。(《明英宗实录》)

有趣的是,正德十一年(1516),明武宗意欲前往南海子观猎,遭朝臣阻拦,关于此事之记载及朝臣之疏言,上至皇权安危,下及苍生命运,言辞恳切,不仅有事前阻挠之劝谏,也有事后评议,可见南海子观猎之事影响甚远:

召内阁府部大臣及科道官至左顺门,太监萧敬谕旨以十三日郊祀毕,驾幸南海子观猎。于是大学士梁储等退而上疏曰:"伏蒙圣谕,臣等与诸司众口一词,皆谓朝廷至大

第二章　元明时期南苑地区皇家苑囿的形成

至重之事，莫有过于郊祀者。今祀礼未举而先有意于游猎，则精诚已分矣。何以感格天心，吁祈歆享而望其锡福降祥于天下哉？况自祖宗列圣以来，百五十余年皆未尝有此举动，臣等乃不能极力谏阻，以致皇上轻改祖宗之旧章，怠忽郊祀之大礼，纵耳目之细娱，忘宗社之至计，则臣等之罪大矣。又况尘埃草野之中，车马丛杂，等威莫辨，警跸不严，万一可虞之事，或有出于意料之所不及者，则臣等虽万死，亦不足以赎误国负君之罪矣。以此不敢苟为阿顺，伏望采纳群言，断在不行，则圣德益光而圣治益隆矣。"五府六部、都察院、通政司、大理寺等衙门，成国公朱辅等亦疏言："人主之尊，凡一举动，拟于天行，安危治忽于此焉，系古之文王有台池鸟兽之乐者，以民之乐为乐也。今灾异连年，愁叹盈路，夷狄盗贼，无日宁息，此正陛下忧劳兢惕之日，非若祖宗之时，时和年丰，百姓富足，可以暂为游观之乐如文王也。况国本未立，震器尚虚，群情惶惑，车驾远幸，可无内顾之忧乎？伏望礼成之后，即日还宫，实宗社亿万年无疆之休。"六科给事中叶相、十三道御史张士隆等各疏言："君德莫大于敬天，敬天莫严于郊祀，今驾出南郊举行大礼，六军屯驻于外，百官骏奔于朝，万姓快睹于野，顾乃注念盘游，事涉不敬。况今天下诸司朝觐，黜陟幽明，尤当以身率之，伏望上答天心，下全国体。"时大学士靳贵在告亦言："迩者钦承宣召，臣卧病不能入朝伏枕，惊惶莫知所谓。旋闻圣驾欲于郊祀后往南海子田猎，特召群臣宣谕，又闻在廷诸臣咸谓不可，夫田猎一事，陛下必以谕诸廷臣者，臣于此见陛下此心不轻自用，即帝舜稽于众舍己从人之盛心也。而佥议以为不可，又知诸臣忠君爱国之心，亦无不同也。臣虽叨预末议，刍荛之见，亦不过此。然犹有说焉。今前星未耀，国本未建，居守无血属之亲，加以年岁饥馑，百姓艰难，所在有盗贼之

讲武习勤的皇家苑囿

警,意外之变不可不防,至于天下诸司,朝觐观瞻,所系百万军士随从艰辛,又有所未论也。伏望皇上俯听群言,特回圣念,郊礼既毕,大驾即旋,以副大小臣民之愿,宗社幸甚。"①

即使群臣言辞恳切,次年(1517)正月,在大祀结束之后,明武宗仍旧前往南海子观猎。"己丑大祀天地于南郊,礼甫毕,车驾遂幸南海子。黎明文武诸大臣追从之,上方纵猎,门闭不得入。晡时传旨,令诸大臣先还,候于承天门,夜半驾始入御奉天殿,群臣行庆成礼。明日以獐、麂、麑、兔分赐府部大臣、翰林五品以上及科道官。初,上时出微行,犹讳之,至是,特宣谕外廷,无敢力争者,旬日间再猎南海子,西北巡边之行自此始矣。"②隆庆二年(1568)三月,谕兵部"以是月二十六日幸南海子,止用京营官军扈卫。辅臣徐阶等言:'圣驾行幸事体重大,上林苑海子虽设自先朝,然止畜养鹿兔而已,非如视学耕耤有关,治理不足以烦临视。且近日陵祀回銮未久,不宜复出。惟上特加慎重即赐停止。'上不允,于是吏部尚书杨博等、六科都给事中王治等、十三道御史郝杰等各上疏请罢游幸,皆报闻③。每逢皇家至南海子狩猎期间,其场面十分隆重,兽走四方,骑奔千里。熊和老虎作为猛兽是大家争相捕猎的重要对象:"三驱陪上将,四校出神兵。列戟围熊馆,分弓射虎城。"(明代薛蕙《驾幸南海子》)明代诗人王廷陈的《驾幸南海子》中描述了众人一起群围打猎的情景:"虎兕先声伏,车徒翼辇趋。网罗张一面,部曲用三驱。"还有一种打猎方式是在高台上纵放猛禽海东青捕捉天鹅、大雁,这是金、元时女真、蒙古贵族一直保持的传统。元朝一度饲养猎鹰的"打捕鹰房","岁用

---

① 《明武宗实录》卷一四五,正德十二年正月戊寅。
② 《明武宗实录》卷一四五,正德十二年正月庚寅。
③ 《明穆宗实录》卷一八,隆庆二年三月癸酉。

肉"即达"三十余万斤",平均每天用肉千斤左右,可见鹰房规模很大。明代魏之秀《晾鹰台诗》生动描写了放飞海东青的壮观场面:"晾鹰台回接沤汀,民乐咸歌囿诏灵。七十二桥虹影渡,骑郎争放海东青。"

明代南苑地区树木植被十分繁茂,"獐鹿雉兔不可以数计,籍户千人守视。自永乐定都以来,岁时蒐猎于此"[①]。秋日的南苑景象十分壮丽,碧水蓝天,树木葱郁,明代大学士李东阳誉为"南囿秋风",并将其列入"燕京十景"。李东阳多次随皇帝游幸南苑,写下生动描写南苑秋天怡人景色的诗:"别苑临城辇路开,天风昨夜起宫槐。秋随万马嘶空至,晓送千骑拂地来。落雁远惊云外浦,飞鹰欲下水边台。宸游睿藻年年事,况有长杨侍从才。"

景泰五年(1454),"因山东、河南等处连年水旱,牧草减耗,奏准摘拨官军于南海子、西湖景及正阳等九门城壕采打野草,相兼供给,明朝皇帝多次到南海子狩猎"[②]。景泰六年(1455),户部奏"御马监、光禄寺并象、马、牛、羊等房岁用草束,俱于山东州县征收谷草备用,比因各处灾伤,谷草停免,数多供给不敷。移文兵部拨官军八千人遣官管领,于南海子、西湖景四城壕采秋青草,各随地方堆垛,以备支用"[③]。万历二十四年(1598)六月,"准将南海子周围枯树采伐,送琉璃窑烧造"[④]。南苑地区还有独特的物产,据称明代宫廷有在端午节去南海子捕蛤蟆的风俗,每年"太医院例于端阳日差官至南海子捕奸蟆,挤酥以用以制药"[⑤]。

另在《大明一统志》中记载:"南海子内有晾鹰台,亦称

---

① (清)于敏中等:《日下旧闻考》卷七十五,北京古籍出版社,1985,第1267页。
② 《明英宗实录》卷二四○,景泰五年四月癸未。
③ 《明英宗实录》卷二五三,景泰六年五月癸丑。
④ 《明神宗实录》卷二九八,万历二十四年六月壬戌。
⑤ (清)陈梦蕾等:《古今图书集成》医部全录,人民卫生出版社,1995。

讲武习勤的皇家苑囿

'按鹰台'。每值大阅之典，在晾鹰台举行。"晾鹰台规模很大，"台高六丈，径十九丈有奇，周径百二十七丈。恭值大阅之典，例于晾鹰台举行"①。明代上林苑管理极为严格，永乐十四年（1416）定："一应人等不许于内围猎，有犯禁者，每人罚马五匹、鞍九副、鹰九连、狗九只、银一百两、钞一万贯，仍治罪。虽亲王、勋戚犯者亦同。"②虽厉禁不止，但南海子地区仍有私牧情况发生。正统八年（1443），清平伯吴英，中书吴亮、范弘、金英、阮让等"私刍牧于南海子，及强夺民草，事觉，下锦衣卫狱监之"③。正统八年十月，明英宗谕都察院臣："南海子先朝所治，以时游观，以节劳佚。中有树艺，国用资焉。往时禁例严甚，比来守者多擅耕种其中，且私鬻所有，复纵人刍牧。尔其即榜谕之，戒以毋故常是蹈，违者重罪无赦。于是，毁近垣民居及夷其墓、拔其种植甚众。"④文中所言即南海子作为皇家游猎之地，历来严禁开垦。而明代正统年间却有守卫者擅自在苑中开垦土地，倒卖苑中物产，且听凭外人入苑砍柴放牧，因此引得皇帝严加申饬。此后明朝政府严加整顿，扒毁靠近苑墙的民居，平掉坟墓并拔去庄稼，自此南苑地区成为一个独立的围合空间，将周围百姓与苑囿隔离开。正统十二年（1447），有人在南海子门外偷窃，"有卒窃一雉于南海子门外，命追雉一百。卒以贫诉乞当别罪，不允"⑤，可见朝廷对于南海子之护卫非常严格。天顺三年（1459）冬十月，皇帝至南海子，"子传令营把总都指挥同知陈信，言臣闻宣德间猎围，有圣旨牌悬者方许入场，请如故事，庶无牌者易禁止。上即命御用监检阅无所

---

① （清）于敏中等：《日下旧闻考》卷七十五，北京古籍出版社，1985，第1267页。
② 《大明会典》卷二二五《上林苑监》。
③ 《明英宗实录》卷一八〇，正统八年九月戊寅。
④ 《明英宗实录》卷一九〇，台湾"中央研究院"历史语言研究所影印本，1962，第2200页。
⑤ 《明英宗实录》卷一六〇，正统十二年四月丙辰。

谓牌者，因令信呈样具以进。上曰朝廷自有制度，信乃敢轻薄烦扰如此，锦衣卫其收信拷问"①。

三 明代海户的设置

《明史》载，明代户籍，"凡户三等：曰民，曰军，曰匠。民有儒，有医，有阴阳。军有校尉，有力士，弓、铺兵。匠有厨役、裁缝、马船之类。濒海有盐灶。寺有僧，观有道士。毕以其业著籍。人户以籍为断，禁数姓合户附籍。漏口、脱户，许自实"②。南海子作为明朝皇室休闲围猎场所，其内豢养各类家禽走兽，种植各种果蔬，还设有专职人员负责栽种、喂养以供内廷食用，自"永乐以来，岁时狩猎于此"，这里已经成为兼具皇家内廷供应及休闲围猎双重功用之地。

明朝为强化对南海子的管理，在这里设置了专门看守南海子的民户，称为"海户"。每至围猎时，海户们驱赶着动物将包围圈缩小，狩猎者则在包围圈中驰骋射猎，以保持自己弓马娴熟。据嘉靖年间吏部尚书张瀚记载，京城外"置南海子，大小凡三，养禽兽、植蔬果于中，以禁城北有海子，故别名南海子"③。所谓"大小凡三"，与彭时"中有水泉三处"同义，都是指南苑内有三处较大的水泊而言。《帝京景物略》记载："城南二十里，有囿，曰南海子。放一百六十里。海中殿，瓦为之。曰幄殿者，猎而幄焉尔，不可以数至而宿处也。殿旁晾鹰台……台临海子，水泱泱，雨而潦，则旁四滢，筑七十二桥以渡，元之旧也。……四达为门，庶类蕃殖，鹿、獐、雉、兔，禁民无取，设海户千人守视。"④ 上林苑海户享受优免差役之特权。隆庆五

---

① 《明英宗实录》卷三八〇，天顺三年十月乙未。
② （清）张廷玉等：《明史》卷七七《食货志一》。
③ （明）张瀚：《松窗梦语》卷二，中华书局，1985，第31页。
④ （明）刘侗、于奕正：《帝京景物略》卷三《南海子》。

年（1571）规定上林苑海户，永乐、宣德年间额设，正德年间续补及系正身充当者准与全免差役；若系添补，量行优免三丁，其余丁产与民一体均编。正德九年（1514）规定："若投充陵户、海户，隐避养马者，止免本身杂泛差徭，不得于有粮地内朦胧蠲免。"① 嘉靖元年（1522）又规定："养马正役自官吏、监生、生员、陵海户皆不得免，宜均派给养，以苏贫民。"②

万历《明会典》记载，上林苑监设于永乐五年（1577），当时共置良牧、蕃育、嘉蔬、林衡、川衡、冰鉴及左右前后十署，对南海子实行分区管理。按东南西北方位分成四围，每面四十里，总共二十四铺。宣德十年（1435）裁并十署为四署。此四署，即蕃育署，负责养殖鸡鸭鹅；嘉蔬署，负责栽种蔬菜之事；良牧署，专门从事猪牛羊的豢养；林衡署，专门负责果树等栽种。同时，根据动、植物之区别，将专门的劳动人户分为养户和栽户两类。南海子内海户构成来源，在《明会典》中亦有专门记载："凡牧养牲口、栽种果蔬等项，永乐间用北京效顺人充役。后于山西平阳、泽、潞三府州起拨民一千户，俱照边民事例给与盘缠、口粮，连当房家小同来分派使用。"③ 此外，弘治五年（1492），令顺天府所属人民有私自投充陵户、海户及勇士、校尉、厨军躲避粮差者，除本役外其户下人丁照旧纳粮当差。明人沈榜所著《宛署杂记》中说："夫古制，畴不有力役之征哉？所贵力者无不役，役者无不力，即不必曰先民，曰佚道，其谁曰厉也已！乃宛则有大不然者，五方之民，各挟所长，以游京师，典买田园，因而贾富十百千万，其所受固宛之廛也。……而彼则又曰：某云何，某云何，可以籍，法未可以役；某为酒户，某为醋户，某为厨役，某为女户，某为女轿夫，某为海户，某为某名下，某为某门下，吾辈率有劳公家，势俱不役。情可

---

① 《明武宗实录》，正德九年。
② 《明世宗实录》，嘉靖元年。
③ 《大明会典》卷二二五《上林苑监》。

第二章 元明时期南苑地区皇家苑囿的形成

无籍，而自谓为优免户。"①

南海子为皇家狩猎地，设有海户在此守视。其身份主要有两种：一种是佥拨顺天府各州县民户充役。永乐年间佥补794海户2300余丁到此。其人口数列入州县户口总数，因而不作计算。另一种为明代自宫者到此充役。弘治三年（1490），令将自宫者626名发南海子编充海户②。弘治五年（1492），将自宫者1050名编充海户，又将自宫男子2246人发南海子种菜③。正德十一年（1516），收自宫男子3468人充南海子海户④。嘉靖十五年（1536），将自宫男子2001名充海户⑤。关于海户数量，嘉靖帝裁撤海户，"原充南海子海户净身男子龚应哲等万余人诣阙，自陈先年在官食粮，今奉诏裁革，贫无所归，乞恩收召供役"⑥。因此这部分人口数量应在万人左右。

元末明初的连年战争，给地区人口带来了极大破坏。《大明会典》记载："国初兵荒之后，民无定居，耕稼尽废，粮饷匮乏。"⑦ 太行山东的北平、河南、山东等地"多是无人之地"⑧。洪武元年（1368）闰七月，徐达率师北伐，"徇取河北州县，时兵革连年，道路皆榛塞，人烟断绝"⑨。同年九月平定大都昭告称："故官及军民人等，近因大军克取之际，仓惶失措，生离父母妻子，逃遁他所。"⑩ 洪武四年（1371）三月，"徙山后民万

---

① （明）沈榜：《宛署杂记》卷六，北京古籍出版社，1980，第54页。
② 《明孝宗实录》卷三七，弘治三年四月乙酉。
③ 《明孝宗实录》卷七〇，弘治五年十二月壬戌。
④ 《明武宗实录》卷一三七，正德十一年五月甲辰。
⑤ 《明世宗实录》卷一八八，嘉靖十五年六月壬辰。
⑥ 《明世宗实录》卷十，嘉靖元年正月辛未。
⑦ 《大明会典》卷一八《户部五·屯田》，《续修四库全书》影印本第789册，上海古籍出版社，2002，第310页。
⑧ （明）顾炎武：《日知录》卷十《开垦荒地》，《日知录集释》本，中华书局，1936，第6页。
⑨ 《明太祖实录》卷三三，洪武元年闰七月庚子。
⑩ 《明太祖实录》卷三五，洪武元年九月戊寅。

讲武习勤的皇家苑囿

七千户屯北平"①,其具体数量及迁徙原因,徐达奏书中记载甚详:"山后顺宁等州之民,密迩房境,虽已招集来归,未见安土乐生,恐其久而离散。已令都指挥使潘敬、左傅高显,徙顺宁、宜兴州沿边之民,皆入北平州县屯戍……计户万七千二百七十四,口九万三千八百七十八。"② 同年六月,再次从山后迁徙民众,"徙北平山后之民三万五千八百户,一十九万七千二十七口,散处卫府,籍为军者为以粮,籍为民者给田以耕"。同时,徐达"又以沙漠遗民三万二千八百六十户,屯田北平府管内之地。凡置屯二百五十四,开田一千三百四十三顷"③。洪武五年(1372)七月,"革妫川、宜兴、兴、云四州,徙其民于北平附近州县屯田"④。前后几次移民数量即达85900余户。针对明初河北等地荒败境况,明廷也从山西迁徙大量人口到此垦种。洪武二十一年(1388),户部郎中刘九皋奏称,"古者狭乡之民迁于宽乡,盖欲地不失利,民有恒业。今河北诸处,自兵后田多荒芜,居民鲜少。山东、西之民,自入国朝,生齿日繁,宜令分丁徙居宽闲之地,开种田亩,如此则国赋增而民生遂矣",自此朱元璋下令"迁山西泽、潞二州民之无田者,往彰德、真定、临清、归德、太康诸处闲旷之地"。⑤ 建文四年(1402)八月,大量因战争逃亡的民人也纷纷返回故土,"直隶淮安及北平、永平、河间诸郡,避兵流移复业者凡七万一千三百余户"⑥。同时,为鼓励民众回乡,明廷命户部遣官"核实山西太原、平阳二府,泽、潞、辽、沁、汾五州,丁多田少及无田之家,分其丁口,以实北平各府州县。仍户给钞,使置牛具子种,五年后征其

---

① 《明史》卷二《太祖本纪二》。
② 《明太祖实录》卷六二,洪武四年三月乙巳。
③ 《明太祖实录》卷六六,洪武四年六月戊申。
④ 《明太祖实录》卷七五,洪武五年七月戊辰。
⑤ 《明太祖实录》卷一九三,洪武二十一年八月癸丑。
⑥ 《明成祖实录》卷一一,洪武三十五年八月丁丑。

第二章 元明时期南苑地区皇家苑囿的形成

税"①。为充实地区人口,明朝还将部分军籍人口转为平民从事耕种,建文四年十二月,户部尚书掌北平布政司事郭资奏称:"北平、保定、永平三府之民,初以垛集,充军随征。有功者已在爵赏中矣,其力弱守城者病亡相继,辄取户丁补役。故民人衰耗,甚至户绝,田土荒芜。今宜令在伍者籍记其名,放还耕种,俟有警急,仍复征用。其幼小纪录者,乞削其军籍,俾应民差。"②

"靖难之役"导致华北地区人口锐减,永乐元年(1403)十一月,明成祖称:"北京兵燹以来,人民流亡,田地荒芜。"③ 明成祖迁都北京,除迁移大量工匠到此营建都城之外,还继续迁移人口以充实都城。永乐元年(1403),"令选浙江、江西、湖广、福建、四川、广东、广西、陕西、河南及直隶、苏、松、常、镇、扬州、淮安、庐州、太平、宁国、安庆、徽州等府无田粮并有田粮不及五石殷实大户充北京富户,附顺天府籍,优免差役五年"④。永乐二年、永乐三年(1404、1405),均由山西迁徙大量人口,"徙山西太原、平阳、泽、潞、辽、沁、汾民一万户实北京"⑤。永乐四年(1406)正月,"湖广、山西、山东等郡县吏李懋等二百十四人言愿为民北京。命户部给道里费遣之"⑥。永乐五年(1407),"命户部徙山西之平阳、泽、潞,山东之登莱等府州民五千户,隶上林苑监牧养栽种户,给路费钞一百锭,口粮二斗"⑦。此后,嘉靖年间也曾"取山西平阳、泽、潞之民充之,使番育树艺,以供上用品物"⑧。

---

① 《明成祖实录》卷一二,洪武三十五年九月乙未。
② 《明成祖实录》卷一五,洪武三十五年十二月壬申。
③ 《明成祖实录》卷二五,永乐元年十一月戊戌。
④ 《大明会典》卷一九《户部六·富户》,《续修四库全书》影印本第789册,上海古籍出版社,2002,第322页。
⑤ 《明成祖实录》卷三四,永乐二年九月丁卯;卷四六,永乐三年九月丁巳。
⑥ 《明成祖实录》卷五〇,永乐四年正月乙未。
⑦ 《明成祖实录》卷六七,永乐五年五月乙卯。
⑧ 《明世宗实录》卷一四,嘉靖元年五月丁未。

讲武习勤的皇家苑囿

除了外地迁移人口之外，明朝净身自宫者也多被发南海子充当海户。明朝宦臣地位较高，因而"愚民尽阉其子孙以图富贵，有一村至数百人者，虽禁之莫能止"[①]。《典故纪闻》载："成化十一年冬，有自宫聚至四五百人，哄嚷求收用。宪宗云：'此辈逆天悖理，自绝其类，且又群聚喧扰，宜治以重罪。但遇赦宥，锦衣卫其执而杖之，人各五十，押送户部，如例编发海户当差。是后有再犯者，本身处死，全家发边远充军。礼部移文天下禁约'。"[②]《弇山堂别集》中载："正德元年大学士刘健等人言政十失内有言：'内府金书守门及各处添设分守守备等官，奉旨减革者，不无一二，而南海子净身男子又选入千余'。"此书又载嘉靖五年（1526）二月，"南海子净身男子九百七十余人复乞收入。上怒，命锦衣卫逐还原籍，为首者杖之"。[③]明武宗时期，净身者数量大大增加，南海子海户中净身人数更是迅速增加。据此，明人汪铉言："宣德、正统以来，宦臣收入渐多，及武宗之世，日益昌炽，锦衣玉食之荣，上拟王者；为之弟侄者，往往坐获封拜……是以闾阎小民朵颐富贵，往往自残形体，以希进用。"[④]对于南海子净身海户的编制程序，刘若愚《明宫史》中有相关记载："凡收选内官，于礼部大堂同钦差司礼监监官选中时……次日早晨点入东安门，赴内官监，又细选无违碍者，方给乌木牌，候收毕听旨，定日差司礼监掌印或秉笔，于万寿山前拨散之。"[⑤]对此，前引明人汪铉亦写道："将见在净身男子逐一审视，比照奏内姓名，有无虚捏备查的确数目及各人年岁贯址。定限三月十五日以前开报本部，仍会同司礼

[①]（明）沈德符：《万历野获编》，北京古籍出版社，1959，第815页。
[②]（明）余继登：《典故纪闻》卷一五，中华书局，1997。
[③]（明）王世贞：《弇山堂别集》卷九八《官考九》。
[④]（明）汪铉：《题为计处净身以图善后事》，黄训《名臣经济录》卷四七，四库全书本。
[⑤]（明）刘若愚：《明宫史》木集《南海子》，北京古籍出版社，1982，第24页。

第二章 元明时期南苑地区皇家苑囿的形成

监官备查先年收充海户事例，从长议处，请自上裁。"①

成化元年（1465）七月，"直隶魏县民李堂等十一名自宫以求进，命执送锦衣卫狱罪之，发南海子种菜"②。成化十二年（1476）五月，兵部奏"甘州等卫净军王彪等七十六人，以遇赦放宁家，至京内王中等三十八人越关而逃者例应死。上曰：王彪等既遇赦，俱发南海子种菜。既而，宁夏等卫净军陆表等二十二人亦越关逃至京，兵部引近例请旨。上命通查中等以闻有旨，此辈私擅越关，事宜究问，姑宥之，俱编充海户"③。成化十九年（1483）正月，"自宫求进者三十人，私投周府汝阳等王，供役以榜例自首礼部以闻，命发南海子充净军种菜"④。成化二十三年（1487），再次规定，"净身人发各处充军者，该卫起送至京，发南海子种菜"⑤。弘治三年（1490）四月乙酉，"初民有自宫者六百二十六名，皆充军或为民，至是命发南海子编充海户"⑥。弘治五年（1491），礼部奉旨查奏"先年自宫发遣充军宁家者内，于刚等二千二百四十六名年籍相同，周英等八百三十八名无从查核，又杜刚等二百一十二名不系先年发遣之数，命于刚等发充南海子净军种菜，周英并杜刚等送户部编充海户，常令筑墙种菜，当差逃者杀之。仍命礼部榜谕：今后敢有私自净身者，本身并下手人处斩，全家发边远充军，两邻及歇家不举首者同罪，有司里老人等时加访察，有即执送于官，如有容隐亦治罪不贷"⑦。正德元年（1506）三月，因南海子阉人选入千余蟒龙玉带之赏，礼部以大学士刘健等言：南海子阉

---

① （明）汪铉：《题为计处净身以图善后事》，黄训《名臣经济录》卷四七，四库全书本。
② 《明宪宗实录》卷一九，成化元年七月丙辰。
③ 《明宪宗实录》卷一五三，成化十二月五月丁巳。
④ 《明宪宗实录》卷二三六，成化十九年正月壬辰。
⑤ 《明宪宗实录》卷二九〇，成化二十三年五月丙辰。
⑥ 《明孝宗实录》卷三七，弘治三年四月乙酉。
⑦ 《明孝宗实录》卷七〇，弘治五年十二月壬戌。

讲武习勤的皇家苑囿

人选入千余蟒龙玉带之赏太滥，覆议谓私阉累有禁例，其潜住京城者宜严加斥逐，蟒衣玉带之滥赏者，请命司礼监查究追夺。① 同年十月，天寿山守备太监贾性所为多不法，淫刑致死无罪者六人，为东厂所发下锦衣卫镇抚司逮问狱具送刑部拟徒诏，以拟未当，令都察院会锦衣卫堂上官及科道官于阙下会审，改拟斩，遂劾刑部，原问官朱鉴等失出死罪，大理寺官吴伟等参驳未详。并及其堂上官闵圭、杨守随等俱宜究治"，后改为"减死发充南海子净军"。② 嘉靖元年（1522）正月，"原充南海子海户净身男子龚应哲等万余人诣阙，自陈先年在官食粮，今奉诏裁革，贫无所归，乞恩收召供役"③。正统五年（1440）七月，"惜薪司内官陶镕等二十六人，令柴夫办纳月钱，上命俱发南海子种菜"④。正统十二年（1447）四月，"太保成国公朱勇等各首其所私留阉者共一百十一人，上命俱发南海子供役"⑤。十四年（1449）九月，"万全都司都指挥佥事黄宁、奉御阮葵先以守备永宁，闻达贼犯边，弃城不守，坐斩，遇赦俱宥死，宁降为事官立功，葵发南海子种菜"⑥。天顺二年（1458）五月，时有诏严自宫之禁，"总兵官忠国公石亨自首收留王昇等六名，会昌侯孙继宗自首收留张通等一十八名，广宁侯刘安自首收留蔡友等五名，及大名等府、金吾等卫军民人等、于魁等五十八名，各自首，上俱宥其罪，命发南海子艺蔬"⑦。天顺三年（1459）六月，"肃王赡焰首送收留自宫人一十六名，命俱发南海子种菜"⑧。天顺五年（1461）十二月，"军民自宫进者数十人，俱

---

① 《明武宗实录》卷一一，正德元年三月戊戌。
② 《明武宗实录》卷一八，正德元年十月甲戌。
③ 《明世宗实录》卷十，嘉靖元年正月辛未。
④ 《明英宗实录》卷六九，正统五年七月壬子。
⑤ 《明英宗实录》卷一五三，正统十二年四月癸酉。
⑥ 《明英宗实录》卷一八三，正统十四年九月乙酉。
⑦ 《明英宗实录》卷二九一，天顺二年五月壬寅。
⑧ 《明英宗实录》卷三三〇，天顺三年六月乙丑。

第二章　元明时期南苑地区皇家苑囿的形成

发南海子艺蔬"①。隆庆四年（1570），户科给事中言，"东胜等卫军人多发南海子、黑窑、神木厂等处工作"②，为节省军费开支，南海子等地成为军士闲时农耕、战时戍守的戍垦地点。崇祯二年（1629）正月癸卯，"清兵徙屯南海子，薄暮有旨，趋督师进兵"③，南海子成为清兵占据地点，至此结束了其作为明朝皇家苑囿的历史。

明代民户徭役很重，土地兼并十分严重，由于官田和杂户享有免税及免徭役之特权，故民户投充现象十分突出。弘治五年（1492）顺天府重新规定避差人户之惩戒律令，"令顺天府所属人民，有私自投充陵户、海户及勇士校尉、军厨，躲避粮差者，除本役外，其户下人丁，照旧纳粮当差"④。弘治十五年（1502）又规定"陵户、海户、坟户、庙户、坛户、园户、瓜户、果户、米户、藕户、整户、牟户，每户俱量留二三丁供役，其余丁多者，悉查出当差，如有投充影射者，发边远充军"⑤。与南海子海户构成直接有关，海户脱逃现象也十分常见。宣德七年（1432）十月，"行在户部奏：上林苑监嘉蔬署菜户二百余人逃还山西，请差官督捕。上曰：……所以逃者，必为监临所虐，或身窘于饥寒耳"⑥。至景泰四年（1453）七月，礼部奏："上林苑监蕃育署总甲王嵩等节告，远年在逃养牲王三等六百三十五名，遗下原养牲口、鸡鹅等项，共九千九百九十六支，即今着令见在人户包赔，委的艰难。"⑦另据学者研究，明代从净身人户遴选充任海户的人员，往往是其中级别最为低下的。"明

---

① 《明英宗实录》卷三三五，天顺五年十二月庚寅。
② 《明穆宗实录》卷四四，隆庆四年五月乙酉。
③ 《明实录崇祯实录》卷二，崇祯二年正月癸卯。
④ 《续文献通考》卷一六《赋役二》。
⑤ 《大明会典》卷二〇《赋役》。
⑥ （清）孙承泽：《天府广记》卷三一《上林苑监》，北京古籍出版社，1984，第401页。
⑦ （明）刘惟谦等：《大明律》卷四《逃避差役》，法律出版社，1998。

讲武习勤的皇家苑囿

内廷将收容来的净身人分等级派用,发往南海子充当海户的净身人是明代收容净身人中等级最低的,明代罗虞臣云:礼部请收京师内郡自腐者一万余人第为三等:上等者,给役宫中;次者,留应各王府补缺;又次者,充海户,皆得岁食粟钱如令。在《大明会典》中海户是与灶户、陵户、坟户等并列一起的。在《明史》中海户的地位远不及灶户,甚至比看守皇陵的陵户和守护功臣坟墓的坟户还要低下。"① 据史书记载,海户有经常被"逼死人命"的情况。明代统治者将收容的净身者与本来由正常人充任海户的民户混合在一起,这也说明了海户待遇与地位低下之一斑。海户与贱民阶层中的其他户民一样,都是"役皆永充"。②

南苑海户们世代相传居守南苑,形成了特殊的职业身份。他们集中居住的聚落被称为"海户屯"。现在大兴黄村有"海户新村"、丰台南苑有"海户屯",均为当年南苑外围海户聚落的历史痕迹。关于明代海户的生活现状,明末清初诗人吴伟业专门写有《海户曲》:

"大红门前逢海户,衣食年年守环堵。收蒿腰镰拜啬夫,筑场贳酒从樵父。不知占籍始何年,家近龙池海眼穿。七十二泉长不竭,御沟春暖自涓涓。平畴如掌催东作,水田漠漠江南乐。鸳鹅鹏鹈满烟汀,不枉人呼飞放泊……典守唯闻中使来,樵苏辄假贫民便。芳林别馆百花残,廿四园中烂漫看……一朝剪伐生荆杞,五柞长杨怅已矣……新丰野老惊心目,缚落编篱守麋鹿。兵火摧残泪满衣,升平再睹修茅屋。衰草今成御宿园,豫游只少千章木。上林丞尉已连催,洒扫离宫补花竹。"③

---

① 黄阿明:《特殊的贱民——明代海户浅深》,《历史教学问题》2006年第2期。
② 黄阿明:《特殊的贱民——明代海户浅探》,《历史教学问题》2006年第2期。
③ (清)吴伟业:《梅村集》卷六,国家图书馆藏清顺治十七年(1660)刻本。

第二章　元明时期南苑地区皇家苑囿的形成

海户人家世代守护着苑墙内的这方土地，也是南海子地区最早的民户。苑中泉水奔涌，溪流潺潺，平野如掌，水田连片，一幅江南景象；又有各种野鹅野鸭等水禽飞鸟悠游其间，不但是名副其实的"飞放泊"，更是南苑地区从荒甸成为秀美苑囿的重要过渡。在开发南苑作为皇家游猎之地的同时，当时的统治者也十分注重保持南海子地区良好的自然生态平衡。从元代开始，飞放泊虽然主要供皇帝围猎之用，成为禁猎地区，但也因此聚集各种珍禽鸟兽，《日下旧闻考》引元代熊梦祥《析津志》称："天鹅，又名驾鹅。大者三五十斤，小者廿余斤，俗称'金冠玉体干皂靴'是也。每岁，大兴县管南柳林中飞放之所，彼中县官每岁差役乡民，广于湖中多种茨菇，以诱之来游食。其湖面甚宽，所种延蔓，天鹅来千万为群。俟大驾飞放海青、鸦鹘，所获甚厚。"[1] 明代的南苑地区对于禁猎的相关规定也十分严格，永乐十四年（1416）定："凡牧养栽种地，东至白河，西至西山，南至武清，北至居庸，西南至浑河，一应人不许于内围猎，有犯禁者每人罚马九匹，鞍九副，鹰九连，狗九只，银一百两，钞一万贯，仍治罪，虽亲王勋戚犯者亦不饶。"[2]

总之，从延续元代蒙古族统治者建立的"飞放泊"习俗开始，一直到明代成为上林苑及皇家苑囿的历史过程中，作为曾经偏处一方的荒甸，南苑地区逐渐得到了系统的开发和充分的利用。

---

[1]（清）于敏中等：《日下旧闻考》卷三五，北京古籍出版社，1985。
[2]（清）孙承泽：《天府广记》，北京古籍出版社，1985，第401页。

第三章　清前期南苑的发展与御园功能

一　顺治至乾隆时期的南苑建设

清军入关后，尤其是在顺治朝和康熙朝前期，由于京西的三山五园还没有形成，因此利用明代宫苑成为清廷的权宜之计。清廷在明代南海子的基础上重新修葺，并将其作为皇家御苑，取名为"南苑"。

（一）顺治、康熙、雍正时期南苑规模的初步奠定

作为清初重要宫苑，顺治帝经常前往南苑，有时甚至好几个月驻跸于此。例如，顺治十一年（1654）十一月至十二年（1655）九月，顺治帝长期居住于南苑。

顺治十四年（1657），在小红门内西偏修建了道教庙宇元灵宫，乾隆二十八年（1763）重修，额曰：宅真宝境。内为朝元门，中构元极殿，十二楹，圆殿重檐，供奉玉皇上帝，额曰：帝载元功。联曰：碧瓦护风云别开洞府，丹霄悬日月近丽神皋。殿后为元佑门，内为凝思殿，重檐，殿宇五楹，供奉三清四皇像，御书额曰：上清宝界。联曰：颢气絪缊，一元资发育；神功覆帱，万汇荷生成。东为翊真殿，供奉九天真女梓潼像。西为祇元殿，供奉三官像。殿前穹碑二，勒乾隆帝御制诗。[①]

[①] （清）于敏中等：《日下旧闻考》卷七四《国朝苑囿·南苑一》，北京古籍出版社，1985。

第三章 清前期南苑的发展与御园功能

顺治十五年（1658）重修了明朝时建的两处提督衙门，更其名为新衙门行宫和旧衙门行宫。此外，顺治朝还修建了德寿寺、真武庙、关帝庙、七圣庙、药王庙等。德寿寺在旧衙门东偏，顺治十五年建，后毁于火，乾隆二十一年（1756）重加修葺。山门三间，东西有两座牌坊，大殿五间，东西配殿各三间，殿后随墙门内为御座房。东西二坊，东曰化通万物，西曰觉被群生。大殿供奉释迦佛及阿蓝迦舍佛，分别悬挂御题，额曰：慧灯圆照、善狮子吼。联曰：沙界净因留月印；檀林妙旨悟风香。又曰：慧镜慈灯，广种善根垂福佑；溪声山色，远从贤刧证圆通。院内有两处圆顶石碑，分别镌刻《御制重修德寿寺碑记》以及乾隆帝御制诗章。御座房三楹，乾隆四十五年（1780）改建，东室联曰：禅味每从闲里得；道心常向静中参。西室联曰：竹秀石奇参道妙；水流云在示真常。

康熙帝经常在南苑行围、阅兵，这一时期南苑建筑也逐渐增加。康熙十七年（1678），建永祐庙，位于德寿寺东南二里许，山门三楹，门殿三层，大殿曰延真殿，中奉天仙碧霞元君。康熙二十四年（1685），康熙帝把南苑原来的5个门增加到9个门，即正南曰南红门，东南曰回城门，西南曰黄村门，正北曰大红门，稍东曰小红门，正东曰东红门，东北曰双桥门，正西曰西红门，西北曰镇国寺门。康熙三十七年（1698）又在9门基础上增加14个角门，以便于耕种南苑的海户进出方便。康熙三十年（1691），建永慕寺，乾隆二十九年（1764）重建，位于小红门西南。永慕寺大殿五间，东西配殿各三间，后为经库。大殿供奉释迦佛像，圣祖题额曰：香云法雨。乾隆帝御书联曰：心珠明映大千界；性海常通不二门。[1] 康熙三十三年（1694）重修永胜桥。康熙五十二年（1713）建南红门行宫，主要作为康

---

[1] （清）于敏中等：《日下旧闻考》卷七四《国朝苑囿·南苑一》，北京古籍出版社，1985。

讲武习勤的皇家苑囿

熙帝在检阅军队、行围狩猎之后的休息场所。作为皇家行围狩猎的重要场所,清代南苑设有专门的管理机构。

雍正朝对南苑的建设不多,只是雍正四年(1726)对南苑水系进行了治理。当年,雍正帝命修水利,因凉水河入运河,于是在高各庄分流南引,入凤河故道,一路挑挖,入淀河,最后汇入运河。凤河水"其形如凤",故而得名,从西流至凤窝村,"虽隆冬冱寒,水亦不冰"。凤河河源在南苑中,流出东南隅,至武清之埝上村,河身深广,以下填淤断续,一遇伏秋雨潦,散漫无归。雍正四年,命修水利,查有凉水河发源水头庄贯南苑,出宏仁桥,东流至高各庄,东北流抵张湾,入运河。乃于高各庄分流,南引至埝上,入凤河故道。一路挑挖,过双口,抵清沽港,入淀河,仍于分流之处各建一闸。水小则闭东闸,启南闸,流入凤河;水大则闭南闸,启东闸,泄入运河。次年河成,宛平、漷县、武清、东安一带低洼处常年积水消退,桐林、牛镇、三间房等处开渠引水,各处开垦良田数十顷。[①] 凤河水系的整治使原来淤积不畅的情形得以改善,河水通过新挖的河道能够直流进淀河,而且通过分流建闸控制水流大小,使得大片农田受益。

雍正八年(1730)建宁佑庙,位于晾鹰台北六里许。宁佑庙是南苑的土地庙,规模不大,山门三楹,大殿三楹,供奉南苑安禧司土神像,悬世宗御题额曰薰风布泽。后殿五楹,东西御书房各三楹。雍正一朝,很少在南苑举行行围狩猎活动,只是在雍正七年(1729)举行过大阅。

(二)乾隆时期南苑鼎盛局面的形成

乾隆朝国家政治稳定,经济实力增强,南苑的建设进一步加快。乾隆三年(1738),重修建自明嘉靖年间的关帝庙。关帝

---

① (清)于敏中等:《日下旧闻考》卷七五《国朝苑囿·南苑二》,北京古籍出版社,1985。

第三章　清前期南苑的发展与御园功能

庙位于德寿寺西南里许，山门一楹，南向，前殿二层，一层供奉关帝，二层殿供奉真武大帝，后殿三楹，供奉三世佛。同年，又在南苑正北门大红门（又称北红门）内建更衣殿，南向，门二层，大殿三间。殿内恭悬御书，额曰：郊原在望。联曰：旧题在壁几行绿；晓日横窗一抹殷。其南为地藏庵，东为小龙王庙。[①] 与此同时，乾隆帝又下令重修了关帝庙和元灵宫。乾隆二十八年（1763）重修旧衙门行宫，乾隆二十九年（1764）重修永慕寺。乾隆三十九年（1774），重修马驹桥和碧霞元君庙，当年《御制启跸幸南苑诗》注曰："重修马驹桥、碧霞元君庙，蒇工，择于十二日亲致瓣香庆落，而南顶神庙亦丹艧鼎新，因分日虔诣瞻礼。"[②] 乾隆四十二年（1777）修筑面积达400亩的团河行宫，乾隆四十五年（1780）改建德寿寺，在其殿后加御座房三楹。乾隆五十四年（1789），乾隆帝把南苑的苑墙由土墙改成砖墙，耗银38万两。此外还开辟了13座角门。

经过乾隆一朝的修缮与建设，南苑形成了以四座行宫为主的御园格局。

（1）旧衙门行宫：在小红门西南，建自明朝，清顺治十五年（1658）重加修葺。宫门三楹，前殿五楹，另外还有二层、三层、四层殿宇各五楹。前殿御书额曰：阅武时临。第三层殿御书额曰：爽豁天倪。东壁题联曰：平野晴云横短障；满川烟霭润新犁。东间为佛室，联云：七宝庄严成满字；四花涌现得全提。四层殿西间御书额曰：清溢素襟。东间联曰：短长诗稿闲中检；来往年华静里观。中间联曰：入座韶光发新藻；隔林山鸟试春声。行宫内荫榆书屋三楹，在后殿，曾经是乾隆帝在南苑的读书之处。殿东转西为西书房，南为书室。"荫榆书屋"

[①] （清）于敏中等：《日下旧闻考》卷七四《国朝苑囿·南苑一》，北京古籍出版社，1985。

[②] （清）于敏中等：《日下旧闻考》卷七四《国朝苑囿·南苑一》，北京古籍出版社，1985。

讲武习勤的皇家苑囿

额为乾隆帝御书,联曰:烟霞并入新诗卷;云树长开旧画图。西书房之南书室中,御书联曰:雨足春郊,亭皋开丽瞩;风清书幌,花竹有真香。①

(2)新衙门行宫:建自明朝,宫门前有两个铁狮子,题记为延祐元年(1314)十月制,为元朝旧物。宫门三楹,左右垂花门内对面房十间,前殿三楹,后殿五楹。垂花门内对面房御题,额曰:迓延野绿。东壁联曰:绿深草色轻风拂;红润花光宿雨晴。西壁联曰:树鸟鸣春声渐畅;砌苔向日绿偏多。后殿屏扆间,恭绘圣容,擐甲据鞍。东间联曰:翠峰自写王家画;飞瀑常调雷氏琴。西间额曰:神游清旷。联曰:披图自可寻山对;得句偏宜选壁题。后殿之东,裕性轩五楹,轩西为澹思书屋,后为陶春室。

(3)南宫(南红门行宫):在南红门内里许,康熙五十二年(1713)建,宫门二重,前殿五楹,后殿五楹,再后西正室三楹。前殿内御题,额曰:芳甸怡春。联曰:映窗黛郁千年树;插架芸芳四库书。西间为佛室,联曰:大自在因臻最上;妙观察智悟真如。后殿御题额曰:景湛清华。联曰:渌水亭前罗带绕;碧山窗外画屏开。又联曰:树将暖旭轻笼牖;花与香风并入帘。三卷房东间额曰:畅远襟,联曰:景欣孚甲含胎际;春在人心物性间。西间联曰:草木悭生意;风泉清道心。后间联曰:入目景光浑似旧;得心兴会每殊前。再往后为西正室,联曰:惬心雅得个中趣;澄景凭催象外诗。内间额曰:理趣。

(4)团河行宫:乾隆四十二年(1777)建,是南苑四座行宫中规模最大的一座。行宫中有璇源堂、涵道斋、归云岫、珠源寺、镜虹亭、狎鸥舫、漪鉴轩、清怀堂八景,分为东湖、西湖两大景区。乾隆帝撰有《团河行宫八景叠甲寅韵》,记其胜

---

① (清)于敏中等:《日下旧闻考》卷七四《国朝苑囿·南苑一》,北京古籍出版社,1985。

第三章　清前期南苑的发展与御园功能

景。行宫内有鉴止书屋,是乾隆帝驻跸行宫时的读书之处。乾隆帝《鉴止书屋有会》诗曰:"书屋近临水,因名曰鉴止。是虽即景乎,而应会实理。知进不知退,亢龙所已否。鉴而知其止,不失正斯美。设云举其事,繁不可偻指。"①

乾隆年间在南苑还有一处景观布置值得一提,那就是二十八年(1763)在饮鹿池西侧立昆仑石。据《日下旧闻考》记载,双柳树在南海子居中之地,旧有古柳二株,先后凋枯,随时补植,遂为苑内名区矣。有水一道,为饮鹿池。昆仑石在池之西,四面勒乾隆帝御制诗,南面为乾隆五年(1740)《御制南苑双柳树》诗,北面为《春云》诗,东面为御制《海户谣》,西侧为《杂言》诗,后三首皆为乾隆二十八年作。

此外,乾隆时期在南苑还有两次治理水系的工程,第一次是在乾隆三十二年(1767),修理张家湾河并挑浚凤河。当年四月,乾隆帝谕军机大臣等:"前因阅视河淀情形,见凤河有断流之处,于回銮驻跸南苑时,令查勘上源疏浚,以达河流。今据阿里衮等查奏,团河下游即为凤河,一亩泉下游即归张家湾运河,俱应行开挖深通,已有旨给发帑金,及时修浚矣。但此二河下游皆系地方官应行经理之事,闻其中亦不无淤浅阻塞,今上游既议修治,而下游若仍听其淤梗,是尾闾不能畅达,即疏浚水源,亦属无益。著传谕方观承,即派委明习妥员前往查勘,将应行开挑之处及时兴工,务使一律畅流,以资宣泄。仍将勘估情形,据实复奏。"② 不久,直隶总督方观承回奏:"凤河自南苑东南闸口起,经大兴、通州、东安、武清各境,其自南宫村至大清河口入北淀,下游一律深通,南宫村以上,沥水下注,泥沙冲入,每易淤垫。一亩泉自南苑东红门闸口起,至张家湾入北运河,水盛时未能畅注。臣遵旨率同明习工程之员逐段查

---

① 清高宗:《御制诗集·五集》卷二一,文渊阁《四库全书》本。
② 《清高宗实录》卷七八三,乾隆三十二年四月己酉。

57

讲武习勤的皇家苑囿

勘,凤河自闸至南宫村长二万一千一百二丈,内大兴境一百八十丈、通州境九十五丈、武清境七千四百七十三丈无庸挑挖,实应挑河身一万三千三百五十四丈。一亩泉自闸口起,至张家湾运河,长六千九百二十七丈,河身本窄,兼有需裁弯取直之处,两河均应展宽河面五六丈、底宽三四丈、深五六尺不等。现已派员分段兴修。"①

疏通河道之外,必然涉及桥梁的建设。五月十七日,直隶总督方观承奏报南苑各处应修桥梁工程:"查勘凤河一亩泉河工程,凡关河路经由一切努觜兜湾以及小桥低压有碍水道者,俱令裁改,期于悉臻畅顺。惟查一亩泉水出东红门之南苑墙下,东流一百二十丈,至马驹桥。桥九虹,通长二十五丈、宽三丈。中虹高一丈五尺,内宽一丈九尺;两次虹各高一丈四尺,内宽一丈七尺;三虹各高一丈三尺,内宽一丈五尺;四虹各高一丈二尺,内宽一丈三尺五寸;尾虹各高一丈一尺,内宽一丈一尺。年久倒坏,桥石下坠,洞底悉被填塞,水穿石出,有如乱石坝,然一日之水须两日乃得下。兹奉旨发帑挑浚,使全河一律深通,乃甫出苑墙即成阻遏,更遇大水冲激,渐致桥址全塌,即于水道行旅均多未便,似应酌为修理,取出乱石,相度兴工,似亦不必定是九虹,如改为七虹亦足以跨岸通蹊矣。桥属大兴县境,本应由地方官查估,惟是直隶河员无一明习石工者,玉神保往来于居庸、怀安各处,监修城工及勘估来岁应修各城工,不能分身兼顾。南苑工程并有闸坝,此桥贴近苑墙,可否仰恳皇上天恩,饬交南苑工程处,就近勘估,具奏请旨遵行,以收津梁之益。"②乾隆帝批准了方观承的修建方案,只是认为桥改修七虹,"犹觉太长,五虹足矣"。

第二次是在乾隆四十二年(1777)再一次疏通南苑内凤河

---

① 《清高宗实录》卷七八三,乾隆三十二年四月己酉。
② 朱批奏折:乾隆三十二年五月十七日,"直隶总督方观承为请旨敕交南苑工程处就近勘估修理马驹桥事",档号:04-01-05-0040-002。

第三章　清前期南苑的发展与御园功能

源流团河，同时利用挑挖团河之土建造团河行宫。乾隆四十一年（1776）三月，谕："南苑团河为凤河之源，自疏浚以来又经数载，若再加挑宽，自更足资畅达。再四海子、五海子，其水皆归运河，该处泉源亦多，若并开深通，既与下游有益，且多储积水，更足以纳行潦而供灌注。著传谕刘浩，即前往该处，查勘明确，会同英廉，于步甲内挑用，照例赏给饭钱，施工既为迅捷，即于步甲等生计亦有裨益。"① 乾隆朝后期，又整治南苑草桥等处水泡河道。乾隆五十七年（1792）六月，谕："南苑草桥等处清挖水泡河道一款，用银至十八万一百八十余两，为数已属过多。此项工程著金简务须认真查察，使帑不虚糜工归实用，毋任工员虚报丈尺，冒销银数。将来遇有淤垫，辄以风雨停淤藉词朦混。"②

与顺治朝、康熙朝和雍正朝相比，乾隆帝颇为重视南苑的建设，自即位初年直到即位四十年左右，各种重修和新建工程不断，最终奠定了清代南苑的基本格局。

二　南苑管理与海户、苑户

清初，南苑归并采捕衙门，顺治十六年（1659）始设南苑官③。顺治十八年（1661），设员外郎2人。康熙八年（1669），于员外郎2人内改1人为郎中。十六年（1677）奏准，南苑与景山、瀛台等处，归并都虞司。二十三年（1684），始设奉宸苑，铸给印信，管理景山、瀛台、南苑等处事务。奉宸苑衙署在北红门内迤东，南向，前后四重，房十八楹。奉宸苑兼管苑事大臣，特简，无定员，协理2人，掌苑囿之政，所属郎中2人，员外郎4人，主事1人，分管苑囿诸事，笔帖式16人。三十

---

① 《清高宗实录》卷一五〇〇，乾隆四十一年三月辛卯。
② 《清高宗实录》卷一四七〇，乾隆五十七年六月庚寅。
③ 《光绪大清会典》卷二一《吏部五·官制五·内务府》。

59

年（1691），南苑增设八品催总2人。又奏准，南苑新旧行宫各增设无品级总领1人、副总领2人。三十六年（1697），南苑南红门行宫增设无品级总领1人、副总领2人。四十年（1701），增设笔帖式1人。五十二年（1713），南苑南红门新行宫增设副总领1人。

雍正元年（1723），增设汉字笔帖式2人。又奏准，南苑增设员外郎1人，奉宸苑并南苑各于笔帖式内增设委署主事1人。二年（1724），增设八品催总2人。六年（1728）奏准，奉宸苑堂官品级定为三品。十二年（1734），裁委署主事。十三年（1735），增设清字笔帖式1人、汉字笔帖式1人。

乾隆元年（1736），南苑增设主事1人。四年（1739），增设八品催总1人。十六年（1751），南苑原有于领催额内委署催总1人，仍食二两钱粮，又在领催内增设委署催总1人，亦仍食原钱粮。十八年（1753）奏准，南苑原有额设八品催总2人外，增设八品催总1人，分隶三旗，每旗各八品催总1人，按所分地面，经管巡察。又议准，南苑于拜唐阿领催内，增设委署催总1人。催总的任命按从上三旗中每旗各委署催总1人，分司经管。二十二年（1757）奏准，奉宸苑并南苑各于笔帖式内，复设委署主事1人，给予六品虚衔顶戴，仍食原俸原饷。二十四年（1759）奏准，园庭总领改为苑丞，副总领改为苑副，催总改为催长。因南苑三处行宫地方辽阔，原设苑丞、苑副无多，因此从前所派委署苑副协助当差，并无额缺。自二十六年（1761）起，重新厘定管理人员，将三处行宫各酌留委署、苑副二人作为定额外，每处行宫各裁委署苑副3人。三十八年（1773）奏准，南苑苑丞3人给予六品虚衔顶戴，仍食八品俸禄。由上三旗所选派的八品催长3人亦改为苑丞，给予六品虚衔，仍食原俸。又统一了名称，催长既已改为苑丞，其副催长此后统一改为苑副。四十二年（1777）奏准，南苑团河新建行宫，其管理人员从新行宫、旧行宫原设苑丞2人、苑副4人、

第三章　清前期南苑的发展与御园功能

委署苑副4人及南行宫原设苑副3人内，统一拨出苑丞1人、苑副2人、委署苑副1人，作为团河行宫额缺，令其专司管理。四十六年（1781）奏准，又从京郊御园乐善园（位于今北京动物园一带）苑丞3人内裁拨1人，作为南苑团河行宫额缺。① 乾隆时期对于南苑的重视从管理南苑的奉宸苑官员规模上就可看出：掌管南苑的奉宸苑官员包括郎中、员外郎、主事、委署主事、苑丞、苑副、笔帖式累计共30人，掌管皇家其他园林的奉宸苑官员共50人。

关于南苑守备，设四品总尉1人、五品防御8人、骁骑校2人、步军校4人。原定南苑设守卫官5人，分守5门。康熙二十四年（1685）奏准，南苑周围墙垣，在原来大红门、小红门、东红门、西红门、南红门的基础上，又增设镇国寺门、黄村门、回城门、双桥门，共为9门。其中，大红门专设四品总领章京1人，即总尉，其余8门各设五品防御1人。康熙三十六年（1697）奏准，南苑新衙门行宫、旧衙门行宫及南红门行宫，各添设步军校1人。乾隆二十八年（1763）奏准，南苑永慕寺增设步军校1人。嘉庆九年（1804），奉宸苑管理大臣奏请于领催内增设骁骑校，嘉庆帝谕令在南苑领催10名内，准其添设骁骑校2员，仍食领催钱粮，俟有防御章京缺出，即以补放。②

从管理职责分工来看，南苑郎中、员外郎、主事、委署主事等官，掌管南苑官职升除及分管九门草甸、围墙、树木、牲兽之事；苑丞、苑副、笔帖式等官则掌管看守、直宿、陈设、器皿诸事。③ 南苑守卫设南苑总尉1人，正四品，防御8人，正五品，则掌管南苑九门门禁，统率所属官弁兵丁、稽查出入并负责巡防守卫。

---

① 《光绪大清会典》卷一一七一《内务府二·官制二·奉宸苑》，乾隆《钦定大清会典则例》卷一六七《内务府·奉宸苑·南苑设官》。
② 《光绪大清会典》卷五四三《兵部二·官制二·南苑》。
③ 《皇朝通志》卷六六《职官略》。

61

讲武习勤的皇家苑囿

南苑的日常维护和运转，主要由海户和苑户等劳役人员承担。苑户主要设于南苑各处行宫、寺庙、马厩、牛圈、羊圈等处，专司洒扫、坐更等事，一般由身份较低的旗人充任。起初定南苑苑户每名给地28亩。康熙三十年（1691）题准，新旧行宫设洒扫苑户16名。五十二年（1713）题准，南红门、新旧行宫增设苑户32名。五十六年（1717）题准，永慕寺设苑户10名。乾隆四十六年（1781），团河行宫增设苑户32名。①

苑户之外，在南苑中还有一个特殊群体，即海户，主要从事饲养兽禽、维护苑墙、栽培林木、芟割草料、种植蔬果等劳役工作。原定南苑海户1800名，其中千户2名，总甲22名，小甲88名，巡青海户48名，门军81名，海户1559名。海户与清代其他贱民身份相同，身份世袭，如果出现缺员，则以其子弟顶补。康熙十一年（1672）奏准，南苑海户每名各给地28亩。二十七年（1688），增设海户400名，即以海户子弟充补，每名照例拨给地亩。五十一年（1712）奏准，裁千户2名，总甲10名，小甲40名，门军45名，海户503名，原给之地悉行撤回。总甲每名各增给地32亩，小甲及巡青海户每名各增给地12亩，尚余地88顷88亩，仍为羊草地。其墙外马道及通州等处退出地亩74顷，交户部，令该州县征收钱粮。②乾隆二十四年（1759），于海户内增设头目2人。六十年（1795），于总甲内委副头目2人。又奏准，裁汰海户400名，原给之地全部撤回，头目各增给地一顷80亩，副头目各增给地1顷20亩，总甲10名各增给地1顷20亩，剩余94顷地分给小甲及巡青海户。③经过多次增建与裁汰，至乾隆时期，海户基本固定为1600名左右。海户地位低贱，承担着南苑最繁重的维护和劳作任务，每逢大阅，皇帝也常常怜其生活困顿，予以赈济赏赐。乾隆帝曾撰

---

① 《钦定大清会典事例》卷一一九五《内务府二六·苑囿二·南苑苑户》。
② 《钦定大清会典则例》卷一六七《内务府·奉宸苑·苑户》。
③ 《钦定大清会典事例》卷一一九五《内务府二六·苑囿二·海户》。

第三章　清前期南苑的发展与御园功能

《海户谣》:"海户给以田,俾守南海子。常年足糊口,去岁胥被水。以其有恒产,不与齐民比。赈贷所弗及,是实向隅已。我偶试春蒐,扫涂仍役使。蓝缕洵可怜,内帑宁惜此。一千六百人,二千白金与。稍以救燃眉,庶免沟中徙。并得贳麦种,青黄藉有恃。道旁纷谢恩,菜色颇生喜。尔喜我所惭,过不他人诿。"

南苑不同于一般的御园,它具有一定的物质生产和供应职能,主要是提供内廷使用的马匹、牛羊乳制品以及果蔬等物资。

首先是马匹,主要供应皇帝和皇子使用。清制,在京城设内外马厩,内马厩设于皇城,外马厩设于南苑。康熙年间定紫禁城内设御马、走马各1厩,均随时增减,无定额。御马厩附养应差驽马5匹,仗马1厩30匹,附养应差驽马10匹;东安门内驽马4厩,各200匹,驾车马1厩,马70匹,骡30头;西安门内川马1厩,无定额,驼1厩100匹,附应差驽马15匹。南苑御马、内马共6厩,无定额。每厩附巡群马30匹,牝马10群,每群200匹;瓮山驽马1厩240匹。雍正元年(1723),定每厩驽马额定240匹。十一年(1733),定南苑6厩内设㸿马1群、额腾马10匹、牝马80匹,以备取马奶之用。十三年(1735)奏准,南苑牧养牝马10群,移于辽宁大凌河牧群内牧养。乾隆二十八年(1763)奏准,将南苑6厩内的巡群马每群各裁汰10匹。三十五年(1770),南苑六厩巡群马每群又各裁汰10匹。三十七年(1772)奏准,川马厩额定小马14匹。四十三年(1778)奏准,驾车马2厩内裁汰羸马10匹、马20匹,以上乘驾车羸20匹、仪仗驾车马30匹,作为1厩。其余羸60匹、驾车马50匹,作为1厩。又奏准,仗马厩附养应差马20匹内裁汰10匹,南苑6厩巡群马每厩各裁汰5匹。四十四年(1779),移驼只于东安门内驾车马厩附养。嘉庆六年(1801)奏准,将㸿马1群裁汰。道光二十三年(1843)奉旨,将南苑原设6圈裁撤2圈,剩下4圈。其由南苑各圈所养蒙古人等进贡马内撤出

63

讲武习勤的皇家苑囿

马 64 匹，京圈撤出马 140 匹，分赏前锋统领、护军统领所属的八旗各营兵丁。①

其次是牛羊，主要供奉内廷日常所需的乳制品。关于京城御用牛羊牧所，顺治初年在西华门外设内牛圈 3 处，在南苑设外牛圈 3 处、供应乳饼圈 1 处，在丰台还设有羊圈 6 处。此外，在张家口外游牧地方设牛群 198 头、羊群 240 只。康熙二十三年（1684）奏准，西华门外内牛圈 3 处每圈养全耳骟牛 5 头，专门供内廷取乳用的乳牛，随时增减，无定额。南苑的 3 牛圈，每圈养全耳骟牛 7 头，供应牛乳的分例乳牛和额外乳牛数量，均随时增减；此外，备给庄园骟牛 6 头，乳牛 80 头，另为一圈，专门供应乳饼、乳渾等乳制品。三十一年（1692），又定西华门外的内三圈如果遇有增换之牛，则向南苑的外三圈取用；外三圈及乳饼圈、丰台 6 羊圈所需更换牛羊，每年从张家口外游牧处取用，不堪畜养的牛羊则送张家口外牧放。五十八年（1719）奏准，内三牛圈减去全耳骟牛 3 头，南苑三牛圈减去全耳骟牛 13 头，备给庄园的牛则尽行裁汰，供乳饼牛圈减去乳牛 15 头。乾隆三十四年（1769）议准，专门豫备为西华门外内圈更换乳牛的南苑三处续增牛圈，共蓄养牛只达到 482 头，因数量过多，确定每圈蓄养额数为 100 头，三圈共计 300 头，其余的 182 头牛，送往张家口牧养。四十一年（1776），又裁去南苑牛圈两处，留下 1 圈养乳牛 100 头，全耳骟牛 12 头，牡牛、驾车牛、青牛各 2 头，其余的 181 头牛尽数裁汰。五十年（1785），内牛圈减乳牛 134 头，南苑备用续牛圈再减乳牛 40 头，供乳饼牛圈减乳牛 20 头。嘉庆年间又增加了内外牛圈的数量。嘉庆四年（1799），内牛圈增设乳牛 53 头，续牛圈增设备用乳牛 50 头。十年（1805），备用续牛圈增添乳牛 15 头。十七年（1812），又将丰台六处羊圈移至南苑，每圈建盖瓦房、土房各 3 间。所腾

---

① 《钦定大清会典事例》卷一二七〇《内务府三八·畜牧二·内外马》。

64

出的丰台旧羊圈地 2 顷 40 亩，交由顺天府招佃开垦，照例征租。①

清宫内廷常年需用大量牛乳。康熙年间规定：太皇太后、皇太后用乳牛 24 头；皇帝、皇后共用乳牛 100 头；皇贵妃用乳牛 7 头；贵妃用乳牛 6 头；妃用乳牛 5 头；嫔用乳牛 4 头；贵人用乳牛 2 头；皇子福晋用乳牛 10 头；皇子侧福晋用乳牛 5 头。按照规定，每头乳牛每天取乳 2 斤，交送尚茶房。雍正元年（1723）定，每年春秋二季，清茶房造乳饼，日用牛乳 50 斤，由尚茶房咨明，于南苑三牛圈内拨取乳牛 15 头，送入内三牛圈喂养取乳。至停造乳饼时，仍归原圈。乾隆三十五年（1770）奏准，原定南苑三牛圈每日应交牛乳 120 斤，酌减一半，令交乳饼圈牛乳 60 斤。② 此外，内廷各宫殿寺庙每年所用供献的乳饼，也均由南苑乳饼圈成造交进。③

南苑还负责蓄养皇帝每次在先农坛举行耕耤礼所需要的耕牛。雍正二年（1724），用于先农坛耕耤礼的耕牛交总管内务府大臣负责，由南苑三牛圈处喂养。三年（1725），雍正帝谕令："耕耤典礼，朕每岁举行，所交内务府牛，著于南苑圈内加意牧养，届期仍用此牛。""每年耕耤后，顺天府送到耕耤牛，交南苑三牛圈牧养，至次年耕耤前，顺天府仍行取用。不堪用时，听顺天府别行采买。耕耤后，将用过牛只，照例交圈喂养。其不堪应用之牛，亦留圈喂养。"④

再次是果园，主要供应内廷所需的新鲜蔬果。清制，内廷日常所需的蔬菜瓜果，一般由内务府所管辖的庄园供应。顺治初年，内务府在顺天、保定、河间、永平等府设有果园 136 所，园丁共 705 人，给养赡家口地 271 顷 20 亩，每丁岁征银 3 两。

---

① 《钦定大清会典事例》卷一二九〇《内务府四〇·畜牧四·内外牛羊圈》。
② 《钦定大清会典事例》卷一二九〇《内务府四〇·畜牧四·供用》。
③ 《钦定大清会典事例》卷一二九〇《内务府四〇·畜牧四·供用》。
④ 《钦定大清会典事例》卷一二九〇《内务府四〇·畜牧四·供用》。

讲武习勤的皇家苑囿

盛京内务府所属园丁351人,广宁所设园丁117人,每丁岁征银3两。京城近畿新园121所,共870顷47亩,每亩征银5分。①康熙十二年(1673)奏准,南苑内设果园5所,各给地1顷19亩外,各给养赡家口地2顷10亩,每年交纳各种桃李,不征收地亩钱粮。十六年(1677)奏准,果房设掌果2人,司果执事12人,专司征收各色果品,以备各处供献内廷清茶房之用。二十二年(1683)奏准,园头每年所交果品数目核定价值,在地丁钱粮内抵除。

最后,南苑还供应草料。南苑水草丰美,不仅供应苑内所蓄养马匹、牛羊所需草料,而且还在一定程度上供应着京城官民马匹的草料。清初,南苑定例每年由海户向兵部交纳50余万束的草料,此外多余的羊草"向交大、宛两县变价,转发窑户烧造砖瓦",但由于人工堆垛、运送草料脚价等项费用无项可支,以致大兴、宛平两县经常需要"挪垫亏空",窑户也"致拖欠无著",结果"官民并受其累"。因此,雍正六年(1728)经怡亲王允祥奏准,南苑多余的草料"停其拉运"。这一政策刚执行了六年,户部于雍正十二年(1734)又以"羊草不便委弃"为由,奏请南苑羊草之事"交于奉宸苑等衙门定议,仍给大、宛两县运变",所需费用"每年在户部领银三千两,临时给发,以为拉运脚价"。然而,南苑每年羊草有100万束左右,以3000两脚价转运,同样是杯水车薪,"断难敷用,两县仍不免于挪垫亏空"。于是,乾隆元年孙国玺再次奏请南苑多余羊草照雍正六年怡亲王原奏,停其打割拉运。经总理事务王大臣和户部议奏,同意不再由大兴、宛平两县打割,但可由海户每年酌量打割,变卖银两,作为修缮南苑围墙等工程的资金来源。"每年交与海户打割壹拾万束,照原价每束减银壹厘伍毫,作价银贰厘,即交伊等变卖。如易于变卖之时,应听其陆续添割至贰拾万束以

---

① 《钦定八旗通志》卷六八《土田志七·内府庄园数目》。

上，照价售变。其海户打割饭银，仍照例每束赏给银伍毫，在于所变价银内扣算赏给。每束尚剩价银壹厘伍毫，汇行交于广储司收贮。其南苑围墙有应行修筑之处，即于交贮羊草价银内动用，如有不敷，仍听奉宸苑照例奏请动用广储司库银修筑可也。"① 此后，南苑草料的处理便基本延续了这一办法。在京畿遭灾之际，南苑草料还能起到平抑京城马驼所需豆草价格的作用。例如，乾隆二十四年（1759）九月，京城内外"麦面豆草各项未能平减，尚须随时调剂"，而南苑"羊草繁庑，向来采刈储备，足敷供用"，乾隆帝即谕令奉宸苑官员"督率海户多为收割，俾出售数饶，市直自当日减"。② 至乾隆朝后期，南苑多余草料已是大量打割，所变卖银两成为奉宸苑日常维护运营的资金来源之一。乾隆五十四年（1789）奏准，每年令庄头、海户等交纳羊草58万束，其中内圈咨取10万束，其余按每束定价二厘五毫鬻卖，计银1200两。苑中剩余草料"亦令庄头、海户等全行芟除，听附近居民缴价承买，每担定制钱二十文"③。

三 南苑与清前期御园理政

南苑是清初御园理政的重要场所。"苑囿之设，所以循览郊原，节宣气序。仰惟开国以来，若南苑则自世祖肇加修葺，用备搜狩，而畅春园创自圣祖，圆明园启自世宗，实为勤政敕几、劭农观稼之所。"④ 清代政治文化特色以及礼制运作的需要是促成南苑在清代作为御园理政场所的重要因素。其一，南苑水草丰美，能够满足清统治者讲武习勤、骑射围猎的政治军事需要，

---

① 题本：大学士管户部尚书事张廷玉、户部尚书海望《题为南苑筑墙割草请交海户办理事》，乾隆元年三月二十七日，档号：02－01－04－12919－026。
② 《清高宗实录》卷五九七，乾隆二十四年九月乙亥。
③ 《钦定大清会典事例》卷一一九五《内务府二六·苑囿二·芟割羊草》。
④ 《钦定日下旧闻考》卷七四《国朝苑囿·南苑一》。

讲武习勤的皇家苑囿

"麋鹿雉兔蕃育其中,时命禁旅行围,以肄武事"①。乾隆帝说:"南苑为较猎地,陂隰广衍,草木丰美,羽毛蹄角,充牣杂遝。岁时之暇,行围较射,以搜军实,习武备。"② 其二,南苑地势开阔,适于举行年节烟火观灯等活动,以联络外藩使臣及各部落王公。乾隆二十三年(1758)《御制南苑赐哈萨克斯坦布鲁特塔什罕回人等观烟火灯词》中有"灯火城南六十春,重观因赍远来人"句,诗中自注:"康熙二三十年间,元宵盖曾在南苑陈烟火,后以建畅春园,率于彼度节,不复在此观灯者六十余年矣。"③ 可见,南苑在清前期相当长的时间里发挥了"陈烟火"以"赍远来人"的作用。其三,南苑清静幽雅,适合休养避喧。顺治九年(1652)、十三年(1656),顺治皇帝都曾避痘南苑。康熙帝亦多次携孝庄太后、皇太后在南苑休养。其四,南苑的地理位置适于作为清朝皇帝巡幸出行以及拜谒东、西陵的往返落脚点。尤其在乾隆朝,乾隆帝拜谒东陵之后,往往经南苑再拜谒西陵。乾隆帝《过卢沟桥》诗中自注:"瞻谒东陵回跸,先返御园问安,再谒西陵,取道于此。"

在康熙中期修建畅春园以前,南苑是清廷唯一一处能够利用的近郊御园。顺治帝亲政后几乎每年都前往南苑。顺治十一年(1654)后,因紫禁城内乾清宫等主要宫殿正值重建,顺治帝曾长期居住于南苑。驻跸南苑期间,甚至遗忘冬至祭天典礼。顺治十二年(1655)十一月初八,幸南苑。二十五日冬至日,按照规定应行祭天礼,但关于"驻跸南苑,致斋日期",不仅礼部"未经题明",而且内院诸臣"亦未奏知"④,加之当时顺治帝宠幸董鄂妃,因此也更愿意驻跸南苑,而非回到宫中,以致

---

① 乾隆《钦定大清一统志》卷一《京师·上》。
② 乾隆二十一年《御制重修德寿寺碑记》,见于敏中等《日下旧闻考》卷七四《国朝苑囿·南苑一》。
③ (清)于敏中等:《日下旧闻考》卷七四《国朝苑囿·南苑一》。
④ 《清世祖实录》卷九五,顺治十二年十一月戊子、乙巳。

第三章 清前期南苑的发展与御园功能

忘记祭天典礼。顺治十三年（1656）十二月，顺治帝在南苑册封内大臣鄂硕女董鄂氏为皇贵妃，初六日早，"奉册宝于彩亭，礼部侍郎邬赫、启心郎吴马护等送至南苑"①。由于顺治帝频繁驻跸南苑，朝臣忧心政务耽搁，因此兵科给事中杨雍建于顺治十六年（1659）正月十一日奏请顺治帝要节制南苑之行："人君一身为神人之主，关系甚重。臣伏睹皇上敷政好学，宵旰靡宁，勤劳太过，昨因上体一时违和，传谕孟春享太庙，遣官致祭，至期皇躬悦豫，仍亲庙祀，此我皇上敬修祀典之心也。乃回宫未几，复有南苑之行，寒威初烈，涉历郊原，恐非保惜受护之道。臣闻春秋君举必书，诚慎之也，且搜苗狝狩各有其时，则非轻出可知。设使兽起于前，马逸于后，岂能无万一之虑？臣愿皇上出入以时，起居必谨，俾清明强固，奠宗社无疆之休。"②给事中杨雍建建议顺治帝减少驻跸南苑的次数，显然有悖于当时顺治帝的内心意愿，皇帝自然很难应允。也或许感受到压力，杨雍建又自称愚昧，收回了自己的建议。二十二日，给事中杨雍建奏言："昨奉上谕阅武南苑，令诸臣侍从，臣因得睹军容之盛、武备之修，乃知皇上安不忘危，原非无事而出，始深悔前疏请慎起居，愚昧无知，殊为悖谬。总缘臣沽名钓誉，习气未除，展转思维，惶悚无地，请敕部处分。"③对杨雍建的奏请，尽管未置可否，但顺治帝还是在两天后自南苑还宫。

顺治朝发生在南苑的一个重大历史事件是，顺治帝接见五世达赖喇嘛。顺治初年正值清政权迁都北京不久，当时全国尚未统一，战事频仍，清军一面南下攻击南明各地政权，镇压农民起义军的抗清斗争；另一面积极扩大统一联盟，敦促藏传佛教宗教领袖达赖喇嘛来京晤面，这对安定西北、西南民族地区至关重要。经过多方努力，顺治九年（1652）正月，五世达赖

---

① 《清世祖实录》卷一五〇，顺治十三年十二月戊寅、己卯。
② 《清世祖实录》卷一二三，顺治十六年正月癸卯。
③ 《清世祖实录》卷一二三，顺治十六年正月甲寅。

讲武习勤的皇家苑囿

喇嘛携众正式离藏朝觐顺治帝。起初,五世达赖喇嘛来朝觐的地点并未确定在北京,当然更谈不上南苑了,蒙藏双方都希望在内蒙古某个地方来完成这次觐见的使命而不是直接进入京城。顺治九年(1652)八月初一日,五世达赖奏请顺治帝:"前遣斯钦、敖诺布为首使者奏闻觐见之事,后派昆楚克罗礼又奏。但因内地疾疫甚多,改在呼和浩特或代噶地方觐见,妥否,伏惟上裁。并献护身佛。"① 五世达赖喇嘛希望在呼和浩特或者代噶(今内蒙古自治区凉城县境内)觐见顺治帝。考虑到需要笼络当时尚未归附的漠北喀尔喀蒙古,顺治帝并没有回绝五世达赖喇嘛的请求,打算出边外与他会见。因此,顺治帝在同年八月十三日给五世达赖喇嘛的答复中说:"朕欲于边外迎迓,迩因西南用兵,羽书来往频繁,皆系军国重务,难以轻置,用是不克出边相见。挨寇靖无事,便可亲行,特遣亲王、大臣前往,此时只于边内近地相迎迓可耳。并赐哈达、珍珠、数珠。特谕。"② 顺治皇帝担心:"若令喇嘛入内地,今年岁收甚歉,喇嘛从者又众,恐与我无益。倘不往迎喇嘛,以我既召之来,又不往迎,必至中途而返,恐喀尔喀亦因之不来归顺。"③

为慎重起见,顺治帝在正式出发去边外会见五世达赖喇嘛之前,将这一问题交由满汉诸大臣进行讨论,未料想却在朝廷内部引发了满汉大臣的激烈争议。顺治九年(1652)九月初三日,顺治帝谕诸王贝勒、大臣、九卿科道曰:

> 当太宗皇帝时,尚有喀尔喀一隅未服,以外藩蒙古惟

---

① 中国第一历史档案馆、中国藏学研究中心合编《清初五世达赖喇嘛档案史料选编》第32件《达赖喇嘛为改觐见地点事表文》,1998,第23页。
② 中国第一历史档案馆、中国藏学研究中心合编《清初五世达赖喇嘛档案史料选编》第34件,1998。
③ 中国第一历史档案馆、中国藏学研究中心合编《清初五世达赖喇嘛档案史料选编》第36件《满汉大臣奉谕议奏应否出边迎接达赖喇嘛入京事》,1998,第25页。

第三章 清前期南苑的发展与御园功能

喇嘛之言是听，因往召达赖喇嘛。其使未至，太宗皇帝晏驾。后睿王摄政时，往请达赖喇嘛，许于辰年前来。及朕亲政后，召之，达赖喇嘛即启行前来，从者三千人。今朕欲亲至边外迎之，令喇嘛即住边外，外藩蒙古贝子欲见喇嘛者，即令在外相见。若令喇嘛入内地，今年岁收甚歉，喇嘛从者又众，恐于我无益。傥不往迎喇嘛，以我既召之来，又不往迎，必至中途而返。恐喀尔喀亦因之不来归顺。其应否往迎之处，尔等各抒所见以奏。满洲诸臣议：我等往请，喇嘛即来，上亲至边外迎之。令喇嘛住于边外，喇嘛欲入内地，可令少带随从入内。如欲在外，听喇嘛自便。上若亲往迎之，喀尔喀亦从之来归，大有裨益也。若请而不迎，恐于理未当。我以礼敬喇嘛而不入喇嘛之教，又何妨乎？众汉臣议：皇上为天下国家之主，不当往迎喇嘛，喇嘛从者三千余人，又遇岁歉，不可令入内地。若以特请之故，可于诸王大臣中遣一人代迎，其喇嘛令住边外，遗之金银等物，亦所以敬喇嘛也。两议具奏。上曰：朕当裁之。[①]

满大臣支持顺治帝前往边外亲自迎接五世达赖喇嘛，理由是拉拢喀尔喀蒙古早日归附清廷，"上若亲往迎之，喀尔喀亦从之来归，大有裨益也。若请而不迎，恐于理未当"。但是，以内翰林秘书院大学士兼都察院左都御史洪承畴为代表的汉族大臣，却反对顺治帝远赴边外进行迎接。其理由也同样正当，即皇帝作为尊贵的天子，不应该降贵屈尊亲自去迎送。面对满汉大臣截然相反的意见，顺治帝起初并没有采择汉大臣的意见，依然坚持出京相见，并在九月十一日正式通知五世达赖，将在边外的代噶会见他。

[①] 《清世祖实录》卷六九，顺治九年九月戊午。

讲武习勤的皇家苑囿

不过，汉大臣并未放弃，九月二十九日，洪承畴联合陈之遴再次上奏：

> 臣等阅钦天监奏云：昨太白星与日争光，流星入紫微宫。窃思日者，人君之象，太白敢于争明。紫微宫者，人君之位，流星敢于突入。上天垂象，诚宜警惕。且今年南方苦旱，北方苦涝，岁饥寇警，处处入告。宗社重大，非圣躬远幸之时，虽百神呵护、六军扈从，自无他虞。然边外不如宫中为固，游幸不若静息为安。达赖喇嘛自远方来，遣一大臣迎接，已足见优待之意，亦可服蒙古之心，又何劳圣驾亲往为也？天道深远，固非臣等所能测度，但乘舆将驾而星变适彰，此诚上苍仁爱陛下之意，不可不深思而省戒也。疏入，得旨：此奏甚是，朕行即停止。是日遣内大臣伯索尼传谕洪承畴等曰：卿等谏朕勿往迎喇嘛，此言甚是，朕即停止。①

此次，洪承畴与陈之遴没有引用皇权至上的观念来劝谏，而是利用天人感应的思想，借钦天监所言"太白星与日争光，流星入紫微宫"，警告顺治帝以国家之安定、政权之稳固为念，莫要远行。奏入，顺治帝应当是被洪、陈二人此番所言震动，皇帝的权威可以不要，但国家政权的安危却不得不顾及，于是立即接受劝谏，决定停止前往边地。十月十三日，顺治帝敕谕五世达赖："前者朕降谕旨，欲亲往迎迓。近以盗贼间发，羽檄时闻，国家重务难以轻置，是以不能亲往，特遣和硕承泽亲王及内大臣代迎。当悉朕不能亲往之意。故谕。"② 顺治帝向达赖喇嘛解释说由于其国家事务繁重，内地尚不平稳，不能亲自前

---

① 《清世祖实录》卷六九，顺治九年九月戊午。
② 中国第一历史档案馆、中国藏学研究中心合编《清初五世达赖喇嘛档案史料选编》第39件《顺治帝为不能亲迓而特遣亲王代迎之故给达赖喇嘛敕谕》，1998，第26页。

第三章　清前期南苑的发展与御园功能

往边外，特派和硕承泽亲王硕塞前往迎请达赖入京。

顺治九年十二月十六日（1653年1月15日），五世达赖在历经近一年的艰苦跋涉后终于到达北京。会面地点不在紫禁城，而是在御园南苑。这一会见地点选择也并不是偶然的，而是顺治帝与朝臣多次商议的结果。

关于当天顺治帝在南苑接见五世达赖喇嘛的情形，清宫档案记述："达赖上谒。上由御座起行数步，与达赖握手问候。后，上复登御座，侧设达赖座，奉温谕令登座吃茶，询起居。达赖即于座前恭请圣安，陈述前后藏情形。赏赐筵宴。由部库赏拨银九万两。达赖移居新建黄房（黄寺）。"[1] 对于接见的情形，五世达赖在其自传中这样回忆："皇帝按以前的诸典籍所载，以田猎的名义前来迎接。十六日，我们起程前往皇帝驾前。进入城墙后渐次行进，至隐约可见皇帝的临幸地时，众人下马。但见七政宝作前导，皇帝威严胜过转轮王，福德能比阿弥陀。从这里又前往至相距四箭之地后，我下马步行，皇帝由御座起身相迎十步，握住我的手通过通事问安。之后，皇帝在齐腰高的御座上落座，令我在距他仅一尺远、稍低于御座的座位上落座。赐茶时，谕令我先饮，我奏称不敢造次，遂同饮。如此，礼遇甚厚。我进呈了以珊瑚、琥珀、青金石念珠数串、氆氇、蔗糖、叭香数包以及马匹、羔皮各千件等为主的贡礼。正如经论中所说，金刚石虽破碎，犹能冠绝普通宝石；王者虽年少，亦当威服年老臣子，其区别，有如菩提萨埵和声闻独觉。这位皇帝看起来只有17岁，虽然显得很年轻，但在无数语言各异的人中间，毫不畏缩，像无髻的狮子悠肆纵横。"[2] 至于顺治皇帝

---

[1] 中国第一历史档案馆、中国藏学研究中心合编《清初五世达赖喇嘛档案史料选编》第41件《达赖喇嘛于南苑揭见顺治帝》，1998，第27页。

[2] 参见五世达赖喇嘛阿旺洛桑嘉措《五世达赖传·云裳》，陈庆英、马连龙、马林译，中国藏学出版社，1997，第328页；又见《五世达赖喇嘛进京记》，陈庆英、马林译注，《中国藏学》1992年第4期。

讲武习勤的皇家苑囿

在南苑接见五世达赖的具体地点，应是旧衙门行宫，因为在顺治九年（1652）时还没有建造德寿寺。

南苑会面后，五世达赖居住在清政府为迎接其入京朝觐而专门修建的西黄寺。顺治十年（1653）正月十六日，顺治帝在紫禁城太和殿宴请五世达赖。二月十八日，五世达赖辞行离京返回，约在当年藏历十月下旬（1653年12月）到达拉萨，完成了这次在清初历史上具有重大意义的朝觐之路。顺治帝在南苑接见五世达赖意义重大，不仅体现了清中央政府对西藏地方宗教领袖的充分尊重，有助于民族团结和国家统一，而且在五世达赖归藏途中，清廷还赐予五世达赖金册金印，正式册封其为西藏地区最高宗教领袖，这标志着从此之后，历代达赖喇嘛的继位都需要经过中央政府的册封。

到了康熙朝，康熙帝非常重视南苑的讲武习勤，曾多次强调"南苑乃人君练武之地"[①]。因此，康熙皇帝在南苑的活动大多与行围、校阅有关。除了行围、大阅之外，康熙皇帝也间或携带太皇太后、皇太后驻跸南苑。例如，康熙十八年（1679）十二月初五，太监刘忠传太皇太后旨，谕领侍卫内大臣阿鲁哈等曰："皇帝自入秋以来未甚爽健，且此数年间，种种忧劳，心怀不畅。顷者抱恙，今虽痊愈，尚未甘饮食，南苑洁静，宜暂往彼颐养。"[②]康熙帝遂奉孝庄太后之命，到南苑静养。康熙朝中期以后，畅春园已经建成，除行围活动之外临幸南苑的次数逐步减少。康熙四十七年（1708）十月南苑行围之后，康熙皇帝便很少在南苑行围，驻跸活动也少了很多。直到康熙六十一年（1722）十月"幸南苑行围"[③]。当年十一月初七，"上不

[①] 参见《清圣祖实录》卷四二，康熙十二年四月乙卯，又见《康熙朝起居注》第一册，第94页。

[②] 《清圣祖实录》卷八七，康熙十八年十二月丙寅。

[③] 《清圣祖实录》卷二九九，康熙六十一年十月癸酉。

豫",康熙帝自南苑回驻畅春园,十三日卒。① 康熙帝去世后,一度有大臣建议在南苑安设梓宫,因路途较远,"离宫禁甚远"②,雍正帝没有同意。

雍正皇帝在位 13 年,几乎没有外出巡幸活动,驻跸南苑也寥寥可数。只有在雍正七年(1729)五月,雍正皇帝第一次驻跸南苑,并阅车骑营兵。这也是实录记载中,雍正皇帝唯一一次驻跸南苑。

乾隆时期,虽然圆明园作为御园理政的核心地位更显突出,但在南苑的政治礼制活动依旧频繁。乾隆四年(1739)十月,乾隆帝规定自己驻跸南苑期间,各部院衙门按照圆明园之例,轮班奏事。"朕驻跸南苑,部院八旗等衙门著照圆明园之例,轮班奏事。"③ 乾隆二十三年(1758),进一步规定了驻跸南苑时王大臣进班等有关事宜,"请嗣后驾幸各处,俱照在宫日夜值班"④。前往永慕寺行礼,祭奠孝庄皇太后,是乾隆皇帝前往南苑活动的另一项内容。一般是在三月初八孝庄太皇太后的生日这天前往祭奠,或在前往南苑行围之际予以祭奠。此外,乾隆帝在巡幸畿甸,或巡幸五台山,或巡视永定河河工,出发或者回宫之前也大都驻跸南苑。

乾隆朝时南苑最重要的政治活动是乾隆帝会见六世班禅。乾隆四十五年(1780)七月二十一日,由后藏前来朝觐的六世班禅抵达承德,此后被赐印颁敕,会晤讲经,筵宴赏赐,祝寿联欢,拈香熬茶,开光授戒,与乾隆帝展开了一系列政治、宗教及文化交流活动。八月二十五日,六世班禅在皇六子永瑢等人的陪同下前往北京。九月初二日,六世班禅到京,驻锡于五世达赖喇嘛曾居住过的西黄寺。九月初三日,六世班禅游览了

---

① 《清圣祖实录》卷三〇〇,康熙六十一年十一月戊子。
② 《清世宗实录》卷一,康熙六十一年十一月丁酉。
③ 《清高宗实录》卷一三〇,乾隆四年十月辛丑。
④ 《清高宗实录》卷五五六,乾隆二十三年二月乙丑。

讲武习勤的皇家苑囿

圆明园,并为园中各殿堂、寺院开光。两天后,又游览了京师商业中心前门大街。九月初六日,返回西黄寺。九月初九日,乾隆帝由东陵回宫,六世班禅偕同文武百官迎驾,并在德寿寺拜见了乾隆帝。

关于此次会晤的具体过程,乾隆帝在当年《德寿寺》诗中有所反映:"德寿禅林成世祖(自注:德寿寺建于顺治十五年,详见丙子重修寺碑记,下同),尔时达赖喇嘛朝。何期一百经年久(五辈达赖喇嘛以顺治九年十二月来京,时,我世祖驻跸南苑,即于此迎谒,赐宴。至今百二十余年,班禅额尔德尼祝厘来数,又复于此谒见。后先辉映,实为国家盛事),又见班禅祝瑕遥。适我东归西去便(今岁以余七旬初度,敬谒东陵,礼毕,取道南苑,恭谒西陵,适为经行顺路),许其驻锡谒变翘。翻经持律寻常谨,可悟钟声披七条(喇嘛教以讲经持律为事,虽有悟无我无生者,不似禅僧之竖拂棒喝,单提向上,流而为口头禅者)。"

关于觐见过程,《六世班禅传》记载如下:"九日,文殊大皇帝从东陵启驾,准备午后在北京与班禅大师会晤。皇帝临近夏尔噶园林宫殿时,班禅大师同六皇子、司膳堪布洛桑克却等于宫廷候驾,各位随从、大臣等去宫外跪地迎驾,各献哈达,受皇帝赏赐。之后,供施双方莅临宫殿门口,互送礼物,热情会谈。"①

从以上材料可见,南苑虽然是乾隆帝与六世班禅在京城会面的第一站,但算不上是正式会见,只不过会见地点是特意选择的。为迎接六世班禅朝觐,乾隆帝除了降旨在热河为六世班禅兴建须弥福寿之庙,在京城修缮西黄寺,在雍和宫修建班禅楼和戒台楼之外,还特意命人修缮了南苑德寿寺和西黄寺。此

---

① 鑫木央·久麦旺波:《六世班禅洛桑巴丹益希传》,许得存、卓永强译,祁顺来、李钟霖校,西藏人民出版社,1990年,第517页。

第三章 清前期南苑的发展与御园功能

外,离开热河之后的八月二十八日,乾隆帝就已经谕令六阿哥永璿,对六世班禅的觐见路线做了安排:"班禅额尔德尼前往旧衙门时,由黄寺入安定门,出崇文门,入海子之小北红门,行经圆灵宫,至旧衙门,则极为顺当。著将此知照六阿哥,钦此。钦遵寄信前来。侯我等返抵京护送班禅额尔德尼往海子时,谨遵旨施行。"① 可见,九月初九日,按照安排,六世班禅已前往南苑,则其与乾隆帝的会晤,即为九月初十日,而这天恰好是乾隆帝拜谒东陵返京驻跸之际,于是"重演"了顺治帝与五世达赖喇嘛在同一地区的"因缘际会"②。九月十四日,六世班禅在永璿等陪同下,莅临北京最大的藏传佛教寺院雍和宫。十一月初二日,六世班禅因出痘发烧,不幸圆寂于北京。

德寿寺现仅存汉白玉质石碑两通,分处东、西,面南而立。其中东碑镌满文,西碑镌汉文。西碑碑阳镌刻《重修德寿寺碑记》,碑阴及两侧镌刻《古鼎歌》和《德寿寺》等诗六首。西碑东侧镌刻的是乾隆五十三年乾隆帝所作《戊申季春再叠庚子诗韵》,碑文为:"庚子戊申阅八载,班禅追忆此来朝(班禅额尔德尼以庚子岁,为予七旬万寿,自后藏不远二万里至避暑山庄祝厘,嗣予恭谒东陵毕,取道南苑,恭谒西陵,班禅又于此寺谒见,楼指已阅八载矣)。阐宗似彼真无二,祝假嘉其不惮遥。谈谒梵宫元理契,拜膜藩部众诚翘。化身七岁通经始(据留保住奏,班禅示寂周岁,呼必勒罕生后藏扎什伦布所属地方,年已七岁,能通梵典),春至禅枝更发条。"西碑西侧镌刻的是清乾隆五十五年(1790)乾隆帝所作《庚戌仲春月题德寿寺》,碑文为:"庚子临斯地,班禅来祝厘(庚子,予七十寿辰,班禅额尔德尼远来祝报,因命于是寺驻锡)。相看如旧识,会意亦通

---

① 《永璿为沿钦定路线护送班禅前往海子事复军机大臣等函》,《军机处满文录副奏折》,乾隆四十五年八月二十八日,转引自中国第一历史档案馆、中国藏学研究中心合编《六世班禅朝觐档案汇编》,第268页。
② 柳森:《南苑德寿寺与六世班禅关系考略》,《中国藏学》2013年第2期。

77

讲武习勤的皇家苑囿

辞（夙习唐古特语，故与喇嘛言不须译人也）。示寂何速尔（班禅额尔德尼以庚子七月至避暑山庄，十一月初二日示寂。今，其呼必勒罕已出世八载，以其为衍，黄教之宗，去来真幻，亦不置问），不迁原在兹。西方化身出，宣法任其为。"

乾隆帝会晤六世班禅，不仅增进了民族团结，而且强化了清代中央政府对西藏地方的管辖，为清代中国统一局面的形成奠定了重要基础。

四　皇帝行围与南苑大阅

南苑最重要的功能，也是它区别于其他苑囿的最主要特色，是其作为清代统治者讲武习勤、围猎骑射的场所，正所谓"春搜冬狩，以时讲武，恭遇大阅，则肃陈兵旅于此"[1]。其中，行围是指春秋时节的围猎活动；校阅或大阅则是对八旗军队的军事演习结果的检验。

多尔衮摄政期间，曾多次前往南苑"祭纛"。据实录记载，顺治元年（1644）八月辛未，摄政和硕睿亲王以武功成，率诸王贝勒及诸将士祭旗纛于南苑。[2] 顺治二年（1645）十月癸巳，定国大将军和硕豫亲王多铎班师还京，顺治帝出正阳门，于南苑行礼迎接[3]。顺治四年（1647）五月癸亥，顺治帝率诸王贝勒贝子公大臣等出正阳门，幸南苑北，较阅驰马。[4] 顺治九年（1652）七月己丑，和硕敬谨亲王尼堪"率师出都"，顺治帝"亲送至南苑"。[5]

康熙朝国家统一战争频繁，康熙帝非常重视武备，因此在

---

[1] （清）于敏中等：《日下旧闻考》卷七四《国朝苑囿·南苑一》。
[2] 《清世祖实录》卷七，顺治元年八月辛未。
[3] 《清世祖实录》卷二一，顺治二年十月癸巳。
[4] 《清世祖实录》卷三二，顺治四年五月癸亥。
[5] 《清世祖实录》卷六六，顺治九年七月己丑。

第三章 清前期南苑的发展与御园功能

南苑的行围活动也相对频繁。据实录记载，康熙帝在位60年时间里先后67次在南苑行围。行围的时间一般在春秋两季，除个别年份一年一次以外，大多数是一年数次，尤其是在战事频繁之际，如平定三藩、收复台湾、亲征准噶尔、抗击沙俄侵略军前后，一年之中行围甚至多达五六次；每次行围期间驻跸南苑的时间短则五六天，长则半月余。乾隆帝在南苑的行围活动共计21次，大多是在皇太后在世的乾隆四十二年（1777）之前，乾隆帝每次前往南苑时，基本上都奉皇太后一同前往。通常情况下，乾隆帝在南苑行围，尤其是秋季，往往连续行围六七天，地点分别在旧衙门行宫、南红门行宫和新衙门行宫附近。

嘉庆一朝在南苑行围共计12次。嘉庆帝"每年春月诹吉谒陵并临幸南苑行围习武，岁以为常"[①]。尤其自木兰秋狝停止后，南苑便成为皇帝行围的唯一场所。嘉庆九年（1804）七月二十三日，因牲兽稀少，停止本年秋狝："木兰秋狝行围所以肄武怀柔，我朝家法相承，百有余年，行之勿替，朕恪守成宪不敢废弛。前年即敬谨举行，见围场鹿只等项已觉稀少，自不免有偷窃情弊。是以特设围场副都统严立章程，专职稽查。上年驻跸热河，特派员前往围场查看鹿只，更形缺少，始停止行围。并早经降旨，以本年必当进哨，饬令豫为查察。乃自夏间先后派满珠巴咱尔、贡楚克扎布驰赴围场阅看，均称鹿只仍少。朕尚不深信，是以特命御前大臣拉旺多尔济亲往履勘，具奏情形无异。并据查奏，系因近年来砍伐官用木植之外多有私砍者，并任令奸徒私入捕捉牲畜，以致鹿踪远逸，实属不成事体。除另降谕旨查办外，所有本年木兰行围不得已仍著停止。"[②] 木兰秋狝停止后，南苑成为嘉庆帝行围的唯一场所。嘉庆十四年（1809）七月二十五日，嘉庆帝命于中秋节后"赴南苑行围肄武"[③]。

[①]《清仁宗实录》卷二八〇，嘉庆十八年十二月乙未。
[②]《清仁宗实录》卷一三二，嘉庆九年七月己酉。
[③]《清仁宗实录》卷二一六，嘉庆十四年七月癸未。

讲武习勤的皇家苑囿

与日常通过围猎以演练骑射的"行围"不同,"大阅"是对八旗兵战斗力的全面检阅,按照礼制,每三年举行一次。但顺治朝大阅只举行过一次。顺治康熙十六年(1659)六月,顺治帝谕兵部:"大阅典礼三年一行,已永著为例。数年以来,尚未修举,今不容再缓。著即传谕各旗官兵整肃军容,候秋月,朕亲行阅视。"[①] 康熙帝在南苑大阅共6次,分别是康熙十二年(1673)正月、康熙十六年(1677)二月、康熙十九年(1680)二月、康熙三十四年(1695)十一月、康熙四十年(1701)十一月和康熙四十三年(1704)正月。另外,康熙二十七年(1688)十一月还曾专门进行过一次火器营阅兵。雍正朝行围和大阅都很少,据实录记载,只有雍正七年(1729)五月一次。乾隆朝在南苑大阅举行过2次,分别是乾隆四年(1739)十一月和乾隆二十三年(1758)十一月。嘉庆朝大阅1次,即嘉庆十七年(1812)三月。嘉庆十七年三月十七日,驻跸旧衙门行宫。十八日,赏八旗各营大阅备操兵丁银。十九日,行围。二十日,御晾鹰台,大阅八旗官兵,赐随扈王大臣等食并赏赉有差,赏赉阅兵执事王大臣侍卫有差,并赏入操兵丁半月钱粮。二十三日,行围。二十四日,还圆明园。嘉庆帝此次南苑大阅,因"排列队伍处距阅武台相隔甚远",观看不清,调整了阅武台至鹿角排列处的距离。"因查历来大阅规制。雍正年间定例,鹿角排列处至阅武台二百九十七丈五尺。乾隆三十九年,自鹿角排列处至阅武台一百七十五丈。自系因旧制相距较远,是以排列近前。此次鹿角排列处至阅武台一百九十五丈,则转复移远,阅视不甚明晰。嗣后每遇大阅,鹿角排列处距阅武台著定为一百六十丈,较之乾隆年间近十五丈,视此次近三十五丈,庶于阅视阵势开阖进退,较为明晰。"[②] 总体而言,南苑大阅除个别

[①] 《清世祖实录》卷一二六,顺治十六年六月己亥。
[②] 《清仁宗实录》卷二五五,嘉庆十七年三月己亥。

第三章　清前期南苑的发展与御园功能

几次在西红门内旷地举行外，大多在南红门北侧的晾鹰台举行。

关于南苑大阅的程序，"凡田于近郊，设围场于南苑，以奉宸苑领之，统围大臣督八旗统领等各率所属官兵，先莅围场布列，镶黄、正白、镶白、正蓝四旗以次列于左，正黄、正红、镶红、镶蓝四旗以次列于右，两翼各置旗以为表，两哨前队用白，两协用黄，中军用镶黄，驾至围场，合围较猎"①。"凡大阅吉期，由钦天监选择，先期二日，武备院设御营账殿于南苑晾鹰台，帐殿后设圆幄，恭俟皇帝躬御。甲胄既成列，兵部堂官奏请皇帝阅操，驾临晾鹰台圆幄，躬擐甲胄，扈从内大臣、侍卫、亲军等均甲胄，奏请亲阅队伍。内大臣、兵部堂官前导，后扈大臣及总理演兵王大臣，随从御前大臣侍卫、乾清门侍卫、满洲大学士等均随行。其次，豹尾班侍卫随行，又次黄龙大纛随行，又次上三旗侍卫按次随行，在火器营兵之后，首队之前。自左至右阅队一周，还，御晾鹰台帐殿。兵部尚书进前，跪奏请鸣角。帐殿前蒙古画角先鸣，次亲军海螺、传令海螺以次递鸣。声至鹿角前，首队、次队海螺齐鸣，举鹿角兵闻，击鼓而进，鸣金而止。麾红旗则炮枪齐发，鸣金则止。如此九次，至第十次连环齐发，鸣金三次，乃止。满洲炮至第七次停发。连环发毕，鹿角分为入门，首队前锋、护军骁骑排开驻立，次队亦随进，候鸣螺，皆声喊前进，两掖应援兵亦斜向前进，以次及殿后兵进，鸣螺而回。大阅礼成，驾御圆幄，释甲胄，驾还行宫。"② 清代皇帝在南苑的历次大阅活动，虽然细节略有出入，但大致程序不出此范围。

无论是行围，还是八旗兵大阅，其目的首先是保持八旗"国语骑射"的传统，增强武备，提高八旗的军事战斗力。然而自乾隆朝始，八旗战斗力日趋衰落，赖以生存的骑射能力愈发

---

① 《钦定日下旧闻考》卷七四《国朝苑囿·南苑一》。
② 《大清会典》，又见《钦定日下旧闻考》卷七四《国朝苑囿·南苑一》。

讲武习勤的皇家苑囿

荒疏,"护军披甲旗人内,有不肖之徒入班唱戏者,亦有不入戏班自行演唱者"。通过南苑行围,乾隆帝发现兵丁疏于骑射,"朕昨校猎南苑,见兵丁于行围之道,马上甚属生疏,此皆由平日不勤习武艺、沉于戏玩之所致也。八旗大臣、前锋统领、护军统领等均有教育旗人之责,乃平日并不将该管人等留心稽察约束,以致如此放荡,著交各该管大臣等,嗣后将此等之人务必严加管束。倘仍不留心,致使旗人流入此等卑习,或经朕访闻,或被参劾,朕惟该管大臣等是问"[①]。乾隆帝又发现侍卫、官员、兵丁疏于国语。乾隆七年(1742)八月二十二日,谕:"满洲人等凡遇行走齐集处,俱宜清语。行在处清语,尤属紧要。前经降旨训谕,近日在南苑侍卫、官员、兵丁俱说汉话,殊属非是。侍卫、官员乃兵丁之标准,而伊等转说汉话,兵丁等何以效法?嗣后凡遇行走齐集处,大臣、侍卫、官员以及兵丁俱著清语。将此通行晓谕知之。"[②] 通过大阅活动,清统治者不仅检验了八旗军队的战斗力,而且也发现了不少存在的问题。

嘉庆帝以守成为执政要务,强调国语骑射,在嘉庆十七年(1812)三月大阅后,嘉庆帝曾经给各位大臣颁赏御制《南苑大阅诗》,"原期各将军大臣等留心武备,训练士卒",而宗室、黑龙江将军斌静在接到所颁赐的嘉庆帝墨刻诗句后,却"用汉字折谢恩",引发嘉庆帝不满。嘉庆帝严厉斥责斌静:"自应用清字折谢恩,斌静身系宗室且任黑龙江将军,尤当勤习技艺、清语,其折内铺叙四六,甚属非是。"[③]

其次,南苑还是教育皇子勤习骑射的场地。乾隆四十五年(1780)二月,永贵等奏称今春气候较寒,南苑积雪尚未融化,如果此时还按照常规,让年小的阿哥们赴南苑"演围驰逐,恐有未便"。乾隆帝看到永贵的奏请后很不以为然,认为永贵作为

---

① 《清高宗实录》卷七七。
② 《清高宗实录》卷一七三,乾隆七年八月戊申。
③ 《清仁宗实录》卷二六〇,嘉庆十七年八月丙午。

满洲世仆,又常年作为阿哥们学习骑射的总谙达(师傅),理宜教训阿哥勤习骑射,而非借口南苑寒雪未融,就推脱延迟。乾隆帝还举例自己每年的木兰行围,一般都是多值严寒雨雪的恶劣天气,阿哥们都能随从行围。况且南苑非木兰可比,没有崎岖的山岭,地势平坦,"岂有偶遇寒雪,即不可驰骋之理?"乾隆帝饬令永贵、德福仍按照惯例,带领自十一阿哥至奕纯的所有年幼阿哥们,"俱赴南苑住宿行围"。[①] 乾隆五十年(1785)二月,乾隆帝同样命阿哥们"前往南苑行围",至于所派出的八旗护军等加恩一体赏给路费银两,而且只须派一班护军"随围到底,不必换班,俾伊等马上得以学习"[②]。道光帝也非常重视命皇子在南苑学习行围。道光三年(1823)二月初六,道光帝要求大阿哥、惠郡王于本月二十日"前往南苑学围",三月十二日回圆明园。全部活动由内大臣孟住暂充阿哥们学习骑射行围的总谙达,而且要求总谙达阿那保轮流跟随阿哥等"一同居住"。[③] 二月十八日,道光帝又谕管理奉宸苑大臣英和:"此次大阿哥、惠郡王至南苑学围,所有九门著照嘉庆十八年以前之例启闭。"又谕:"此次大阿哥、惠郡王南苑学围,跟随大阿哥之谙达自应携带鸟枪,身佩弓箭,帮同阿哥射牲放枪,其余哈哈珠色等以及随往之侍卫一概不许滥射牲兽,亦不准私放鸟枪。至惠郡王年岁尚小,不能演习枪箭,所有跟伊之谙达、哈哈珠色均不准放枪射牲。如有违者,著总谙达、散秩大臣、管理奉宸苑大臣、卿员随时稽察参奏。"[④] 清统治者命皇子在南苑练习骑射行围,不仅是统治者强化皇子教育的方式,而且是统治者对"国语骑射"这一立国之本的坚守和维护。

最后,南苑行围的同时还经常校阅侍卫。顺治时期就曾经

---

① 《清高宗实录》卷一一〇〇,乾隆四十五年二月丙辰。
② 《清高宗实录》卷一二二四,乾隆五十年二月辛卯。
③ 《清宣宗实录》卷四九,道光三年二月丙午。
④ 《清宣宗实录》卷四九,道光三年二月戊午。

讲武习勤的皇家苑囿

在行围时校阅侍卫护军,同时命汉官观赏。顺治十年(1653)三月十五日,顺治帝在南苑召集二品以上汉官及随侍的翰林院词臣,一同观看侍卫、护军擐甲、吹角,"呐喊陈列者再,悉如军律,观毕赐宴"。又带着文武大臣出南苑外,"行猎三日,苑中网鱼一日"。① 顺治十三年(1656)二月二十七日,顺治帝在南苑命两翼内大臣侍卫"擐甲胄,阅骑射",同时召集内院汉大学士、翰林及部院尚书以下四品以上各官一同观看,"复陈围猎,以示群臣"。② 清代皇帝在南苑召集文武大臣围观侍卫、护军的校阅活动,既是对各等级御前侍卫骑射技能的检验,又是强化纪律、展示统治集团精诚团结、勇武精进的一种方式。但在乾隆朝以后,八旗战斗力日益下降,骑射勇敢的朴实风气严重消退。例如,道光九年(1829)三月行围时举行"射鹄",结果乾清侍卫散秩大臣公文辉、头等侍卫多尔济帕拉木、二等侍卫敬穆、伊克唐阿四人所射"俱属平常",受到处罚,被勒令退出乾清门,文辉降职在散秩大臣上行走,多尔济帕拉木、敬穆、伊克唐阿则在大门上行走。此外,护军统领福勒决阿"身躯单弱",二等侍卫绵岐"身躯过笨",因不适宜乾清门侍卫差使,分别受到处分,福勒洪阿"在外行走",绵岐"在大门上行走"。③

---

① 《清世祖实录》卷七三,顺治十年三月辛巳。
② 《清世祖实录》卷九八,顺治十三年二月丙子。
③ 《清宣宗实录》卷一五四,道光九年三月。

第四章　清后期南苑的衰败

一　嘉庆时期南苑败象日益显现

（一）裁撤冗员，盗案频发

嘉庆朝以后，南苑很少再有较大的建造工程。嘉庆四年（1799）六月，时任工部侍郎的缊布请修南苑寺庙，尽管嘉庆帝以"皆系不急之务"① 予以搁置，但也足见当时南苑内的很多建筑已经到了需要全面修缮的境况。不仅如此，南苑内的管理人员还在不断增加。嘉庆九年（1804）七月，户部右侍郎那彦宝奏请在南苑添设骁骑校。"南苑为皇上肄武之地，所有行宫座落及围场牲兽、树株看守巡查，均应慎重。若恭逢圣驾临幸，一切撒围引路差使尤关紧要。该章京等必须在彼年久熟谙该处差使情形，方能胜任，而该处防御悉由旗补放之员，未免人地生疏，遇有差使，转须该处熟谙领催等带领，方能无误，而领催等究系兵丁，职分悬殊，不足以昭体制。奴才等窃查各处官制，凡设有防御之处，均有骁骑校员缺，惟南苑设有防御八员，并未设立骁骑校员缺。"② 然而一年多后，嘉庆十一年（1806）正

---

① 《清仁宗实录》卷四六，嘉庆四年六月己亥。
② 录副奏折《户部右侍郎那彦宝等奏为南苑添设骁骑校二员等事》，嘉庆九年七月十三日，档号：03-1647-052。

讲武习勤的皇家苑囿

月,嘉庆帝便发现各处御园内冗员众多,人浮于事,遂要求清查南苑、奉宸苑以及三山等处管理人员,裁撤冗员,"恐尚有似此冗滥之员,应行裁汰者,仍著军机大臣详查具奏"①。二月,庆桂等议奏请奉宸苑、南苑等处额外添设顶带及拜唐阿需要分别裁减。嘉庆帝谕:"各园亭等处,自官员以至效力人等,均经设有定额。内务府风气卑靡,往往夤缘干请,而该管大臣亦遂徇私市惠,轻亵名器。即如畅春园等处,未经奏明,辄据呈准增设虚项,溢额多人,实属冒滥。今既经查明,均著照所议分别裁撤。所有历任该管大臣,本应查明议处,姑念相沿已久,尚非始自现管之各大臣,著加恩免其查议。嗣后各该处额缺顶带,悉以此次奏定为准,如有擅自增添者,一经查出,定当从严究治,决不姑贷。"②嘉庆帝理政以守成为主,但当时内忧外患逐日迫近,更严重的是,自乾隆朝后期以来层出不穷的贪污腐败,导致贿赂横行,吏治瘫痪,这一局势正在严重消耗和侵蚀清政府本来就已经十分脆弱的行政能力。

嘉庆朝诸弊丛生,国帑拮据,嘉庆帝不仅取消了奉行已久的木兰秋狝活动,而且即便是在南苑,也节省了很多铺陈。嘉庆二十年(1815)正月,嘉庆帝驻跸南苑,直隶总督那彦成"陈奏添设灯城",嘉庆帝斥责他"干与分外,而于本任应办之事种种废弛",结果那彦成被革去花翎,"以示薄惩"。③嘉庆二十四年(1819)还规定:"驻跸南苑及由南苑启行,在京王公大臣,俱不必接驾送驾。"④尽管嘉庆帝奉行节俭,主观上力图整饬败落的局面,但终究难挽颓势。

嘉庆时期南苑盗案频发,主要缘于周边贫困人口的铤而走险。例如,嘉庆六年(1801)十二月十六日夜,南苑发生民人

---

① 《清仁宗实录》卷一五六,嘉庆十一年正月己巳。
② 《清仁宗实录》卷一五七,嘉庆十一年二月庚寅。
③ 《清仁宗实录》卷三二〇,嘉庆二十年正月辛亥。
④ 《清仁宗实录》卷三五四,嘉庆二十四年二月甲申。

第四章 清后期南苑的衰败

严兆祥家草料被盗事件。不久,盗犯高大、乔二、倪三、满四等人被抓获。据高大供称:"我系大兴县人,在姚家村居住,我们村庄被灾,各家穷苦,没有衣食。十一月十六日,我与乔二、倪三、满四并未获之王黑子等十八人,共二十二人,俱在乔喜儿家说起穷苦,王黑子起意说海子内种地的严兆祥家场院堆有干草,大家偷些草束卖钱吃用。我们应允。是夜,从海子小红门东边关涵洞缺檽处进了海子,到严兆祥家掇开篱笆进内。事主查问,我们齐声说:因没有吃的,挑几担草卖钱,若要拦阻,就要打。事主没敢言语。我们每人挑草一担,从小红门西边倒墙豁口出来,于十六日将草挑在市上卖钱,大家吃用了。"① 南苑周边的贫苦民众充当盗贼,直接缘于嘉庆六年夏天的京畿水灾。当年夏季,永定河发水,周边民人遭灾,贫困无食,以至于盗窃抢劫案件频发。

甚至,嘉庆十八年(1813)四月初七日南苑发生了御马被盗案。据事后南苑厩长哈丰阿称:"初五日晚间在圈看视御马上槽后,交是日值宿署厩副七十九、草夫祁三、孙大年儿、牛子看管喂饲,方行回家。初六日黎明,圈里著人到我家说丢了两匹马,我就到圈查看。据七十九云:官达掌灯时回家去后关锁圈门,草夫门于四更后添了夜草,才在棚内睡的,黎明时孙大、牛子先醒了,又去添早草,牛子见少了两匹马,告知署厩副,大家一同寻找,孙大见圈门已开,铁锁在地下,已被拧折,哈丰阿在圈内外查看无踪,并遣本圈人等于海子内各处找了一天,亦无踪影。"② 六月,此次盗窃御马的案犯在山东被抓获。据审讯,案犯王二于四月初五日白昼进南红门盗得御马后,"由沙堆

---

① 录副奏折《奏为拿获抢劫南苑民人家草贼犯高大等审办事》,嘉庆六年十二月,档号:03-2348-043。
② 录副奏折《户部右侍郎桂芳等奏报南苑圈养御马丢失请严处失察各员事》,嘉庆十八年四月初九日,档号:03-1705-003。

讲武习勤的皇家苑囿

高与墙平之处跨越出苑"①。四月十七日,王二将所盗马匹牵至山东平原县民,趁当地刘智庙会时贩卖,一系烟熏枣骝马,一系青马,共要价钱一百零五千。由于放松警惕,后被官兵拿获。②为加强对南苑御马的管理,嘉庆帝谕令"上驷院将此项马匹,无论在圈行路,俱拴用黄笼头,其项悬牌记亦应制造殊异,易于识别"。另外,鉴于盗犯白昼从苑墙进入,又命令英和、禧恩、长申三人"将苑墙内外积聚沙堆,派人起除,不准开销公费,以示薄惩"③。以上两起盗窃案,虽然时间不同,但都反映出嘉庆时期南苑周边贫困人口的生活状况,以及维持皇家苑囿开销与民生需求之间的社会矛盾正在与日俱增。

(二) 私养马匹

南苑水草丰美,地势开阔,是清代内廷马匹的主要牧养之地,一些皇帝亲信的私有马匹,如果经奏请批准后,也可在南苑中牧养。但在进入嘉庆朝后,由于南苑的内部管理混乱,权贵们往往不经奏请批准便将私有马匹放入南苑牧养。嘉庆十一年(1806)十月十一日,文宁遵旨查看南苑修补墙垣时,发现拉旺多尔济等蒙古额驸将私有马匹圈入南苑进行牧养,随后请旨将奉宸苑失察堂官、司官交内务府分别察议。拉旺多尔济,博尔济吉特氏,是乾隆帝最疼爱的固伦和静公主之额驸,喀尔喀赛音诺颜部、超勇亲王策凌之孙,札萨克和硕亲王成衮札布第七子。不仅如此,嘉庆八年(1803)在紫禁城遭遇陈德刺杀时,拉旺多尔济奋不顾身,阻挡刺客,救驾有功。因此,嘉庆帝对拉旺多尔济恩赏有加,赐御用补褂,充任上书房总谙达。虽说"南苑本系演习围场之所,不可擅自圈入马匹牧养",但此

---

① 《清仁宗实录》卷二七〇,嘉庆十八年六月癸丑。
② 朱批奏折《礼部右侍郎英和、禧恩奏为山东拿获马牙张玉安并马南苑丢失御马相似马匹委员解京事》,嘉庆十八年五月初七日,档号:04-01-01-0549-019。
③ 《清仁宗实录》卷二七〇,嘉庆十八年六月癸丑。

第四章　清后期南苑的衰败

时文宁参奏拉旺多尔济在南苑私养马匹，还是得到了嘉庆帝的"宽宥"："拉旺多尔济圈入马驼等项牧养，虽于行围地方无碍，亦应奏准后方可牧养。但拉旺多尔济牧养马驼已属多年，今无籍可查，著加恩将拉旺多尔济宽免。"至于同样在南苑私养马匹的额驸索特那木多布齐、玛尼巴达喇就没有这么幸运了。索特那木多布齐、玛尼巴达喇"自嘉庆六年将伊等马匹在南苑牧养，理当恳恩准奏时，再行牧养，乃并未奏闻，擅将马匹牧养，已属错谬"，结果索特那木多布齐、玛尼巴达喇均交理藩院议处。后据理藩院奏请，将并未经奏私赶马匹牲畜至南苑牧放的索特那木多布齐、玛尼巴达喇各罚札萨克俸一年。此外，管理索特那木多布齐、玛尼巴达喇家务之大臣也因为"未查出拦阻，亦属疏忽"而被交该衙门察议。另外，理藩院也因"索特那木多布齐、玛尼巴达喇之马匹牲畜于嘉庆六年始在南苑牧放，年分甚近，该院已难辞失察之咎。于查出此事时，该院既未请罪，而于本日议处索特那木多布齐、玛尼巴达喇折内，亦未将该管堂司一并请议，殊属不合"。①

不过，事后嘉庆帝又特许拉旺多尔济等蒙古额驸可在南苑牧养个人所使用的马匹，"拉旺多尔济等均系蒙古额驸，遽令自行喂养许多马匹，不无烦费"。由于拉旺多尔济使用人等较多，嘉庆帝特许嗣后拉旺多尔济在南苑牧养马匹总数不得超过30匹。至于索特那木多布齐、玛尼巴达喇使用人等较少，特许索特那木多布齐、玛尼巴达喇在南苑牧养总数每人不得超过20匹。以上三位蒙古额驸所用马匹，由各自专派家人一员在南苑"专司牧养"，并将所派人名咨报奉宸苑以备查核，"如有更换等故，即将所更换人名咨报"。所牧养马匹于每年九月起圈入南苑鸭子闸河北，"于围场无碍地方牧养"，至次年四月初一日"即

---

① 录副奏折《吏部尚书德英等奏为议处失察南苑私放马畜之堂司官理藩院郎中海福等人事》，嘉庆十一年十一月十四日，档号：03-1505-015。

89

讲武习勤的皇家苑囿

全行圈出,断不可致有扰害围场之事"。①

事实上,除了拉旺多尔济等权贵在南苑私养马匹之外,南苑私喂马匹现象一直长期存在,前述嘉庆十八年四月的御马被盗案就曾意外地暴露了这一内幕。此案发生后,在审问厩长哈丰阿时,哈丰阿供称自己在充当厩长以来,每年冬圈内都会分养丹巴多尔济马的一二十匹马,此外还有阿那保的私有马匹也在圈内喂养。嘉庆帝得知后,相当气愤:"南苑圈养官马,地属天闲,该管大臣等何得将私马混入喂养,实属胆大妄为!"认为如今虽然只查出此一厩内有丹巴多尔济私养之马一二十匹,"则其余五厩谅必相同"。究其原因,奉宸苑大臣"首先弊混",难怪其他各官员、太监人等"纷纷效尤",以致"私马日益增多,官给刍豆不敷喂养,厩长等遂将官马违例放青,侵蚀草豆。诸弊丛生,实由于此"。嘉庆帝斥责:"使丹巴多尔济尚在,必当重治其罪,今既查出,不可不尽数清厘。"遂谕令英和、文孚会同桂芳立即前往南苑,清查各马厩私养马匹情形:"从前丹巴多尔济私喂之马,统计各厩共有若干匹?现在曾否一并收回?阿那保名下,除现在查出马一匹外,尚有若干匹?阿勒精阿有无私喂马匹?桂芳自接管上驷院以来,有无私自交喂马匹之事?"以上问题都要一一调查清楚,"查明开具确数,据实参奏,毋稍回护"。至于其他私交马匹喂养之官员、太监人等"本应按名治罪",嘉庆帝还是网开一面,考虑到"姑念陋习相沿日久,一概免究"。只是要求奉宸苑及各马厩管理人员限期三日内,"将私马尽行驱除出圈,勒令本人迅即领回;如有迁延不领者,即行入官"。为加强管理,南苑各圈内所存官马,"俱于三五日内照例烙印,以昭区别而杜淆混"。以后如果有将私马混入官厩喂养者,"著该管大臣参奏,如该管大臣徇隐,别经发觉,将伊等一

---

① 录副奏折《大学士管理吏部事务庆桂等奏为察议失察南苑内牧养马驼之前任奉宸苑大臣丰伸济伦等人事》,嘉庆十一年十一月初八日,档号:03-1505-005。

90

并惩处"。同时，加强对南苑各皇子喂养官马的管理，"嗣后阿哥等如有新增马匹，著交上驷院试验；如马匹堪臻上选，即归入额内官为喂养；若系驽下者，无庸存留，致逾定额"。①

不久，经英和等人查明，南苑各官厩内丹巴多尔济共交养马达到120余匹，阿那保共交养马6匹，阿勒精阿曾交马1匹，喂养20余天后，即行取回。丹巴多尔济为喀喇沁左旗第九代札萨克贝子，于乾隆四十八年（1783）袭爵，后因以罪削职，任乾清门行走。嘉庆八年（1803）陈德入宫行刺时，丹巴多尔济奋勇救驾，身被三创，被擢升领侍卫内大臣、都统，嘉庆十八年（1813）卒。此案发生时，因丹巴多尔济已卒，免于追责。阿那保等人与各马厩厩长则分别交部议处。阿那保私交之马只有6匹，较之丹巴多尔济多寡悬殊，而且"平日承应御马差使，甚属尽心"，加恩免其严议，革退副都统，罚俸一年，仍留上驷院卿，戴用三品顶带，照旧当差。阿勒精阿私交马1匹，而且仅喂养二十多天，"罚俸一年，加恩免其严议"。② 从嘉庆帝的处罚力度来看，相当宽松，以此来遏制南苑私马喂养，必然是隔靴搔痒，作用甚微。

（三）永定河水灾与南苑赈济

嘉庆朝自然灾害频仍，其中南苑影响较大的水灾发生过两次，一次是嘉庆六年（1801），一次是嘉庆二十四年（1819）。

嘉庆六年六月京畿大雨，永定河决口，南苑大面积过水，"中顶、南顶及南苑一带俱经淹浸，犹幸决口处所尚距卢沟桥南五六里，若再向北冲决，则京城及圆明园皆被水患"③。自六月初一至初十日，嘉庆帝多次派人命勘察南苑受灾情形。④ 六月十三日，兵部尚书丰绅济伦奏报南苑行宫被水情形：

---

① 《清仁宗实录》卷二六八，嘉庆十八年四月己酉。
② 《清仁宗实录》卷二六八，嘉庆十八年四月壬子。
③ 《清仁宗实录》卷八四，嘉庆六年六月丙辰。
④ 《清仁宗实录》卷八四，嘉庆六年六月戊午。

讲武习勤的皇家苑囿

查得团河行宫四面水围,因附近围墙冲塌三段,水势外流,是以墙内积水稍消,惟仁佑庙、东红门、马驹桥以及回城门一带水势尚大,不能查看。再,南宫后亦因水大,不能近查,遥望东北墙角有坍塌之处,所有苑户、兵丁等看守房间多有冲倒,其兵丁苑户人等因被水灾,俱无口粮。再镇国寺庙、潘家庙等处又有附近民人七百余口在槐房夹墙存住,亦无口粮,现系苑副六达塞同镇国寺住持宽如各将加内所存米麦供给伊等糊口,仅敷数日之用。再查旧宫、团河苑户兵丁等十有八九俱无口粮。再苑内牲兽跑在宁佑庙、小海子等高阜处所群聚,惟兔只并牲兽小崽被水淹毙者甚多。再由苑外随水漂来尸首不少,因水未退,不能查清数目。①

显然,此次降雨致使京畿受灾严重,但南苑相关官员既不亲往查勘苑内各处受灾状况,也不及时上奏下属奏报的情形,让嘉庆帝非常恼火。"京师自本月初旬,大雨倾注,南苑一带早被淹浸,自初一至初十日,朕节次派员前往查勘,并设法赈恤,即管理奉宸苑之丰绅济伦等亦屡差官员驰赴该处,确探其奏。绵懿、富成俱系内廷行走之人,宁不闻知,何以于所管苑厩不独马匹应随时查察,该处人役不少,尤宜留意,并闻有被水难民聚集在彼,绵懿等即不亲往查勘,亦当专人探听,以备询问。及至该厩长等于十一日禀报被水情节,绵懿等又不即时具奏,经朕传询,犹以六圈人役马匹并无淹损、草料间有漂失敷衍入奏,可见绵懿等全不以公事为重,难胜牧之任。"② 嘉庆帝将

---

① 录副奏折《兵部尚书丰绅济伦等奏报查看南苑行宫被水情形并办理赈恤事》,嘉庆六年六月十三日,档号:03-2114-022。

② 谕旨:《为南苑积水未奏绵懿富成分别革去上驷院职务并分别交宗人府议处事谕旨》,嘉庆六年六月十四日,档号:04-01-03-0094-018,缩微号:04-01-03-003-2336。

第四章　清后期南苑的衰败

绵懿革职，交宗人府严加议处；富成被革去上驷院卿，革退御前侍卫，并交宗人府、内务府议处。

南苑受灾苑户、兵丁以及进入苑内避难的附近灾民，虽有苑副六达塞、住持宽如等人"各出米麦，暂为救护，亦不过敷数日之用"。经丰绅济伦奏准，从南苑羊草变卖银中拿出九百余两，派员外郎永安、主事富森保率领南苑丞采买米石，"逐日眼同散给被灾人等，以度口食"。等到"水势稍退"，再行文顺天府查明灾民数目，"令其各归生业"。① 至十七日，南苑积水消退，经南苑郎中仙保、员外郎永安办理，南苑内共有来自直隶武清、枣强、固安等县被水难民共计一百五十一口，"散给饽饽后随即令船渡过河北，投奔京城外放赈处所"，其余难民也"陆续引导出苑"。②

嘉庆年间另一次影响南苑的水灾发生在嘉庆二十四年（1819）。当年七月永定河水灾，七月二十二日，传言永定河水有"漫溢堤岸之信"，步军统领英和立即奉命派右营游击佟泽溥前往查探，又派南苑员外郎常兴驰往南苑一带防守。当日据佟泽溥、常兴汇报，永定河水在宛平县属之高立庄西分为三道，向南流注，距西红门尚有五里，"其势尚不致直入南苑"。英和命令西红门、黄村门各官兵"无分昼夜看守"，常兴等人"不时来往巡查"，紧密关注永定河汛情。③

然而，二十三日汛情大变，当天戌刻永定河水势渐长，由三岔口头工泄出，往东南，将南苑西红门外迤南、高米店迤北墙垣连小门冲坏八丈余。水入南苑，又将西红门迤南墙垣冲坏三四丈，其余墙垣暂无险情。二十四日，嘉庆帝命英和立即派

---

① 录副奏折《兵部尚书丰绅济伦等奏报查看南苑行宫被水情形并办理赈恤事》，嘉庆六年六月十三日，档号：03-2114-022。
② 录副奏折《兵部尚书丰绅济伦等奏报南苑被水难民陆续引导出苑事》，嘉庆六年六月十九日，档号：03-1618-017。
③ 录副奏折《步军统领英和奏为永定河漫溢南注未入南苑饬令官兵昼夜查看事》，嘉庆二十四年七月二十三日，档号：03-2132-020。

93

讲武习勤的皇家苑囿

人前赴南苑查明北二工漫溢之水"曾否刷塌南苑墙垣,浸入苑内,由何处溃墙而出,或未入南苑水由何处漫溢下注"。得知"南苑内浑水顺西南墙根流注,其势尚缓,现在已将团河各闸启放,以资宣泄。行宫后水泡内,未见浑水灌入,行宫刻下尚可无虞,惟高米店等村有难民数百名口纷纷逃奔海子",嘉庆帝命南苑官员允许避灾难民"移赴西红门内暂为存身",并"备给口食,传述恩意,该民人等安静无事",同时命官兵"堵御浑水"。①

二十四日,据派出探水之右营都司王永功、左营都司田涛等叠次禀报:"海子墙外西面之水自草桥向西南流注,水势甚涌,又自草桥向东,将马家堡角门西冲倒墙垣一段,计三丈余,水由凉水河南顶栅子口往东流注,离海子北围墙约有二三丈至四五丈不等,因墙根积沙甚高,尚不至涮墙垣,其大红门外水与河平,南顶庙前一带水有三尺余,右安门关厢迤南水有二三尺不等,均无淹没民房。"又据员外郎常兴等禀称:"由高米店进海子之水,直向东流至团河行宫北山口漾进,从如意门西水口流入两河泡,因河泡现经疏滤,水有出路,上山内及行宫内并无水入,水复向东流,直至南红门,势与河平,并有漫溢之处。奴才即饬常兴督率苑丞崇光等带领苑户、海户人等,将南衙门围墙外刨壕宣泄,尚未浸入行宫之内,旧衙门、新衙门均无情形。"②又据刘镮之奏:"永定河漫水下注,大兴、宛平两县所属求贤、高米店等村同时被淹,村民男妇尽赴南苑土堆避水逃生等语,永定河漫水下注,被淹村庄小民荡析离居,情殊可悯,亟应设法抚恤。"

二十五日,嘉庆帝谕令左督御史韩鼎晋向南苑避水贫民散

---

① 录副奏折《步军统领英和奏为永定河漫水已进南苑团河行宫尚可无虞并高米店被水灾民暂为安置西红门内事》,嘉庆二十四年七月二十四日,档号:03-2132-023。

② 录副奏折《步军统领英和奏为永定河漫溢南苑团河行宫暂无情况事》,嘉庆二十四年七月二十五日,档号:03-2132-028。

第四章　清后期南苑的衰败

发银粮，"由广储司拨银一万两，著韩鼎晋、奎耀、汪如渊即带银前赴南苑内外被水地方，或散给口食，或折给银钱，并于附近高阜处所搭盖棚厂，晓谕现在南苑避水贫民，以苑内系属禁地，今已搭有棚厂，可供伊等栖止，令其迁移就食，务各尽心抚恤，勿令失所为要"①。二十六日，韩鼎晋、奎耀、汪如渊即同前往南苑内外，一面派员请领银两，一面飞饬大兴、宛平择地搭盖棚厂。②当天，奉宸苑卿长申奏报南苑西红门南冲开进苑之水、马家堡冲开进苑之水、草桥至大红桥之水"俱未见消落"，南部则更加严重，高米店冲开进苑之水"现在水势甚涌，漫溢草甸熟地，约宽有六七里，水深三四尺不等，往东南流注"。为避免团河行宫、南衙门有受水之处，长申饬令两处官员严加防护。由于高米店等村受灾严重，有大约一千名贫民"无所栖止，纷纷避入海子"。长申率同奉宸苑郎中阿扬阿，南苑员外郎常兴并苑丞铭海、德广、伊诚阿，章京苏柱"按名散给口食，并由内城运往席片、杉槁、绳斤搭盖席棚，贫民等具有栖止口食，均沾实惠"。③

二十七日，由于下游不能畅流，草桥一带、大红门外各处水势约长一二尺不等，团河水势虽然消减二寸，但南衙门水泡内水势渐长，晾鹰台"来水一道甚大，均向草甸流注"，步军统领英和派员督率苑户人等"刨壕叠坝，妥为防御，以期保护行宫"。进入南苑的漫水分为两路大溜，由黄村一带向东南下注，分溜由南苑溃墙向西红门迤南流注，其南苑红墙以西村庄俱被水围。由于逃难村民无路可通，嘉庆帝敕令南苑官员如果看到"有村民逃赴苑内者，无庸拦阻"，同时在苑内"择距行宫较远

---

①　上谕档《寄谕左督御史韩鼎晋等永定河漫水著散给南苑避水贫民银粮并令迁移就食》，嘉庆二十四年七月二十五日，档号：0901-1。
②　录副奏折《韩鼎晋等为奏遵旨查看南苑内外被水情形并抚恤大兴宛平难民事》，嘉庆二十四年七月二十六日，档号：03-2132-033。
③　录副奏折《奉宸苑卿长申奏为南苑进水委员防护并抚恤灾民事》，嘉庆二十四年七月二十六日，档号：03-2132-029。

95

讲武习勤的皇家苑囿

高阜处所,搭盖棚厂数处,令各难民暂行栖止就食",等到苑外之水消落,有路可通时,再晓谕各难民"令其陆续移出苑外"。①

二十八日,南苑西南门黄村门外水势稍见消落,但"来源甚涌,西至黄村街内,尚难过渡",附近逃入墙内避难的一千多灾民,"每日散给口粮,并各给蓆片,均已搭盖有窝棚,足避风雨",由于水势仍然很大,如果"骤令其移出墙外,各还旧业,诚恐水势起落无常,复难躲避;如令其移赴东北一带,现在亦多阻水之处"。经韩鼎晋奏准,这些在南苑围墙内避水的灾民"照旧栖止,造具清册,散给口粮。俟有路可通,即行令其移出,各安生业"。② 有鉴于此,嘉庆帝于二十九日谕令左都御史韩鼎晋妥善抚恤南苑避水民人,"黄村一带被水民人避入南苑墙内者,既各搭有窝棚,足资栖止",并特别强调这些避难灾民"应听其暂为存住,无庸遽行驱逐",指示韩鼎晋"妥为抚恤,按名散给口粮",如果前次所发赈灾银两一万两不够用,"即奏明再请发银三五千两,均无不可"。同时,晓谕各难民等"以现在北头工即日运料兴工,需用人夫甚多,俟苑外水消,伊等即可前往工作,该难民等有可谋生之处"③。由于清政府应对此次水灾的措施得当,"贫民等甚属安静"。

八月初一日,南苑内积水开始消退。团河行宫内水泡积水消落一尺余,"山石泊岸俱已露出",行宫外河沟及苑户村内之水"俱见消落";西红门南高米店进苑之水,晾鹰台南漫水"均消尺余",仍向东流,俱由回城门五孔闸流出;马家堡进苑漫水"已消尺余",由三闸桥归东红门半边桥流出;其由栅子口进苑漫水,由东红门半边桥流出,"皆畅流无阻"。至于晾鹰台东南

---

① 录副奏折《步军统领英和奏报南苑等处水势并遵旨安置被水村民事》,嘉庆二十四年七月二十七日,档号:03-2132-035。
② 录副奏折《韩鼎晋等奏为查勘南苑避水民人大概情形事》,嘉庆二十四年七月二十八日,档号:03-2132-038。
③ 上谕档《寄谕左都御史韩鼎晋等南苑避水民人宜妥为抚恤俟水消赴工谋生》,嘉庆二十四年七月二十九日,原档号:0901-1,编号:06-03744。

第四章　清后期南苑的衰败

侧的一道漫水，距台二三十丈，"台北一带亦间有漫溢之水数处，均有三四寸至五六寸不等"。为不影响来年的行围大阅活动，步军统领英和责令南苑各官督率苑丞、苑户"作速设法宣泄，如能于结冻之前全行涸干，来春自可恭备大阅"。[①]

至八月初三日，南苑内水势已大为消落。据奉宸苑郎中阿扬阿禀称，马家堡、栅子口等处进苑之水均消落五六寸，高米店进苑之水归入南河，已消落二尺余，仍有二三尺至四五尺不等。晾鹰台迤南之水，消落四五寸。又据右营参将恩泰等呈报，大红门等处水势亦俱消落一二尺有余，只有西红门外高米店一带地方水势虽见消落，深处尚有六七尺不等，尚无路可通。[②] 鉴于"墙外居民村庄泥沙渐可干燥"，高米店一处被水稍轻，在苑内避难的灾民"十日内外似可陆续移出"。为妥善安抚灾民，韩鼎晋、奎耀一方面继续"每日散给饽饽"；另一方面，因"水已见消落，远处虽难遽通，就近尚可自行买食"，于八月初一日起按照灾民家庭人口多寡，"每大口散给制钱三十文，小口制钱十五文，足资口食，俱系亲身分往查点，按名散给"。同时，向灾民宣谕："现在北头工即日运料兴工，需用人夫甚多，俟墙外水再消落，即可前往工作，自谋生计。"[③]

此后，连日天气晴明，水势大为消落，因此原本水势较轻的高米店一处灾民自八月初五日陆续移出，至八月初七日南苑墙内避水民人"已全行移出墙外"，共计124户，男妇大小计689口。灾民虽然移出南苑围墙外，但"所住房屋尚难容身，而贴近墙外已有干燥之处仅可栖止"，因此，高米店被水民人全部"将窝棚移出，搭建于墙外"。至于黄村门南北被灾原本就比较

[①] 录副奏折《步军统领英和奏为南苑漫水俱见消落事》，嘉庆二十四年八月初一日，档号：03-2132-044。
[②] 录副奏折《步军统领英和奏为南苑各处水势均见消落事》，嘉庆二十四年八月初三日，档号：03-2132-047。
[③] 录副奏折《韩鼎晋、奎耀为抚恤南苑避水灾民事》，嘉庆二十四年八月初三日，档号：03-2132-046。

97

讲武习勤的皇家苑囿

严重，水势难消，而且墙外淤泥深厚，"尚难栖止，约俟十日内外，地土稍干，方能陆续移出"。与高米店一处灾民移出后尚可在墙外搭建窝棚不同，黄村门外受灾民人移出之后，"远处尚为水阻，难以遽通，依然口食维艰，嗷嗷待哺"。为此，经韩鼎晋奏准，"照现在每日散给之例，总给一二月口粮，即将逐日之赈停止，庶小民自谋生计，益获安全"。①

为赈济灾民，八月初八日，经刘镮之奏准，在大兴、宛平等县属分设粥厂六座，拟于八月十六日开厂。黄村一处粥厂由韩鼎晋、奎耀二人办理，"灾民口食即按每日散给之例，计日给与"，直到粥厂开放。② 至八月十一日，黄村一带在南苑内避水灾民"已移出大半，墙内仅有十余户"。八月十三、十四日，滞留在苑内的灾民"将窝棚尽行移出墙外"，累计黄村门南北灾民176户，计大小834口。在十六日粥厂开放之前，发放给灾民的口食"统计散给饽饽，折给钱文及一切运费"，约共用银600两。③

至此，嘉庆二十四年（1819）永定河水灾造成南苑附近灾民的安置工作基本完成。根据负责赈务的韩鼎晋、奎耀奏报，此次南苑各处赈济动支银两的具体情形如下：黄村、高米店二处民人共300户（大口1177名口，每大口给制钱30文；小口316名口，每小口给制钱15文），二处放赈共用制钱53.8万余文；买饽饽16372个，每个制钱6文，共合制钱9.8万余文；运赈钱车价制钱6500文，挑运赈钱脚价制钱3600文。此外，簸箩制钱656文，麻布口袋、麻绳共制钱2650文，运送渡船2只、抬夫车价制钱2.5万文，大兴、宛平二县运送贯串大钱并运脚

---

① 录副奏折《都察院右副都御史韩鼎晋、奎耀奏报南苑墙内避水民人已移出酌筹接济章程事》，嘉庆二十四年八月初七日，档号：03-1624-029。
② 上谕档《寄谕左都御史韩鼎晋等南苑避水民人陆续移著散给口食分设粥厂》，嘉庆二十四年八月初八日，原档号：0901-2，编号：06-03748。
③ 录副奏折《都察院右都御史韩鼎晋、奎耀奏为南苑放赈余银是否缴还广储司库请旨事》，嘉庆二十四年八月十一日，档号：03-1624-032。

共制钱2.4万文。以上共用制钱69.9万余文,合库平纹银575两余。①

二 道光时期南苑的整顿

进入道光朝以后,道光帝一方面下令清查南苑私养马匹行为,另一方面要求奉宸苑加强管理。道光四年(1824)九月,经管理奉宸苑事工部尚书禧恩奏准,实施《酌改南苑现行章程》,共四条:(1)坍塌围墙改用土坯成砌。(2)围墙内外一律挑挖积沙,栽种柳株,栽树处如碍民地,勘文给价入官。(3)每年羊草除备用外,余令附近居民交价,入苑刈割,留根茬三四寸,以资长养。所得价银,备每年九门马甲并听差人马干及喂养鹿只之用,有余,分赏本苑达他人等。(4)乾沟西至斜桥、沙河桥及大红门迤东等处庄头耕种地亩,与围场御道毗连,将双桥门内迤南草地一段对换,以备行围。② 为打击南苑频发的偷窃案件,又加大了惩处力度,规定南苑偷窃菜蔬、柴草、野鸡等项者,如果是初犯,枷号一个月,再犯枷号两个月,三犯枷号三个月,满日各杖一百。如果盗砍木植、偷打牲畜,初犯者杖一百、徒三年;再犯、三犯及虽系初犯而偷窃木植至五百斤以上、牲畜至十只以上,发往极边之地充军。③

与此同时,加强了对南苑内部雇工的管理。道光十二年(1832)九月,因发现大和庄佃户雇工盗窃案,规定以后南苑大小各村庄佃户及受雇之长短各工都要造具清册,登记姓名籍贯,每年按季拣派奉宸苑及内务府官员分往清查。④ 随着京城保甲制

---

① 奏折附单:《都察院右副都御史韩鼎晋,奎耀呈南苑等处赈济动支银两单》,嘉庆二十四年八月十五日,档号:03-1624-037。
② 《清宣宗实录》卷七三,道光四年九月甲寅。
③ 《清宣宗实录》卷一三〇,道光七年十一月戊午。
④ 《清宣宗实录》卷二一九,道光十二年九月丙午。

讲武习勤的皇家苑囿

度的推行,清政府开始将南苑住户纳入保甲登记范围。道光十六年(1836)八月,经管理大臣禧恩奏请,将南苑旗弁、民役、佃户、居民一体周查。"南苑地界辽阔,官房、民居、农户、村庄错杂其间,人数众多,良莠不一,必须严加查察,以杜奸萌。著照所请。嗣后除八旗、内务府、上驷院、庆丰司当差人役由该管衙门督率稽核外,著严饬各门章京、三旗苑丞、苑副等,无论旗民,逐一严行访查,比户晓谕,毋许容隐,分别功过,以示劝惩。并派内务府司官不拘时日,前往各庄抽查,并取具查员切实甘结。至海户并武甸等四处、东红等三门内村庄居民佃户、八圈草夫,均系民籍人役,除由该衙门出入稽察外,著顺天府督饬大、宛二县各按地界,查明造册,按户悬挂门牌,一体编查保甲,拣充里长、保长,随时豫行照门进苑复核。并将户口清册另造一分,咨行该衙门,以备互相稽查。"① 南苑保甲编制的推行,在一定程度上强化了清政府对南苑区域人口的管控。

道光年间最大的一次整顿风潮发生在道光十八年(1838)行围之后。当年三月二十七日,道光帝在南苑行围后,谕内阁:"京师南苑为我朝肄武之地,皇子皇孙亦于此讲武习勤,操练弓马,家法相承,垂诸久远,断不可废之典。乃近年来围场牲畜,甚属寥寥,此皆管理不善之故。试思牲畜以草木为渊薮,若丛林丰草,翦伐过甚,既无藏匿养育之所,又有盗贼偷窃之虞,必至围猎之时一无牲畜,尚复成何事体?"② 不过,道光皇帝在此时还只是将苑内牲兽稀少的原因归结为对外来"盗贼偷窃"防范不严之类的"管理不善之故",是由于"翦伐过甚""影射偷打"所致,并没有将其归咎于垦种,也没有认识到其内部管理人员的贪腐滥权。因此,道光帝命御前大臣军机大臣会同管

---

① 《清宣宗实录》卷二八七,道光十六年八月壬申。
② 《清宣宗实录》卷三〇七,道光十八年三月己亥。

第四章 清后期南苑的衰败

理奉宸苑大臣禧恩就"嗣后苑内草木应如何禁止砍伐,扈从各官及皇子跟随人等应如何设法稽查、酌定限制"①等问题妥议章程具奏。

作为直接责任人,时任奉宸苑管理大臣的禧恩于闰四月十二日自请议处,称自己"虽此次管理甫及年余,从前任事较久,未能力挽积习,平日办理不善,实难辞咎,惟有仰恳圣恩,将臣禧恩交部议处,以示炯戒"。同时,向道光帝建议要明确南苑现有管理人员的职责分工。禧恩列举了南苑现有管理人员:郎中一员、员外郎二员。主事一员、委署主事一员、四宫苑丞四员、苑副七员、委署苑副六员、三旗苑丞三员、苑副六员、八旗总领章京一员、防御章京八员、骁骑校二员。管理人员不能算少,如果"能各勤职守,额设足敷治理",但存在的问题是"责任未专,观望推诿,在所不免"。为厘清各项管理职责,禧恩奏请此后南苑行宫、庙宇、围墙、庄头、地亩、稽核、门牌、十甲等管理事项,"人役归郎中等官管辖";九门、围场、八旗、兵丁、牲畜、缉捕等项归总领章京、防御等管辖,"乾清门卿员专司其事,郎中等不得干预";三旗、草甸、道路、树株、栽补荆棘、挑挖淤沙等项归三旗苑丞、苑副等管辖,"于司员中择其熟悉谨慎者一员,值年稽查,内务府卿员专司其事"。管理南苑大臣统辖一切事务,其余公务会同办理,仍沿其旧,严饬所属,俾各尽职司,庶足以专责成而杜推诿。禧恩还就南苑八旗章京的奖惩提出了建议。

同一天,军机大臣、定亲王载铨奉命奏呈《京师南苑管理章程》:

> 一、查向例皇上临幸南苑,止开北大红门、镇国寺门,设有官员兵丁稽查出入人等,立法至为周备,惟扈从官员

---

① 《清宣宗实录》卷三七〇,道光十八年三月己亥。

讲武习勤的皇家苑囿

携带鸟枪，例无分别禁止之条，应请嗣后凡遇临幸之时，除健锐、火器二营派出进班兵一百名仍照例携带排枪一百杆外，所有御前乾清门侍卫内兼御鸟枪者，准各带鸟枪一杆，惟此项人员向无额数，嗣后统于派出随围后查明确数，先行知照总理行营大臣等，以备稽查。其虎枪营之御鸟枪向系十人，亦止准各带鸟枪一杆，此外扈从官员人等概不准携带，仍请届期由总理行营大臣及奏派大臣侍卫于北大红门、镇国寺门两处带领该门官兵详细稽查，倘查有私带鸟枪之员，立即指参，照例惩办。

二、阿哥学围时应用鸟枪及谙达所带鸟枪，每位下准各带五杆，其余哈哈珠色及随从侍卫人等，一概不准私带，仍由该门官兵详细稽查，不许滥射牲兽，即交随往之总谙达、散秩大臣、管理南苑大臣随时稽查，以昭定制。

三、南苑庄头补种树木向有专条，惟奉行日久，恐有芟锯过甚、补种不齐之弊，应请嗣后交该处无拘年限，但有缺少，即行随时补种，以符旧制。至草甸荆茨，饬令三旗苑丞等不时稽查，遇有私行砍伐之人，立即查拏惩究，倘苑丞等不能实力奉行，经该管南苑大臣查出，连该苑丞等一并参办。

四、查例载，打割羊草二十余万束，除上驷院庆丰司行取外，其余碎草鬻卖银两，作为九门马甲并听差人等马干及喂养鹿只、办买豆叶等项之需。再有余剩，酌赏本苑达他听差人及海户等，以资当差。每年于立夏次日上驷院放青马九百匹、庆丰司牛二百四十五头、羊二千九百三十二只及本苑所蓄牲兽，俱资此项草苗牧放豢养，草生已不能长茂，且两次开地五百一十余顷，草地越窄，不敷刈割之数，复兼冬季各地甸村私行扒取根荏，则次年难期畅茂，必致牲畜失养，应请饬交该管大臣将现种地亩详细查丈，有无浮开等弊，自行奏明办理，仍责成三旗苑丞、总领章

第四章 清后期南苑的衰败

京及九门章京率同兵丁严密稽查，如有私扒根茬之人立即惩办，所有围场数处草地酌量芟刈，务令多留根茬，以备养牲，该管大臣四季各轮流一人前往周查，并请于每年二月间由该管大臣奏请特派大臣前往查验年前割草后所留根茬长短及有无私行扒取之弊，其打割羊草之数总视草生丰歉，除各项行取之数应用外，本处鬻卖之数遇有不敷之年，即不准打取，所有应放马干等项银两，应由该处自行酌核办理。倘有失于防范、任人窃取根茬，查明严参治罪，本苑堂官等疏于察觉，一并从重议处。

五、南苑现有牲兽，除黄羊外，鹿、长尾鹿共计有一千六百余只，近年来荆棘多枯，草复不茂，不但蓄养不能肥壮，竟有难于存留者，若不及早筹办，恐致日渐减少。应请每年令十甲海户头目率领海户各按汛地栽种荆棘各一千顷，以备滋生。并请由交鹿之便，饬下盛京解交活獐二十只，陆续蓄养，即由派出大臣每次详查数目若干具奏，其孳生之多寡，自不难按年稽核，如苑内有偷打牲畜之犯，该衙门若不查挐，别经发觉，将该管官员、章京分别门汛，从重究办治罪，其旧例平挖沙土及补栽荆棘一并查明等注，以便经久。

以上五条，臣等公同酌核，悉心筹议，果能体之以实，持之以久，庶丛林茂草可期，渐致丰滋，在苑牲禽不难日行蕃庶，盖豢养既无虞失所，斯围猎自可改观也。相应由该管大臣等严密稽查，倘苑内荒地有附近地佃人等敢于现有田亩外侵占垦种，私行开展等事，立即查挐究治，并严谕所属员弁力除积习，随事认真，不得视为具文，积久生懈，倘敢始勤终怠，阳奉阴违，仍蹈从前故辙，一经查出，立即从重参处。①

---

① 录副奏折《定亲王载铨等奏为遵旨会议京师南苑管理章程事》，道光十八年闰四月十二日，档号：03-4079-016。

103

讲武习勤的皇家苑囿

与禧恩奏请明确管理人员的责任分工不同,军机大臣载铨等人所提出的整改措施主要针对的问题是"群相翦伐,私带鸟枪,影射偷打,不知防范",同时也提到了"开垦之田亩日增,则生草之荒地日少"的原因。相比较而言,禧恩奏请明确南苑各级管理人员职能分工的建议并非没有道理,但道光帝未置可否。

次日,即闰四月十三日,经御前大臣等会议,道光帝批准了载铨等人所奏请的新南苑管理章程。首先,规定皇帝行围驻跸南苑时,对官兵、侍卫、扈从官员所携带枪支进行严格管理。其次,是加强对皇子在南苑学习行围时随从人员携带枪支的管理。再次,严查苑内私垦草地。最后,是补充南苑内日益稀少的野生动物,命盛京将军每年向南苑解送活獐。[①] 嘉道以来的南苑破败,一方面有国运时势的因素,但另一方面更重要的是管理松懈,内部贪污腐败丛生。道光帝意识到了这一问题,斥责曾长期担任奉宸苑管理大臣的禧恩,"管理多年,朕曾屡加面谕,认真整顿,自应力挽积习,经理妥协,乃漫不经心,废弛疏懈,咎实难辞"。道光帝命禧恩不必管理奉宸苑事务,以定郡王载铨、内务府大臣裕诚管奉宸苑事。[②]

在载铨的五条系列建议和措施中,还提出了彻查私垦,以保证苑内有足够草地的建议。"每年于立夏次日,上驷院放青马九百匹、庆丰司牛二百四十五头、羊二千九百三十二只及本苑所蓄牲兽,俱资此项草苗牧放豢养,草生已不能长茂,且两次开地五百一十余顷,草地越窄,不敷刈割之数,复兼冬季各地甸村私行扒取根茬,则次年难期畅茂,必致牲畜失养,应请饬交该管大臣将现种地亩详细查丈,有无浮开等弊。"载铨所称南苑存在开垦地共510余顷,并未明言这是经奏准后的合法开垦

[①] 《清宣宗实录》卷三九〇,道光十八年闰四月甲申。
[②] 《清宣宗实录》卷三九〇,道光十八年闰四月甲申。

还是不合规定的违规私垦,但他明确向道光帝建议要禁止嗣后的垦种,"倘苑内荒地有附近地佃人等敢于现有田亩外侵占垦种,私行开展等事,立即查拏究治"。①

南苑作为皇家狩猎场所是明令禁止开垦的。作为皇家苑囿,南苑有别于畅春园、圆明园等以"避喧听政"为主要功能的苑囿,因其承担着"讲武习勤,操练弓马"的"祖宗旧制",清代统治者始终禁止南苑垦种。但这并不意味着南苑内部没有任何耕种之处。南苑地广,周长约一百五六十里,按照定例,苑内小部分土地是允许分配给护苑的苑户、海户及庄头垦种的。以乾隆时期计算,南苑中苑户90名,每名28亩,共垦种地2520亩;庄园5所,每庄18顷,共90顷;果园5所,共用地15顷69亩;海户以最多的2200名计,每名28亩,共垦种地61600亩,计105顷64189亩,合746余顷。但载铨所反映的垦种地亩完全是不合规定的私垦。

正是带着这个"该管大臣将现种地亩详细查丈、有无浮开等弊"的任务,奉宸苑新任管理大臣定郡王载铨和内务府大臣裕诚于十五日到任后便立即着手查看南苑开荒地亩、草甸、牲只,并清查南苑各项钱粮。

四月二十日,载铨、裕诚奏报了南苑开垦地亩的调查结果。经调查,当时南苑内征租地共计659顷23亩9分6厘6毫,其中丰绅殷德任内未经奏明招佃租出地19顷4亩;英和任内奏明招佃租出地107顷52亩、未经奏明招佃租出地9顷71亩5分;那彦宝任内奏明开荒地300顷1亩6分6厘、未经奏明招佃租出地25顷62亩6分3厘;文幹任内未经奏明招佃租出地11顷74亩3分5厘;苏楞额任内奏明开荒地153顷48亩5分9厘;禧恩任内于道光五年(1825)丈量各项地亩余地,彼时并未抛荒,亦未专折奏

---

① 录副奏折《定亲王载铨等奏为遵旨会议京师南苑管理章程事》,道光十八年闰四月十二日,档号:03-4079-016,缩微号:274-2245。

105

讲武习勤的皇家苑囿

明,仅于丈量地亩折内,笼统具奏增租地32顷9亩2分3厘6毫。

以上各地亩款项及招佃年份具体情形如下:

①海户余地61顷81亩3分6厘6毫内:嘉庆元年(1796)由丰绅殷德未经奏明招佃租出地19顷4亩;嘉庆九年(1804)英和任内招佃时,未奏归入年终报销折内租出地7顷20亩5分;嘉庆十一年(1806)那彦宝任内招佃时,未奏归入年终报销折内租出地3顷47亩6分3厘;道光五年(1825)禧恩任内丈量地亩时余地并未抛荒、归入年终报销折内增租地32顷9亩2分3厘6毫。

②嘉庆十年(1805)那彦宝任内所开垦备差地22顷。

③海户等抛荒沙地125顷88亩内:嘉庆八年(1803),英和任内奏明招佃租出地107顷52亩;嘉庆十一年(1806),那彦宝任内招佃时未奏归入年终报销折内租出地15亩;嘉庆十二年(1807),文幹任内招佃时未奏归入年终报销折内租出地11顷47亩,又租出沙地27亩3分5厘;道光元年(1821)英和任内,招佃时未奏归入年终报销折内租出地2顷51亩。以上,沙地共租出121顷92亩3分5厘。

④旧开荒地300顷1亩6分6厘,于嘉庆十年(1805)由那彦宝奏明开垦。

⑤新开荒地153顷48亩5分9厘,于嘉庆十七年(1812)由苏楞额奏明开垦。①

从以上载铨、裕诚奏报所查明的南苑开垦地亩详情来看,在丰绅殷德、英和、那彦宝、文幹、苏楞额和禧恩任内浮开地亩

---

① 奏折附单:《载铨、裕诚呈南苑征租地亩清单》,道光十八年闰四月二十日,档号:03-9549-022。

（包括已奏明招佃租出地和未经奏明招佃租出地），共计659顷23亩9分6厘6毫。

据载铨所奏报的这份清单，道光帝于二十一日谕令将这些历年所开垦的地亩限期两年内陆续抛荒：

> 南苑为讲武重地，自应培种林木，广畜牲兽，断不宜增垦地亩。该管大臣等受人怂恿，妄变旧章，其未经奏明率行办理者，固属有意朦蔽，即已经奏明者，恃为既有案据，豫占地步，更属取巧，厥罪尤重。朕不难按照各员先后所管年分，概行治罪，惟历年废弛已久，该管大臣等或经身故，或经解任，办理转未能平允。著加恩自奉旨之日为始，予限二年，其曾经管理各员及已故各员子孙，饬令将各该任内租垦各户口陆续给予赡养资本，谕令迁移，务使所开各地亩，尽行抛荒，亦不准稍有逼勒，致令失所。至此二年内地租银两，著加恩豁免。并著奉宸苑刊刻誊黄，遍行晓谕，如限满未能抛竣，或致别滋事端，朕必将其人或其子孙从重治罪，决不宽贷。①

南苑为"讲武之地"，"断不宜增垦地亩"，这一"祖宗旧制"对于负责管理南苑事务的丰绅殷德等人来说，理应不打折扣地"钦遵奉行"，但从调查报告来看，几乎每位管理大臣任内都存在增开地亩的现象，且无论是"奏明招佃租出地"，还是"未经奏明招佃租出地"，显然都是违背"祖制"的浮开地亩。假如不是这些管理大臣的有意为之或私下包庇，私垦之事断难发生，但道光帝没有直接追究这些人的失职之处，而是说"该管大臣等受人怂恿，妄变旧章，其未经奏明率行办理者，固属有意朦蔽，即已经奏明者，恃为既有案据，豫占地步，更属取巧，厥

---

① 《清宣宗实录》卷三九〇，道光十八年闰四月壬辰。

讲武习勤的皇家苑囿

罪尤重"。按说，道光帝"不难按照各员先后所管年分，概行治罪"，但他准备网开一面，"惟历年废弛已久，该管大臣等或经身故，或经解任，办理转未能平允"。因此，道光帝下令："著加恩自奉旨之日为始，予限二年，其曾经管理各员及已故各员子孙，饬令将各该任内租垦各户口，陆续给予赡养资本，谕令迁移。务使所开各地亩，尽行抛荒，亦不准稍有逼勒，致令失所。至此二年内地租银两，著加恩豁免。"①

关于奉宸苑钱粮挪移挂欠情形，闰四月十八日，管理奉宸苑事务载铨、户部右侍郎裕诚就奏报了所查明南苑稻田厂历年拖欠利银数目等情形：

> 查得稻田厂生息利银一款存数与欠数不符，案查本银六千五百两内，除两淮领本银二千两外，由本苑凭结借放本银四千五百两，按一分生息，每年应得利银五百四十两，除本银外，历年拖欠利银四千六百四十两五钱。又查上年奏销，截至十七年十二月十八日止，连淮利应存利银三千九百二十三两零，此项存银奏明在案，自系实有之银，乃核以拖欠之数，不惟无存而且不敷，其奏销折内所称存银之数，实无其银，现已查明是系各员拖欠，惟历年奏销折内并未声明。②

具体情形如下：现任经手钱粮司员等人占用银379两；原任奉宸苑库掌福谦欠交嘉庆二十一年（1816）分稻田原地租银339两2钱4分；原任中海苑丞德龄欠交嘉庆十二年（1807）分莲藕银40两；原任北海苑丞广恩欠交嘉庆十二年（1807）、嘉庆

---

① 《清宣宗实录》卷三九〇，道光十八年闰四月壬辰。
② 录副奏折《管理奉宸苑事务载铨、户部右侍郎裕诚奏为查明南苑稻田厂历年拖欠利银数目等情形事》，道光十八年闰四月十八日，档号：03-3204-019。

第四章 清后期南苑的衰败

十三年（1808）分莲藕银80两；原任南海苑丞景明欠交道光五至八年（1825~1828）分莲藕银90两；又欠交中海道光十年（1830）分莲藕银40两；佃户七十一、陈松欠交道光十六、十七年（1836、1837）分应带征道光十三年（1833）分荷地租银52两4钱2分；佃户王存仁欠交道光十六年（1836）分荷地租银52两4钱2分；共应交银1106两5钱7分。原任武备院卿福德呈借生息本银1000两，除前奏开单外，自道光十七年（1837）正月起至本年（1838）闰四月止，又欠交利银170两。前任南苑郎中毓泰掛项钱8562吊888文。以上共应交钱16602吊928文。

二十六日，载铨又奏报了挪移挂欠钱粮分别赔交的具体办法：

> 窃查臣苑历年办理奏销出入款项，有截至前一年者，有销本年者，有征收次年、本年报销者，已属撦辀不清，又设有占用、长用、欠交、掛项各名目，朦蔽牵混，捏报奏销。此所以奏销内所称存实无其银，且有不敷之项，以俟下届收款弥补，预为开销地步之故也。臣等汇齐各款，核实详查，除各员欠交利银，业经开单陈奏外，复查得奉宸苑款项截至本年闰四月止，应存银七千三百二两八钱八分二厘，除各员欠交利银及占用欠交租银各款外，仅实存现银一百十九两三钱六分八厘，经臣等于本月十五日清查后，各该员陆续交出银二千二百二十四两四钱四分四厘，尚有占用银三百七十九两，官员、佃户欠交各项租银七百二十七两五钱七分，应由臣苑催追，令各该员佃户分别交纳归款，其各员欠交利银无著者，已经奉旨著历任管理大臣卿员分别赔交，臣等伏思利既无著，本亦落空，其原借之本银可否请旨，一并著历任管理大臣卿员分别代交，以归帑项。再前奏各员欠交利银单内截至十六年十二月止，自十七年正月至本年闰四月止，尚有各员欠交利银五百七十六

109

讲武习勤的皇家苑囿

两五钱，内除有著者由臣苑照例饬令交纳外，其无著者仍应请旨，一并著历任管理大臣卿员分别赔交，以充经费，以后奏销，务令年清年款，不许再有前后牵混，余仍照旧办理。又查得南苑截至十八年闰四月止，应存款项，除占用无存银，尚有本年春季岁修工程不敷放钱一万六千四百八十六吊九百五十二文，原俟下届征租补放，今既奉谕旨，令其陆续抛荒，则无租补放，况此项工程原未能核实，而已经办竣，难于驳减，自未便任其补请钱粮，查应存项内有前任郎中毓泰挂欠钱八千五百六十二吊八百八十八文，现任经手司员等下小租长用钱六千三百五十七吊四百四十文，占用钱一千六百八十二吊六百文，此三款挪移挂欠，未入奏销，原俟以后征小租补款，其小租向不入奏，由本苑自行支用，今既无小租可补，相应请旨将此三款共钱一万六千六百二吊九百二十八文，责令挪移挂欠之各员分别交纳，亦无庸归款，即作为补放工程不敷钱一万六千四百八十六吊九百五十二文之用，余钱一百十五吊九百七十六文存于臣苑，以备公用。又查向例臣苑凡有各项工程分别钱粮多寡，其千两以上者奏明估办，千两以下者由臣苑咨领广储司造办处钱粮，俱各有案可稽，自道光五年间，经禧恩管理任内奏明，将地租各项存贮本苑，以备零星岁修工程之用，不领广储司造办处钱粮，俱由本苑支给。今既无地租存贮，应请嗣后臣苑零星岁修等工，详加撙节，仍照向例分别请估咨领，以符旧例，其马干一项，向由鬻买羊草项下动用，若遇不敷之年，则以租项支用，此次会议奏准各条内，开有应用马干等项银两，若遇不敷，应由该处自行酌办等因在案。臣等伏查九门领催、马甲现拴马五十匹，听差人现拴减半马三十匹，每年例应七个月牧青，五个月支给马干，一年工应领马干银四百八十七两五钱，其银两为数无多，应请嗣后马干银两即由臣苑稻田厂租银

第四章 清后期南苑的衰败

项下支给，无庸由羊草项下动用，所有臣等详查钱粮，酌核办理缘由，谨缮折陈奏，伏乞皇上训示遵行。其应交银钱各官员、佃户，另缮清单，一体恭呈御览，仰祈圣鉴，谨奏。①

根据载铨所奏，道光帝于二十七日谕令内阁："奉宸苑欠交无著利银，前降旨著历任该管大臣等分别赔交，所有原借本银亦著历任管理奉宸苑大臣、奉宸苑卿分别代交，以归帑项。其道光十七年正月起，至本年闰四月止，欠交无著利银，并著该大臣等分别赔交。以后奏销，务须年清年款，不准再有牵混。至南苑本年春季岁修工程，不敷放钱一万六千四百八十六吊零，查有前任郎中毓泰等挂欠、长用、占用等钱一万六千六百二吊零，著即责令各员分别交纳，无庸归款，即作为补放工程不敷钱文之用，余存该苑备用。嗣后遇有岁修等工，著仍照向例分别请估咨领，以符旧制。该苑应领马干银四百八十七两零，著即在稻田厂租银项下支给，毋庸由羊草项下动用。"②

面对奉宸苑如此严重的钱粮挪移挂欠情形，道光帝认为曾长期兼管奉宸苑大臣的禧恩负有很大责任，"挪移挂欠种种弊窦，岂得诿为不知，乃竟一味因循，毫无整顿，辜恩丧良，莫此为甚"。禧恩是道光即位以后就颇为倚重的大臣，自道光初年，即曾管理奉宸苑事务，"迨后缘事撤退，旋复令其兼管"。因此，禧恩"历任最久，受恩深重"。按道理，应将禧恩"重治其罪"，但道光帝"姑念事隔多年，逐款追究，亦属繁琐，姑不为已甚之举"，仅命将禧恩从宽革去经筵讲官、领侍卫内大臣、阅兵大臣、管理理藩院事务、都统、总管内务府大臣等职，"以

---

① 录副奏折《管理奉宸苑事务载铨等奏为查明奉宸苑挪移挂欠请饬分别赔交事》，道光十八年闰四月二十六日，档号：03-3308-058，缩微号：226-0933。
② 《清宣宗实录》卷三九〇，道光十八年闰四月丁酉。

111

示薄惩",但仍管理圆明园八旗事务。①

除了禧恩之外,道光帝又命载铨查明历任管理奉宸苑大臣及奉宸苑卿在任时间,然后再分别议处。五月初八日,载铨遵旨奏报自嘉庆十年(1805)起至道光十八年(1838)闰四月止,所有历任管理奉宸苑事务大臣任职日期如下:

那彦宝:自嘉庆十年(1805)正月至闰六月初六日,共在任6个月6天。

常福(署理):自嘉庆十年闰六月初七日至闰六月二十二日,共署任16天。

阿明阿(署理):自嘉庆十年闰六月二十三日至七月二十八日,共署任1个月6天。

庆兴(署理):自嘉庆十年七月二十九日至九月二十四日,共署任1个月25天。

那彦宝:自嘉庆十年九月二十五日至十一月初五日,共在任1个月11天。

阿明阿(署理):自嘉庆十年十一月初六日至二十一日,共署任16天。

那彦宝:自嘉庆十年十一月二十二日至嘉庆十一年(1806)正月二十一日,共在任2个月。

缊布(署理):自嘉庆十一年正月二十二日至三月二十日,共署任1个月29天。

广兴:自嘉庆十一年三月二十一日至四月二十日,共在任1个月。

缊布(署理):自嘉庆十一年四月二十一日至八月初八日,共署任3个月18天。

广兴:自嘉庆十一年八月初九日至九月初九日,共在任1个月1天。

---

① 《清宣宗实录》卷三九〇,道光十八年闰四月丁酉。

文幹：自嘉庆十一年九月初十日至嘉庆十三年（1808）五月初八日，共在任1年7个月29天。

英和（署理）：自嘉庆十三年五月初九日至六月二十六日，共署任1个月18天。

英和：自嘉庆十三年六月二十七日至嘉庆十七年（1812）五月初六日，共在任3年10个月10天。

穆腾额：自嘉庆十七年五月初七日至七月十六日，共在任2个月10天。

苏楞额（署理）：自嘉庆十七年七月十七日至九月二十三日，共署任2个月7天。

英和：自嘉庆十七年（1812）九月二十四日至道光四年（1824）四月二十五日，共在任11年7个月2天。

禧恩：自道光四年四月二十六日至道光九年（1829）八月初十日，共在任5年3个月15天。

阿尔邦阿（署理）：自道光九年八月十一日至十一月初一日，共署任2个月21天。

禧恩：自道光九年十一月初二日至道光十年（1830）五月初六日，共在任6个月6天。

敬徵（署理）：自道光十年五月初七日至六月初五日，共署任29天。

禧恩：自道光十年六月初六日至十一月初八日，共在任5个月3天。

达三（署理）：自道光十年十一月初九日至十二月初三日，共署任25天。

禧恩：自道光十年十二月初四日至道光十一年（1831）二月十二日，共在任2个月9天。

克蒙额（署理）：自道光十一年二月十三日至二十六日，共署任14天。

禧恩：自道光十一年二月二十七日至道光十二年（1832）

三月二十三日，共在任 1 年 27 天。

耆英（署理）：自道光十二年三月二十四日至道光十三年（1833）正月二十六日，共署任 10 个月 3 天。

禧恩：自道光十三年正月二十七日至五月二十六日，共在任 4 个月。

耆英：自道光十三年五月二十七日至道光十五年（1835）二月初三日，共在任 1 年 8 个月 7 天。

禧恩（署理）：自道光十五年二月初四日至五月二十四日，共署任 3 个月 21 天。

耆英：自道光十五年五月二十五日至道光十六年（1836）六月二十五日，共在任 1 年 1 个月 1 天。

禧恩（署理）：自道光十六年六月二十六日至十月初四日，共署任 3 个月 9 天。

禧恩：自道光十六年十月初五日至道光十八年（1838）闰四月十二日，共在任 1 年 7 个月 8 天。

历任奉宸苑卿任职日期如下：

苏崇阿：自嘉庆十年（1805）正月至九月二十四日，共在任 9 个月 24 天。

孟柱：自嘉庆十年九月二十五日至嘉庆十一年（1806）十一月初八日，共在任 1 年 1 个月 14 天。

广兴：自嘉庆十一年十一月初九日至嘉庆十二年（1807）三月初十日，共在任 4 个月 2 天。

禧恩：自嘉庆十二年三月十一日至嘉庆十八年（1813）九月十六日，共在任 6 年 6 个月 6 天。

福勒洪阿：自嘉庆十八年九月十七日至嘉庆二十一年（1816）二月初二日，共在任 2 年 4 个月 16 天。

容照：自嘉庆二十一年二月初三日至四月二十一日，共在任 2 个月 19 天。

载铨：自嘉庆二十一年四月二十二日至嘉庆二十二年

(1817）九月二十六日，共在任 1 年 5 个月 5 天。

奕经：自嘉庆二十二年九月二十七日至嘉庆二十三年（1818）二月二十日，共在任 4 个月 24 天。

恒龄：自嘉庆二十三年二月二十一日至嘉庆二十四年（1819）九月十二日，共在任 1 年 6 个月 22 天。

博克顺：自嘉庆二十四年九月十三日至嘉庆二十五年（1820）三月二十八日，共在任 6 个月 16 天。

景行：自嘉庆二十五年三月二十九日至道光四年（1824）四月二十五日，共在任 4 年 27 天。

容照：自道光四年四月二十六日至道光五年（1825）四月十五日，共在任 11 个月 20 天。

桂轮：自道光五年四月十六日至道光六年（1826）八月初六日，共在任 1 年 3 个月 21 天。

奕纪（署理）：自道光六年八月初七日至十二月十六日，共署任 4 个月 10 天。

奕纪：自道光六年十二月十七日至道光十二年（1832）九月初四日，共在任 5 年 8 个月 18 天。

联顺：自道光十二年九月初五日至二十五日，共在任 21 天。

倭什讷：自道光十二年九月二十六日至道光十三年（1833）五月二十七日，共在任 8 个月 2 天。

庆敏（署理）：自道光十三年五月二十八日至道光十四年（1834）六月初八日，共署任 1 年 11 天。

倭什讷：自道光十四年六月初九日至道光十七年（1837）三月十七日，共在任 2 年 9 个月 9 天。

培成：自道光十七年三月十八日至道光十八年（1838）闰四月二十九日，共在任 1 年 2 个月 12 天。

经过以上这番调查，自嘉庆十年（1805）以来，所有南苑招租垦种地亩、钱粮挪移挂欠情形以及历任奉宸苑管理大臣、

讲武习勤的皇家苑囿

奉宸苑卿的任职日期都一目了然。道光帝谕令："应将嘉庆十年起至道光十八年（1838）闰四月止，历任管理奉宸苑大臣及奉宸苑卿开垦租出地亩多寡，并失察挪移挂欠钱粮、在任年月久暂，分别议处。"六月二十六日，吏部尚书朱士彦奉旨，根据历任奉宸苑管理人员和载铨所上奏的历任管理大臣、奉宸苑卿名单及任职日期，初步拟定处罚办法："请将开垦租出地在一百顷以上，应照溺职例革职，四十顷以上应降四级调用，十顷以上应降三级调用，十顷以下应降二级调用，俱属私罪，毋庸查加级议抵。其失察挪移挂欠钱粮，在任不及一年，应照不应重杖八十，公罪律议以降二级留任；在任一年以上，应议以降三级留任；在任五年以上，应议以降四级留任；在任十年以上，应议以革职留任，俱系公罪，例准抵销，可否准其抵销之处，恭候钦定。"①根据吏部的建议，开垦租出地的处罚标准以面积大小为等差，挪移挂欠钱粮的处罚标准则以在任时间长短为依据，即"开垦租出地亩，按照亩数多寡，并失察挪移挂欠钱粮，按照在任年月久暂，分别议处"。

具体处罚如下：

前管理奉宸苑事务、正黄旗蒙古都统、已经休致那彦宝：开垦备差地22顷，又开垦荒地300顷1亩6分6厘，又租出招佃地15亩，又租出招佃地3顷47亩6分3厘，共开垦并租出地325顷64亩2分9厘，应议以照溺职例革职（私罪），已经休致，应革去顶带。

前管理奉宸苑事务、现任内阁学士、公宗室禧恩：增租余地32顷9亩2分3厘6毫，又奉宸苑卿任内租出招佃地11顷47亩，又租出沙地27亩3分5厘，共租出地43顷83亩5分8厘6毫，应议以降四级调用，私罪。又，管理奉宸苑任内失察挪移

---

① 录副奏折《吏部尚书朱士彦等奏为遵旨议处那彦宝等管理奉宸苑事务所属各员失察挪移挂欠钱粮事》，道光十八年六月二十六日，档号：03-2671-072，缩微号：192-3449。

挂欠钱粮，在任时间长达10年8天，应再议以革职留任，公罪。又，奉宸苑卿任内失察挪移挂欠钱粮，在任6年6个月6天，应再议以降四级留任，公罪。共降四级调用、降四级留任并革职留任。

前任奉宸苑卿、吏部左侍郎公桂轮：增租余地32顷9亩2分3厘6毫，应议以降三级调用，私罪；又奉宸苑卿任内失察挪移挂欠钱粮，在任1年3个月21天，应再议以降三级留任，公罪。共降三级调用、降三级留任。

前管理奉宸苑事务、宁夏将军、已另案革职英和：租出沙地2顷51亩，应议以降二级调用，私罪；又管理奉宸苑任内失察挪移挂欠钱粮，在任15年7个月，应再议以革职留任，公罪。已另案革职，应降二级调用并革职留任注册。

前任奉宸苑卿、镶黄旗头等侍卫景行：租出沙地2顷51亩，应议以降二级调用，私罪；又奉宸苑卿任内失察挪移挂欠钱粮，在任4年27天，应再议以降三级留任，公罪。共降二级调用、降三级留任。

前管理奉宸苑事务、前任户部右侍郎、已经告病阿尔邦阿：失察挪移挂欠钱粮，在任2个月21天，应议以降二级留任，公罪，已经告病，应于补官日降二级留任。

前署管理奉宸苑事务、现任工部尚书、宗室敬徵：失察挪移挂欠钱粮，在任29天，应议以降二级留任，公罪。

前署管理奉宸苑事务、现任总管内务府大臣克蒙额：失察挪移挂欠钱粮，在任14天，应议以降二级留任，公罪。

前任奉宸苑卿、吏部尚书、宗室奕经：失察挪移挂欠钱粮，在任4个月24天，应议以降二级留任，公罪。

前任奉宸苑卿、现任工部左侍郎联顺：失察挪移挂欠钱粮，在任21天，应议以降二级留任，公罪。

现任奉宸苑卿文祥：失察挪移挂欠钱粮，在任2个月29天，应议以降二级留任，公罪。

讲武习勤的皇家苑囿

前署奉宸苑卿郎中、淮关监督长良：失察挪移挂欠钱粮，在任内 2 个月 4 天，应议以降二级留任，公罪。

前管理奉宸苑事务、盛京将军、宗室耆英：失察挪移挂欠钱粮，在任 3 年 7 个月 10 天，应议以降三级留任，公罪。

前任奉宸苑卿、正蓝旗汉军副都统候倭什讷：失察挪移挂欠钱粮，在任 3 年 5 个月 11 天，应议以降三级留任，公罪。

现署奉宸苑卿郎中、粤海关监督豫堃：失察挪移挂欠钱粮，在任 2 年 9 个月 16 天，应议以降三级留任，公罪。

前任奉宸苑卿、现任南苑员外郎福森：失察挪移挂欠钱粮，在任 2 年 7 个月 3 天，应议以降三级留任，公罪。

前任奉宸苑卿、镶黄旗满洲都统、多罗定郡王载铨：失察挪移挂欠钱粮，在任 1 年 5 个月 5 天，应议以降三级留任，公罪。

现任奉宸苑卿、内阁学士培成：失察挪移挂欠钱粮，在任 1 年 2 个月 12 天，应议以降三级留任，公罪。

前任奉宸苑卿、马兰镇总兵兼总管内务府大臣容照：失察挪移挂欠钱粮，在任 1 年 2 个月 9 天，应议以降三级留任，公罪。

前署奉宸苑卿、散秩大臣贝子庆敏：失察挪移挂欠钱粮，在任 1 年 11 天，应议以降三级留任，公罪。

前任奉宸苑卿、现任户部尚书、宗室奕纪：失察挪移挂欠钱粮，在任 6 年 28 天，应议以降四级留任，公罪。①

此外，对于南苑难以胜任的现任各级官员也进行了清理整顿。经查，奉宸苑员外郎明魁"现患怔忡，难以痊愈"，苑丞亿年，苑副广瑞、富森布"均已年老衰颓"，南苑委署主事瑞麟"现患痰疾，谅难就痊"，苑丞那增阿"两耳重听"，苑丞连庆、

---

① 附清单：《吏部尚书朱士彦等呈历任管理奉宸苑及奉宸苑卿开呈租出地亩数及失察那移挂欠钱粮按分别处分清单》，道光十八年六月二十六日，档号：03-2671-073，缩微号：192-3455。

第四章　清后期南苑的衰败

苑副倭升额"年老衰庸"。以上8人都被勒令休致。①

为逐步恢复南苑的自然生态，道光十九年（1839）正月，经载铨、裕诚奏请，又叫停了例行的干枯树木砍伐惯例。按照惯例，南苑内树木两年或三年芟锯一次，所砍伐下来的干枯树木交与南苑内四处行宫冬季燻炕处取暖之用。乾隆元年（1736）五月奏准，所砍伐木柴除了留作四处行宫供燻炕之外，其余木枝存贮四宫，以备每次皇帝驻跸南苑时使用。按理说，定期将干枯生病树木加以砍伐，对于维护南苑树木的健康生长，是非常有必要的，但由于内部管理混乱，以至于贪劣人员借每次砍伐枯树之际，徇私舞弊，将很多并未枯死的树木也加以砍伐，并从中牟取私利，结果导致"近年来苑内树木渐形稀疏"。载铨等人在调查中也发现，这其中的缘由"未必非由历届芟锯回干时，将未回干者亦行影射芟锯之所致"。既然每次砍伐大量树木，按照规定这些木柴应该能够足量供应行宫使用，结果反而是"每遇皇上临幸时，本苑木柴仍系不敷应用"，还需要"向地租项下动用钱文采买"。为彻底杜绝砍伐过程中的徇私舞弊，保障南苑苑囿禁地"必须林木茂密"，道光帝不得已谕令"嗣后将芟锯回干一节暂行停止"。②

南苑地域广阔，虽然有围墙，但盗案频发，尤其是到了道光朝，"周围墙垣续有坍塌，该处章京马甲等人数无多，冬令巡查，难期周历"。为加强管理，道光十八年（1838）闰四月时，新任奉宸苑管理大臣载铨就奏请修整南苑围墙，所需工料银为116942两4分8厘，建议由内务府负责备料，"赶紧一律修整，

---

① 录副奏折《管理奉宸苑事务载铨等奏为甄别奉宸苑员外郎明魁等年老有疾人员请旨勒休事》，道光十八年闰四月二十六日，档号：03-2669-053，缩微号：192-3115。

② 朱批奏折《理奉宸苑事务内务府载铨、裕诚等管奏为南苑树木渐稀请暂停芟锯回干并请由内务府营造司理皇上临幸应用木柴事》，道光十九年正月二十六日，档号：04-01-14-0063-037。

119

讲武习勤的皇家苑囿

以昭严密"①。但当年并没有付诸实施。至次年（1839）七月十二日，管理奉宸苑事务多罗郡王载铨再次奏请修正围墙，称经过上年整顿风波中众多受处分官员的认修赎罪，所需银两已基本凑足，可"分明段落，令其认修"。按照惯例，整修南苑围墙，需要事先"于秋间乘时起刨"墙下积沙，而且修理墙垣需用大量砖块，应由各位认修赎罪的官员"于今冬备料，明春兴修，以免草率"。在正式开工修整之前，载铨饬令各门章京、马甲"周历巡查"，由于当年"伏雨之后水草均足，可保其不致逸出"。但如果"不赶紧修理，延至明春方修，坍塌段落不下数百余段，该章京、马甲等人数无多，一经冬令逐日巡查，不能周历，即饬令加意看守，亦难免其逸出，且于行人往来偷窃牲畜羊草等事，实不能防守"。而且据三旗苑丞报称，"周围墙垣又复续有坍塌"。因此，载铨奏请南苑垣墙应在当年秋季开工，尽快予以修整，"饬下各该欠员等于今秋赶紧将南苑坍塌围墙一律修整，以昭严密，如蒙俞允，候命下之日，臣等行知内务府，遵照办理"。②

当年秋季，南苑围墙修缮工程开工，至十一月大体完工。当月二十四日，总管内务府大臣奕纪奏请南苑围墙工程验收办法："现据奉宸苑卿德顺等二十一员连名呈称遵旨认修南苑围墙并起刨积沙等工，现经各段落修理完竣等因呈报前来。臣等查此项工程原系总理工程处勘估钱粮，今据该员等呈报，修理完竣，理合奏明，或仍由总理工程处查收，抑或钦派大臣查收之处，伏候训示遵行，为此谨奏请旨。"③ 这次围墙修缮工程得以顺利完工，主要得益于各受罚官员赎罪认修的方式，而且前任

---

① 《清宣宗实录》卷三二四，道光十九年七月乙巳。
② 录副奏折《管理奉宸苑事务多罗郡王载铨等奏请今秋赶修南苑墙垣事》，道光十九年七月十二日，档号：03-3636-027。
③ 录副奏折《总管内务府大臣奕纪等奏请查收南苑围墙等工程事》，道光十九年十一月二十四，档号：03-3636-048。

第四章　清后期南苑的衰败

奉宸苑卿、现任粤海关监督豫堃因认修垣墙，按期完工，表现良好，道光帝还将其"所欠银二万二千六百十一两零，全行宽免"①。如此看来，此次南苑围墙修缮，也算是道光十八年南苑整顿的一个成果。

经过道光十八年（1838）的这次整顿，南苑的管理稍有起色，"渐复旧规"。道光二十二年（1842）三月，道光帝再次行围，"以南苑牲兽众多，草木繁茂"，与管奉宸苑事定郡王载铨等议叙，赏南苑管围总领章京等银币有差；又赏赐南苑看守各行宫苑户一月钱粮、海户银一千两。②道光二十六年（1846）三月行围时，亦称赏"南苑草木繁茂，牲兽尚多"，赏赐定郡王载铨加一级俸禄。③

道光朝的这次整顿也在一定程度上遏制了自乾隆朝末年以来愈演愈烈的私垦现象。道光十八年（1838）闰四月的抛荒令，以两年为缓冲期限，并免此两年地租，即从道光十八年四月底到道光二十年（1840）四月底，到期后所有垦种地亩一律抛荒，租种佃户亦退出南苑。然而到期之日，佃户的利益并未得到保障，佃户史心煜等40余人联名呈控，要求展延一年期限。

据都察院来文内称，据佃户史心煜、李六、闫成律等以沥情陈诉等词，赴院具控，讯据史心煜供年七十一岁，李六供年六十六岁，闫成律供年二十一岁。又据同供，身等自嘉庆十年，各出资本认种南苑荒地三百余顷，领有官给执照，三十余年从无滋事，嗣因南苑牲畜稀少，于道光十八年闰四月间，奉旨赏免各佃户二年地租，令其退地抛荒，计至本年限满，身等即应遵旨退佃，惟十八年地租，

---

① 朱批奏折《粤海关监督豫堃奏为承修南苑围墙工程完竣奉旨加恩所欠银两全行宽免谢恩事》，道光二十年正月二十四日，档号：04-01-12-0449-035。
② 《清宣宗实录》卷三六九，道光二十二年三月甲寅。
③ 《清宣宗实录》卷四二七，道光二十六年三月甲戌。

121

讲武习勤的皇家苑囿

身等业于十七年冬间全数纳完,既蒙赏免二年地租,自应计至本年秋后始为限满,现在奉宸苑委官将身等所种地亩全行丈量,立逼身等拆毁房屋,身等四十九户,一时失业,无以资生,为此写就公呈,只身等三人赴案沥诉等语。余与原呈略同。查该民人等所租南苑荒地,既经奉旨勒限二年令其退佃,自应遵照办理,惟据该民人声称十八年分地租已于十七年措缴,此时即令退地,是否与原奉恩旨内赏免二年地租之处相符,相应抄录原呈并原告咨送奉宸苑酌覆办理,至该民人等原呈内开列四十余人之多,有无捏写耸听情事,亦应确切查明,俟结案后仍咨本院备查等因,移咨前来。臣等查,南苑地亩前于道光十八年闰四月二十一日奉上谕,自奉旨日为始,予限二年,将所开各项地亩进行抛荒,此二年内地租银两著加恩豁免等因,钦此,钦遵。经臣等刊刻誊黄,遍行晓谕,并饬令南苑司员等遵照二年限期,截至本年四月二十一日,将所有各佃一体谕令迁移,地亩均行抛荒在案,该民人史心煜等叠经在臣衙门控诉,前经臣等因该民人愚谬固执,妄绎誊黄,欲种至本年秋后,方行抛荒,是以未准,并有于十九年夏间具有情甘于限满时迁移,甘结在案,现该民人史心煜等不遵晓谕,妄行在都察院呈诉,复经都察院移咨臣衙门办理,臣衙门无审讯之责,相应请旨,将民人史心煜、李六、闫成律送交刑部审讯办理,为此谨奏请旨。①

原来,佃户史心煜、李六、闫成律等人自嘉庆十年(1805)"各出资本认种南苑荒地三百余顷,领有官给执照,三十余年从无滋事",道光十八年(1838)抛荒令后,"奉旨赏免各佃户二

---

① 录副奏折《管理奉宸苑事务载铨等奏为佃户史心煜等京控奉宸苑委官将租种南苑地亩勒限退佃等案请旨交刑部审办事》,道光二十年五月初一日,档号:03-3803-001。

122

第四章　清后期南苑的衰败

年地租，令其退地抛荒，计至本年限满"，按道理"应遵旨退佃"，只是道光十八年地租已提前于道光十七年（1837）冬间全数纳完，"既蒙赏免二年地租，自应计至本年秋后始为限满"，而现在奉宸苑要求这些佃户立即"拆毁房屋"，导致49户佃户"一时失业，无以资生"。奉宸苑违例提前征收一年，导致这些佃户实际只享受到了一年免租的补偿，因此史心煜等人呈控要求宽延一年的期限无可厚非，然而奉宸苑管理方却斥"该民人愚谬，妄绎眷黄"，而且"不遵晓谕，妄行在都察院呈诉"，结果将史心煜、李六、闫成律等人送交刑部审讯办理。①

姑且不论奉宸苑是严格执行禁令，还是以强凌弱、以权谋私，即以抛荒来保证"培植草木，豢养牲畜"的目的来看，效果并未达到。道光二十一年十二月（1842年1月），载铨等奏称："南苑恭备祭祀鹿只不敷应用，请旨饬下盛京马兰镇备办。"② 按照惯例，南苑每年负责备办祭祀各坛庙所需鹿只，据太常寺称，每年例需鹿77只外，另需告祭添行鹿20～30只不等。而每年马兰镇总兵应交南苑小鹿60只，一年一次；盛京将军应交小鹿60只，两年一次。两项合计，南苑两年共收鹿180只，平均一年收鹿90只。而常年以来太常寺从南苑需要鹿只并告祭添行鹿只在百只上下不等，"是所收之数已不敷所用"。根据调查，南苑现存圈养之鹿仅61只，只能供应至翌年六七月间。而且马兰镇、盛京两处历年应送鹿只，一般都是在霜降节气后的九月中旬方能送到南苑，因此"不能接济"。③

不仅如此，道光二十二年（1842）三月，道光帝在南苑行围过程中仍然发现"随扈官员兵役人等任意驰驱，猎取牲

---

① 录副奏折《管理奉宸苑事务载铨等"奏为佃户史心煜等京控奉宸苑委官将租种南苑地亩勒限退佃等案请旨交刑部审办事"》，道光二十年五月初一日，档号：03-3803-001，缩微号：259-2461。
② 《清宣宗实录》卷三六四，道光二十一年十二月丁酉。
③ 录副奏折《管理奉宸苑事务载铨等奏为南苑恭备祭祀鹿只不敷应用事》，道光二十一年十二月十六日，档号：03-2838-040。

123

讲武习勤的皇家苑囿

畜",他"偶尔登楼眺望"时还发现"迤北蒙古包一架,帐房数架,该处有来往乘骑驰骋之人所获兔只,攫取而归"。① 后询问御前大臣,"知系额驸德木楚克扎布住宿之所,行宫密迩,例禁綦严,该额驸次当差,不知谨饬,任令属下人等肆意妄为,著交该衙门议处。此外必有私行弋猎之人,实属大胆,可恶可恨"。②

更为严重的是,抛荒令之后南苑依然存在私垦的现象。道光二十二年(1842)十月,南苑郎中经文图向管理奉宸苑事务的多罗定郡王载铨禀称,"访闻南苑现种各项地亩内有私行开种之事"。载铨便于十月二十七日亲赴南苑,与郎中经文图率同旧宫、南宫苑丞等人前往履勘,"因时所迫,未能周查",然而就当天的查访而言,便发现不少问题。查得正白旗所管大屯角门北有私开地10余亩、世泰庄私开地70余亩、三合庄私开地70余亩,镶黄旗所管毕家湾私开夹空地80余亩,牛家场东私开地3顷余亩,三合子东私开地10余亩。可见,"稍为履查,即有私开地数顷之多,恐私开者不止此数",况且"难免该管苑丞等有知情故纵、通同舞弊情事,若令该旗苑丞仍在事内,必至回护,转有掣肘"。得到奏报后的道光帝要求载铨立即"派员彻底一并清查,俟按册查明私开地亩确数及何人私开,再行奏明办理",并将正白旗苑丞常禄、镶黄旗苑丞常海均先行撤任。③

十二月初七日,载铨奏报调查结果:

> 臣等检查南苑册,开在庄园头、苑户、海户、三旗、四宫、苑丞、苑副随差并各庙香火、九门津贴等地,新陈

---

① 《清宣宗实录》卷三六九,道光二十二年三月丁巳。
② 《清宣宗实录》卷三六九,道光二十二年三月丁巳。
③ 录副奏折《管理奉宸苑事务多罗定郡王载铨奏为特参苑丞常禄等失查私垦等项事》,道光二十二年十月二十九日,档号:03-3392-095,缩微号:232-1583。

第四章 清后期南苑的衰败

共实应有地七百十七顷八十五亩四分一厘。臣等派委郎中经文图、员外郎宽志率同旧宫、南宫苑丞、苑副差人等,先将可有情弊之地一百七十六顷三亩零,按册丈量,内余出地四十二顷三十七亩零,俱系种地人等侵占多种。又查出册外无因擅行私开地一顷十七亩零,臣复派奉宸苑郎中恒祺会同丈量地亩,郎中经文图等详细根究,查出私开侵占地亩之牛四恩等六十六案,计种地人八十九名,解送到案。臣等于十二月初六日前赴南苑公同讯问。据种地人牛四恩供认,擅行在毕家湾私开地八十四亩,又于租种地亩内侵占地六顷五十八亩零,又据小甲王克明供认自开地三十三亩属实,曾于十九年十二月间付给过苑丞常海钱二百吊文,今蒙查讯始知乃是私开等供讯。据苑丞常海供认,接过王克明钱二百吊文属实,并无说明是借是使,后知王克明开地,因有接过钱文回护未经呈报等供。又据种地人郁十等八十五名内有侵占地亩,自数亩至数顷,或有擅行无因私开之地。又讯据员外郎德安即种地人成立供认租种领种地亩内侵占地四十一亩零,苑丞荫成供认承租地亩复行转租于人耕种,致有侵占地十四亩零。臣等以该种地人等所供侵占地亩数目与丈量数目按册核对,均属相符。①

经载铨等人查出,私开侵占地亩之牛四恩等66案,计种地人89名,解送到案。私垦情形各不相同,其中民人牛四恩在毕家湾所开地84亩,属于私开和侵占荒地。小甲王克明则是苑内在官人役,用钱贿赂苑丞常海,得以私开33亩地,"其余多种地亩人等侵占地亩,乃系种地人贪利无知",均"勒令抛荒,不准再

---

① 录副奏折《管理奉宸苑事务多罗定载铨等奏为查明南苑私开地亩数目并特参员外郎德安等人失察侵占事》,道光二十二年十二月初七日,档号:03-3392-106。

讲武习勤的皇家苑囿

行多种"。[1]

终道光一朝，查禁私垦地亩并予以抛荒的政策虽然一直在实行，但始终是禁而未绝。这里面，除了管理松懈、有关人员蒙混腐败之外，更重要的原因是现实的变局，即社会生产力与人口激增的矛盾。除了南苑，道光朝还在清廷视为"龙兴之地"的东北地区将原本已经垦种的土地封禁，但效果也不好。如吉林双城堡、珠尔山、凉泉、夹信沟四处闲荒地亩，曾于道光二十七年（1847）下令予以封禁，要求吉林将军、副都统以及各协领认真查禁，可结果是"奉行不力，视为具文"[2]。道光朝从立国之本的政治高度强调"谨遵祖宗旧制"而予以查禁、封禁的地方尚不止于此，面对人口激增、流民无数、粮食生产亟须解决的情形下，清廷继续恪守祖制而不思变通，其前景不容乐观是可想而知的。

晚清南苑的危机，一方面来自清朝国力衰落及其内部管理不善，另一方面更多的是人口增加的形势之下贫困人口难以谋生而不得不铤而走险这一社会现实原因。道光朝末年，南苑多次发生的盗窃抢劫案件就是其真实反映。道光二十二年（1842）十月，东红门内三合庄前，"贼匪"潜入南苑行劫，将民人杨永吉一家牲口劫掠。不久，武清县捕役在东安县属佟家营拿获贼犯安二秋一名。据安二秋供称，他是东安县回民，当年十月初四日夜与瞎马立、尹二格，听从同县人大张三在海子内抢劫卸粮食车上骡子三头，卖在东安、永清二县地方，得钱分用。[3] 道

---

[1] 录副奏折《管理奉宸苑事务多罗定载铨等奏为查明南苑私开地亩数目并特参员外郎德安等人失察侵占事》，道光二十二年十二月初七日，档号：03-3392-106，缩微号：232-1635。

[2] 录副奏折《掌四川道监察御史嵩龄奏为开垦南苑闲地以裕国课而弭盗贼事》，咸丰元年正月十三日，档号：03-4466-001，缩微号：311-0007。

[3] 录副奏折《吏部尚书卓秉恬、顺天府府尹李僡奏为拿获在南苑抢劫事主杨永吉骡头案内赃贼安二秋请交刑部审办事》，道光二十二年十一月十四日，档号：03-3811-032。

光二十四年（1844）十月十五日，南红门行宫发生盗窃案，行宫后殿丢失白玉佛手花插一件、汉玉子母鱼莲水注一件、青汉玉罐耳长方炉一件、紫檀嵌三块、玉如意五柄，共计八件陈设玉器被窃。[1] 道光三十年（1850）八月，张二、杨和以回民窝留积匪王六全儿等"于南苑附近地方纠夥叠窃，并有吓禁更夫重情"[2]。

三 咸丰至光绪时期南苑修缮与驻军防卫

进入咸丰朝，南苑的修缮大多采用受处分官员罚俸捐修的方式。咸丰三年（1853），南苑郎中铭海因此前在江南织造任内欠盈余银等项共计三万多两白银，经军机处奏准，允许他捐修南苑九门军器及兵房、门座等工程，以戴罪立功。

此次铭海首先捐修的是南苑九门的军器设备。南苑九门原设腰刀50把、长枪50杆、弓50张、箭1000枝、撒带50副、弓套50副、箭套50副、枪架10座，"俱因历年久远，大半残缺不齐，均已如式修整"。鉴于原设弓箭、长枪、腰刀为数无多，分置九门，不敷应用，经过铭海此次捐资添造，得腰刀59把、长枪59杆、弓59张、箭1000枝、撒带59副、弓套59副、箭套59副、枪架10座。以上修造军器，共用工料银1488两5钱。

此后，捐修了九门门座和兵房。长期以来，九门门座、兵房、看守房"坍塌情形，倾颓日甚"，于是借此次捐修，一并进行了修缮。九门修缮的具体情形如下：大红门门楼3座，门扇门框揭瓦，看守门房6间揭瓦；小红门看守房3间、兵房五连计20间，拆修头停；双桥门旁门2座，粘修门扇，看守门房3间揭瓦；东红门门楼1座，粘修门扇、槛框换安卧栓，找补头

---

[1] 录副奏折《管理奉宸苑事务戴铨等奏为南苑各殿失去物件请将南衙门苑副成魁等交刑部审讯事》，道光二十四年十月二十七日，档号：03-2750-044。

[2] 《清文宗实录》卷一六，道光三十年八月甲申。

127

讲武习勤的皇家苑囿

停,看守门房3间揭瓦,兵房五连计20间内补修8间、拆修头停12间;回城门南旁门1座,粘修门扇,看守门房3间揭瓦;南红门门楼3座,粘修门扇、门框,补砌门腿;黄村门南旁门10座,粘修门扇、槛框,看守门房3间揭瓦,兵房五连计20间内补修12间,拆修头停8间;西红门门楼2座,粘修门扇、门框,换安卧栓,兵房五连计20间内补修16间,拆修头停4间;镇国寺门南旁门1座粘修门扇、门框,换安卧栓,统计门楼14座、看守门房21间、兵房80间。以上修葺九门门座、房间,供捐用过工料银5826两3钱。咸丰三年(1853)五月,铭海的捐修工程完工后,经奉宸苑管理大臣载铨实地勘验,所修军器"均属坚利",所修门座、房间,不仅有专门人员"随工稽查","查看所兴工作物料,亦皆坚固"。[①] 以上,铭海所捐修南苑军器、兵房、门座等工,尚未完全抵销其所欠三万两白银的额度,仍欠交银一万两。

同年九月,铭海又与奉宸苑郎中恒祺共同捐修了南苑围墙工程。南苑围墙曾在道光十九年(1839)由当时受处罚的诸多官员认修过,但十四五年后,"南苑一带围墙因本年雨水较勤,陆续坍塌一千一百六十丈五尺";当时为应对太平天国起义,又大量调遣察哈尔官兵驻扎南苑,加强畿辅防守力量,"墙垣一切尤须严紧,自应及时修理"。经载铨勘算,重修倒塌围墙需用工料银8867两5钱。由于奉宸苑"钱粮无多,又无另款可筹",经奏请,此项工程交由奉宸苑郎中、现署南苑苑卿恒祺与尚未还清欠款的南苑郎中铭海捐资修砌。自八月初始,历经一个多月,"所有坍塌围墙现已赶紧修砌,一律完竣",所需银两除了由南苑郎中铭海捐银3000两之外,其余5867两白银由苑卿恒祺捐备。工程完工后,载铨"即行按照原估丈尺详细查核,尚属

---

① 录副奏折《管理奉宸苑事务多罗定郡王载铨等奏报南苑郎中铭海捐修军器及兵房门座等工完竣等事》,咸丰三年五月初三日,档号:03-4517-071。

第四章 清后期南苑的衰败

坚固，并无偷工草率之处，甚为妥速，洵属急公踊跃"。[1]

咸丰十年（1860），因英法联军劫掠并焚毁，圆明园损毁惨重，因此进入同治时期南苑又几乎成了唯一可用的近郊御园。同治十三年（1874）八月二十七日，同治帝驻跸南苑。九月初一，幸晾鹰台撒围；初二，幸晾鹰台阅神机营操；初三，御行宫门，阅御前王大臣、乾清门侍卫等射。[2]

为维护南苑，同治十三年勘修南苑内团河等处行宫。当年四月十一日，管理奉宸苑事务景寿、奉宸苑卿广科奏请团河行宫工程所需银两，共需工料实银48193两1钱2分5厘，"俾得发商赶办要工，庶免贻误"。清廷谕令户部如数拨给，修缮团河行宫，至于旧宫、新宫二处"俟估有钱粮数目，再行具奏请领"。[3]

由于户部经费紧张，而且按照惯例，奉宸苑估修工程银两向来不是由户部部库放款，而是从内务府筹款，因此户部尚书载龄、董恂在六月初二日回奏：

> 臣等伏查在京各项工程，由工部核估钱粮、奏请兴修者，由臣部照章给发银两；至内廷各项工程暨内务府、奉宸苑应修各工，向由内务府核算钱粮者，即由内务府发款兴修，定制分明，历经遵办在案。且查同治五年间，臣部酌定部库支放各项工程实银成数折内，开单奏明陵寝等工，给发五成实银，其余各工递给四成、三成实银。七年间，工部奏准各项工程酌给实银成数折内，凡圣驾经由处所楼座，给发五成实银等因各在案。今奉宸苑估修团河宫工程，并非由工部核估钱粮，此项银两向非部库应行支放之款。

---

[1] 录副奏折《管理奉宸苑事务多罗定郡王载铨奏报奉宸苑郎中恒祺等捐修南苑围墙完竣事》，咸丰三年九月二十日，档号：03-4517-085。

[2] 《清穆宗实录》卷三七一，同治十三年九月庚子至壬寅。

[3] 朱批奏折《管理奉宸苑事务景寿、奉宸苑卿广科奏为估计团河宫工程请领银两事》，同治十三年四月十一日，档号：04-01-37-0123-014，缩微号：04-01-37-004-2381。

讲武习勤的皇家苑囿

且查原奏,声请将所需实银由内务府转饬照数给发,是工需全给实银自系内务府向来办法,亦核与臣部、工部分别酌定成数奏章不符。所有奉宸苑估需前项工程实银,应仍请饬下内务府查照办理,以符定制。①

尽管如此,朝廷仍旧谕令:"仍著户部如数赶紧给发。"就这样,团河此次修缮款项仍由户部给发,但同时也特别声明只此一次,以后奉宸苑所属工程款项仍需要从内务府支领,得到朝廷认可。

时至八月二十二日,奉宸苑管理大臣载铨又比葫画瓢,奏请修缮南苑内旧宫工程所需银两。九月二十日,户部尚书载龄、董恂以户部经费困难,要求奉宸苑遵照前旨所制定的办法执行。清廷遂谕令奉宸苑自行筹款办理:

据原奏内称,估计旧宫应修工程共需银陆万壹千柒百伍拾伍两玖钱肆分贰厘,自应奏明请领,伏查本年四月臣等估计团河宫工程银两,据户部奏称,照章发给五成实银在案。今旧宫工程银两照章核减五成,净需实银叁万捌百柒拾柒两玖钱柒分壹厘,可否请领户部之处,恭候命下,行文领取等语。臣等伏查本年六月初六日,臣部具奏遵旨给发奉宸苑估修团河宫工程银两,折内声明嗣后各处一切工程如系内务府核算钱粮者,仍由内务府支领,倘复援照此案办理,即由臣部奏明更正,以重库款等。因奉旨允准,行知奉宸苑遵照。又本年八月十五日,臣部具奏办理海防遵旨通盘筹划折内,声明部库存项支绌,一切放款应即分别停缓,若非部库应放之款,由各部衙门奏准拨给,仰祈

---

① 朱批奏折《户部尚书载龄、户部尚书董恂奏为奉宸苑估修团河宫工程银两向非部库放款且与酌定奏章不符请饬下内务府查照办理事》,同治十三年六月初二日,档号:04-01-37-0123-019,缩微号:04-01-37-004-2389。

第四章 清后期南苑的衰败

宸断随时驳斥等因,奉旨依议,钦此钦遵,行知各在案。今南苑内旧宫工程,既仍由奉宸苑自行派员勘估,所需银两不应由臣部请领。现在库款空虚,方议竭力撙节,所有奉宸苑请领银两不但臣部无款可筹,且与节次钦奉谕旨不符。相应请旨饬下奉宸苑,查照向章,自行筹款办理,以纾库款而符奏章。①

同治一朝内外忧患频仍,国破家危,各级官吏贪污腐败,加之清廷对外赔款不断,财政捉襟见肘,确属实情。户部拒绝拨款,内务府也难以筹备资金,因此此次旧衙门行宫的修缮最后也不了了之。

进入光绪时期,出于保护牲兽、驻军操演的需要,清廷对南苑首先维护的是起到防范作用的围墙。正如管理奉宸苑事务的景寿所言:"南苑禁地向为牧养牲兽之所,并上驷院庆丰司例放马驼牛羊,全赖围墙保卫,以免牲兽走逸,且神机营现在官兵驻扎该地,所负巡防、操演及稽查出入、安设卡伦等房地。"尤其是光绪四年至光绪五年(1878~1879)间,京畿雨水较大,南苑围墙因年久失修,计先后坍倒围墙长2180余丈、卡伦房90余间、水口20余座、兵丁等房250余间。南海子围墙坍塌以后,周边民众便任意出入,"南海子自去年大水后围墙多半倾圮,民间车辆往来纷纷穿越,守门军吏因以为利,西红门以内并闻有匪类潜伏,如私销、私铸、私贩、私宰种种违法,无恶不为,甚至剽劫行旅,出没无常"②。后经景寿奏准,"速为兴修"南

---

① 朱批奏折《户部尚书载龄、户部尚书董恂奏为奉宸苑请领估修南苑内旧宫工程银两与前奉谕旨不符请饬下奉宸苑自行筹款办理事》,同治十三年九月二十日,档号:04-01-37-0124-010。
② 谕旨《著为南海子后围墙倾圮民间车辆往来穿越著奉宸苑顺天府严申禁令》,光绪六年,档号:03-5668-076,缩微号:426-2233。

讲武习勤的皇家苑囿

苑围墙，于光绪六年（1880）六月"南苑要工将次告竣"。[①] 光绪十六年（1890）永定河决堤，又导致南苑多半地区被淹，南苑围墙倒塌严重，苑里的珍贵物种也都不知所踪，不得已，户部又建议实施南苑围墙维修等工程。[②] 光绪十七年（1891）三月，经户部奏准，南苑围墙维修等工程"以五成实银发给"[③]。

在光绪二十四年（1898）戊戌变法期间，意图重新振作的清政府为筹备当年秋季慈禧太后与光绪帝阅视新军，修缮了苑内行宫、寺庙等建筑。当年闰三月，奉宸苑奏："南苑三宫等处工程，请拨银四十万两，作速兴修，以备秋间阅操。"同时，建议将南顶娘娘庙也一并修缮，"其大红门外南顶天仙娘娘庙，系跸路经由拈香处所，并请酌量修葺，以肃观瞻"[④]。至于修缮所需经费，也是"由欠交关税各员认交银两项下兴修，曾经内务府大臣派员查勘在案"[⑤]。

随后，又奉慈禧太后懿旨，修缮南苑团河宫、旧宫、新宫等处工程。光绪二十四年（1898）闰三月，管理奉宸苑事务晋祺奏请南苑三宫等处工程所需银两：

> 查得团河宫、旧宫、新宫以及元灵宫各庙拈香处所殿宇房间，自同治年间修葺后，至今二十余年未经修理。又兼光绪十六年大雨连绵，永定河决口，涌溜进苑，宣泄不及，以致殿座地面冲刷，地脚沉陷，大木歪闪，墙垣多有坍倒情形甚重。跸路经由桥座水冲塌陷，河身淤塞，所有

[①] 录副奏折《管理奉宸苑事务景寿等奏为南苑要工将次告竣应发工料各款请饬部发给事》，光绪六年六月十四日，档号：03-7153-017。
[②] 《清德宗实录》卷二九五，光绪十七年三月。
[③] 《清德宗实录》卷二九五，光绪十七年三月辛未。
[④] 《清德宗实录》卷四一七，光绪二十四年闰三月己卯。
[⑤] 录副奏折《奉宸苑衙门奏为臣衙所属大红门外南顶天仙娘娘庙围墙应收情形拟请择要只修事》，光绪二十四年，档号：03-7163-037，缩微号：534-2526。

第四章 清后期南苑的衰败

御路多有冲汕不平,两旁仅行树株被水冲刷大半,所有达他住宿房间暨各门兵房地面、看守房间被水冲汕,木植无存,四面围墙泊岸门座坍倒甚重,以致苑内牧养牲兽随水窜逸,所剩无几。当经勘估大臣宗室昆岗奏明,尽先围墙、泊岸、门座修整,以资屏蔽,其各宫殿座庙宇等工,因同时并举,筹款不易,是以奏请停缓。现奉懿旨,阅操大典攸关,将应修各工择要赶紧修理,自应钦遵敬谨修齐恭备要差。所需工料银两,拟援照光绪十六年修工案,由户部发给。惟此项工程限期紧迫,臣等公同商酌,谨将情形较重处所克期兴修。伏查南苑围墙除前经次第修齐外,近年雨水过多,陆续坍塌旧墙二百六十余处,长一千四百六十余丈,亟应一并修补齐整,以资严密,而昭慎重。并请旨饬下户部先行拨给银四十万两,以便饬商,赶紧购料,作速兴修,以期早日修竣,无误工用。①

由上可见,当时南苑内行宫及各处寺庙残破严重,按照勘查修缮工程的昆岗所奏,只能勉强将围墙、泊岸、门座等处予以修整,其余各宫殿座庙宇应当停缓。但在慈禧太后的要求下,"阅操大典攸关,将应修各工择要赶紧修理,自应钦遵敬谨修齐恭备要差"。于是,管理奉宸苑事务的晋祺"谨遵懿旨",申请修缮所需费用共计白银40万两,并且援引光绪十六年(1890)的前例,由户部拨款。

至七月初八日,清廷发布九月阅兵计划:"为国家自强要图,现当参用西法,训练各军,尤宜及时校阅,以振戎行。现择于九月初五日,朕恭奉慈禧端佑康颐昭豫庄诚寿恭钦献崇熙皇太后慈舆,由西苑启銮,诣南苑旧宫驻跸。初六日,由旧宫

---

① 录副奏折《管理奉宸苑事务的晋祺等奏为遵查南苑三宫等处工程情形并援案请拨银两事》,光绪二十四年闰三月二十六日,档号:03-5563-027。

讲武习勤的皇家苑囿

诣新宫驻跸。初七日,由新宫诣团河驻跸。初九日,阅视御前大臣等马步箭。除奕劻、晋祺毋庸豫备,其御前乾清门行走侍卫等,或步射或马射,著先期自行报明,以备届时阅看。初十日,阅视神机营全队操演。十一日,阅视武胜新队操演。十五日,自团河启銮,御轮车由铁路诣天津行宫驻跸,二十五日回銮。"① 不料,八月初六日,慈禧太后发动政变,囚禁光绪帝。八月十三日,杀害谭嗣同等"六君子",百日维新失败。随后,这次预定之中的南苑阅兵也化为泡影。八月十四日,朝廷宣布所有巡幸阅兵事宜"著即停止"②。

进入咸丰朝后,尽管南苑衰破的趋势依旧,但随着外患内乱的频繁发生,南苑作为军事武备的功能依然在发挥作用。咸丰初年,捻军袭扰京畿,为加强京师驻防力量,朝廷调拨察哈尔官兵四千名驻守南苑。咸丰三年(1853)六月,赏调驻南苑察哈尔官兵羊四百只。僧格林沁等奏称驻扎南苑之察哈尔官兵"现值盛暑,请拨医调治"。咸丰帝谕令理藩院"饬令医生喇嘛数名前往南苑诊视,以示体恤"。③ 八月,又经僧格林沁奏,"筹备察哈尔官兵御冬衣服,当降旨交内务府核议具奏,兹据奏称,拟折给银两钱文"。咸丰帝谕令"所有驻劄南苑之察哈尔官员兵丁,著加恩赏给银二百七十六两、制钱二万二千三十串,由火器营捐输项下给发,以为制办冬衣之用"。④ 咸丰八年(1858)四月,又调察哈尔备用马二千匹,迅速解往南苑牧放,并另选马二千匹以备调用。⑤ 咸丰十年(1860)第一次鸦片战争后,在内忧外患、传统八旗军队战斗力严重下降的情况下,清政府于咸丰十一年(1861年)建立了使用新式武器的"神机营"。同

---

① 《清德宗实录》四二三,光绪二十四年七月己未。
② 《清德宗实录》四二七,光绪二十四年八月乙未。
③ 《清文宗实录》卷九七,咸丰三年六月己丑。
④ 《清文宗实录》卷一四〇,咸丰三年八月丙申。
⑤ 《清文宗实录》卷二五〇,咸丰八年四月甲寅。

治元年（1862），神机营移驻南苑，"以利专操，藉地势之宽敞，令专心以讲习"①。

同治时期延续了咸丰朝做法，南苑依旧是作为京师防御驻兵的主要场所。同治元年二月，"京师训练旗兵，现在暂移南苑屯扎"②。马步官兵于春秋二季分拨赴南苑扎营操演。后来，清政府为南苑驻操各营建立兵房，至同治十二年（1873），马步队营盘达到22座、瓦房59间、灰房713间、土房3646间、营门46座、濠墙4424丈。清政府每年为神机营以及南苑操演军队投入大量经费，但实际效果并不佳，巡捕营备操之官兵2000名，经醇亲王在南苑阅看，"该五营官兵精壮无多，过形疲弱，按册点验，名次不符，半多舛错参差，与临时雇替者相似；器械一切亦俱短缺，且多不堪使用，即拣选操练，必难得力"③。此后，被清政府寄予厚望的神机营兵也和八旗军一样，因内部腐败，管理混乱，训练日渐松弛，纪律涣散。直到八国联军入侵北京时，一败涂地，最后被取消。

光绪一朝，南苑依然是京城加强驻防守卫的重点区域，也是神机营、新军等扎营操练的地点。光绪二十年（1894）七月，所派赴通州驻扎之马步各营"前赴南苑操演"④。十月，庆亲王奕劻前往南苑"试演地雷、地营、鳞甲排、土炮台各项是否适用"⑤。二十一年（1895）八月，经督办军务王大臣奏准，福建陆路提督程文炳所带防军"移扎南苑，以勤训练"⑥。二十二年（1896）二月，命桂祥、札拉丰阿、色楞额驻南苑，增加京畿驻防力量。二十三年（1897）二月，又命桂祥、札拉丰阿、芬车、明惠、广忠、色普徵额"赴南苑驻操"。二十四年（1898）八

---

① 《钦定大清会典事例》卷一一六六《神机营·火器营·训练·操演》。
② 《清穆宗实录》卷二〇，同治元年二月乙亥。
③ 《清穆宗实录》卷一四一，同治四年闰五月戊辰。
④ 《清德宗实录》卷三四五，光绪二十年七月辛卯。
⑤ 《清德宗实录》卷三五一，光绪二十年十月壬子。
⑥ 《清德宗实录》卷三七四，光绪二十一年八月辛巳。

讲武习勤的皇家苑囿

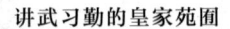

月,调董福祥甘军移防京都近畿,"移扎南苑"①。三十二年(1906)二月,经练兵处奏准,陆军第六镇驻扎南苑,同时"安设小铁道以利师行"②。宣统时期,清政府在南苑筹办航空,还修建了简易飞机跑道。

---

① 《清德宗实录》卷四二七,光绪二十四年八月壬寅。
② 《清德宗实录》卷五五六,光绪三十二年二月己未。

第五章　清末南苑放垦与苑囿变迁

南苑作为皇家园林的兴衰沉浮，在很大程度上就是清代国家命运的写照。晚清时期，国家遭逢"三千年未有之大变局"，政治上面临着如何变法图强的巨大压力，经济上存在着人口激增与民生问题的突出矛盾，军事上的内忧外患加剧了政治经济的双重紧张。风雨飘摇的国运迫使朝廷无法维护"例禁开田"的"祖宗之制"，土地广阔的南苑最终从禁而不止的私垦变为官方主导的放垦，彻底改变了所在区域的自然环境与社会面貌。

一　日渐强烈的放垦之议

咸丰、同治两朝南苑私垦日甚一日，请求变闲置土地为农田的呼声不断增强。这些呼声虽然均被朝廷以维护祖宗旧制的理由驳回，却也反映了某些朝臣对时局的清醒认识。咸丰元年（1851）正月十三日，掌四川道监察御史嵩龄奏道：

> 南苑之地，御路官场仅占十分之一，内除赏给当差海户承种植外，余地不下一千八百余顷之多，且距御路官厂有数里之遥，毫无窒碍。若置为荒闲，殊属可惜，且地方辽阔，草木丛茂，稽查稍疏，宵小易匿。上年六月间，有南苑承种差地之王宝臣呈控被贼抢去骡马，并牵涉二三月间海子各庄均有被抢之案，嗣经巡视南城御史陆续缉获贼犯，送部究办

讲武习勤的皇家苑囿

在案,是地广人稀致起盗贼之原委也。设使此项余地尽行招募商民呈领认种,按亩升科,使其各顾生业,自必互相防御,盗贼则不敢窥伺矣。况岁征钱粮,足有万两以上,作为津贴养牧、修葺之费,于裕课弭盗似属两有裨益。①

开垦闲置土地增加钱粮收入是导之以经济之利,把旷野变得人烟稠密则有助于确保京师安全。尽管二者都能成立,却依然无法动摇咸丰帝维护祖制的惯性思维。他在嵩龄奏报的当天即谕内阁:"南苑为我朝肄武之地,春秋搜狝,藉以习劳,祖制昭垂,具有深意。该御史系属旗人,既知从前有禁止开垦之旨,何以冒昧具陈,但见小利,罔顾大体,所奏实属鄙陋。嵩龄著交部议处。"②尽管嵩龄因言获罪,后来者却仍在努力。

咸丰四年(1854)五月十二日,内阁侍读学士德奎奏请开垦南苑以办理团练,虽然比嵩龄的理由更具政治意义,但仍被严厉驳回。《清实录》记载:

> 谕内阁:内阁侍读学士德奎奏,请于南苑开垦屯田、办理团练一折。南苑为我朝肄武之地,屡经禁止私垦。乃德奎率请招募民勇,办理团练,并请将隙地准令民户耕种。所奏显系受人怂恿,巧藉团练之名,以遂其牟利营私之举。且明知御史嵩龄曾有开垦南苑闲地之奏、交部议处,辄敢诡词渎请,罔上济私,尤属胆大。德奎于上年违例保举降调副指挥朱森,并请查收旗户绝产。种种乖谬,叠经降旨申饬,乃不知悛改,仍敢逞私妄言,狡诈已极。德奎著交

---

① 录副奏折《掌四川道监察御史嵩龄奏为开垦南苑闲地以裕国课而弭盗贼事》,咸丰元年正月十三日,档号:03-4466-001,缩微号:311-0007。
② 朱批奏折《吏部尚书柏葰、贾桢等奏为遵旨议处御史嵩龄冒昧奏请开垦南苑闲地事》,咸丰元年正月二十四日,档号:04-01-23-0186-001,缩微号:04-01-23-011-2002。

第五章 清末南苑放垦与苑囿变迁

部严加议处,原折著掷还。

又谕:内阁侍读学士德奎奏,南苑附近地方有佃户刘瑞芝等耕种等语。南苑为讲武重地,理宜严密。刘瑞芝等是否在南苑禁地私行耕种,著奉宸苑查明具奏。①

德奎所提更加政治化的理由,被视为"逞私妄言"。他借助刘瑞芝之事暗示,与其对禁垦抛荒政策名存实亡的现状视而不见,不如在朝廷主导下合法地公开放垦。咸丰帝没有体察其间的"微言大义",继续对他加以申斥和惩戒。"所奏显系受人怂恿"之语,应当反映了咸丰帝对奉宸苑管理人员此前屡屡徇私牟利的警惕。

尽管如此,上疏奏请开垦南苑的大臣颇有前赴后继的精神,咸丰十一年(1861)十一月十七日,当时咸丰帝刚刚去世四个月,掌浙江道监察御史刘有铭以更加犀利的言辞旧事重提:

自粤匪扰乱以来,漕运既已梗绝。上年苏杭告陷,海运亦复寥寥。近畿所产杂粮素本无多,因之京内粮价日昂。本年春间,每米一石须京钱八十余吊。近因银价平落,每石尚不下京钱四十吊,计银均在四两以上。小民居贱食贵,无以自存,故轻身触法、甘陷死刑者,年来指不胜屈,于京师大局殊有关系……

臣思补救之方,欲收效速而行可久,莫若招佃屯垦一法。查南苑处京南偏,旧为巡狩之所,四围绵亘百五六十里,按亩计地,应得八千余顷。除养牲等处外,可垦之地尚有四五千顷,任其废置,既觉可惜;而地方辽阔,不轨之徒向多匿迹,尤为近时之害。今若招佃垦种,以每亩收粮二石计之,一岁之中可得百万石。以此项散布京畿,京中既可资接济,而附近贫民皆可前往工作,得佣值以糊口,

---

① 《清文宗实录》卷一三〇,咸丰四年五月庚戌。

讲武习勤的皇家苑囿

又事之不期益而益者。且地近京师,势如犄角,佃户栖止其间,渐见庐舍村庄星罗棋布。再令互相团练,声气连络,即宵小外侮亦望而生畏,是又兴利而兼除害之道也。应请饬下管理奉宸苑大臣会同户部详议章程,并遴派贤员前往勘明,除酌留养牲牧场若干,画定界址,仍令苑户滋养牲兽,以备行围之用外,其可垦之地共计若干,迅即出示招募家计殷实、素业稼穑之人,赴部具呈认垦。

刘有铭既知此前嵩龄、德奎上疏之后的遭遇,也清楚皇帝对待祖宗之制的态度,但仍然主张与其让民间私自垦种、官员隐匿牟利,还不如一律开垦征税、利归国家。他恳切地指出:"今昔时势不同,筹食实当今之亟务。况围场牲所仍可酌留,将来有事搜狝,亦无碍于举行。何必阛阓日切呼庚,坐视数千顷沃壤徒就荒芜为也?"① 所谓"日切呼庚",就是每天急切地借贷钱粮。刘有铭的奏请最初得到朝廷重视,派遣署理奉宸苑事务的醇郡王奕譞会同户部派员实地调查,并准备拟定垦种章程。

但是,奕譞在同治元年(1862)正月初十日奏报的一件事情,改变了南苑即将开垦的走向:

臣等正在公同酌议间,随有民人马德瑞、赵福源具呈,情愿呈交报效钱三十万吊作为押租,认开抛荒地七百顷。请限十日内将押租呈交,俟臣等委派司员达他,将应开抛荒地亩详细丈量清楚,造具细册,奏明后即交该民人承种。应于咸丰十一年十二月二十八日限满,该民人逾限并未呈交。臣等因该民人既不能于限内将报效钱三十万吊呈交,并恐有招摇之虑,当即取具该民人退结存案,不准伊等承

---

① 录副奏折《掌浙江道监察御史刘有铭奏为京城民食维艰请开垦南苑闲地筹济京食等事》,咸丰十一年十一月十七日,档号:03-4182-048,缩微号:285-0984。

第五章　清末南苑放垦与苑囿变迁

种……然检查南苑抛荒地亩，从前每年征收地租本属无多，今拟令佃户先交押租银两，又兼现使之钱与前不同，每年应征地租自应稍为从减，核计每年所征之租益复无几。或令该司员苑丞等招募佃户认种，抑或仍行毋庸开垦之处，是否有当，臣等未敢擅便，伏候钦定。①

在奏折的附片中，奕𧭴提供了头等护卫寿锟"在外冒称承办南苑地亩、索诈钱文"的消息，其主张维持现状的倾向性一目了然。受其影响，朝廷再度以"旧制岂宜轻改"为由，"所有开垦南苑地亩，著毋庸议"②。

同治七年十二月初十日（1869年1月22日），针对京畿地区贫民流离失所、盗贼乘机滋扰的时局，翰林院侍读铁祺再次提出，通过开垦南苑以足民食的经济手段，达到稳定国都周边的政治目的。他估计南苑"以地五千顷计之，可征银一万五千两，于库储固属涓滴，第每年能增粮百万余石，可敌近年南粮之数"，一旦广泛开垦，"佃户栖止其间，渐见庐舍村庄星罗棋布，凡宵小之徒亦可无地潜藏"③。同治帝谕令称其"所奏实为纰缪"，重提此前刘有铭的建议被否决之事，"铁祺职在论思，岂未之知耶！所请著不准行"④。尽管如此，"祖宗之制"在现实社会的巨大压力之下已经濒临瓦解。

二　京畿社会动荡对南苑的破坏

京畿社会动荡对南苑的破坏，主要表现为长期与短期两种

---

① 录副奏折《署理奉宸苑事务奕𧭴"奏为酌议开垦南苑荒地招募佃户情形事"》，同治元年正月初十日，档号：03-4599-001，缩微号：369-0007。
② 《清穆宗实录》卷一五，同治元年正月癸巳。
③ 录副奏折《翰林院侍读铁祺奏请开垦南苑废置土地以重民食事》，同治七年十二月初十日，档号：03-4958-079，缩微号：369-1451。
④ 《清穆宗实录》卷二四八，同治七年十二月癸丑。

讲武习勤的皇家苑囿

类型。前者是指在较长时期内来自国内盗贼或流寇的屡次搅扰，后者主要是指庚子年间八国联军的烧杀掠抢。这些既是大清国运衰退的象征，也加剧了皇家苑囿的破败，御园开垦为农田变成了越发显得理所当然的最终选择。

道光二十三年（1843）九月谕内阁："京师地面，五方杂处，良莠不齐。……至畿辅一带，幅员甚广。即如南苑，地方辽阔，四处可通。其缉捕各员，文员系顺天府统属，而武职又系直隶总督管辖，设匪徒溷迹其中，难免此挐彼窜，缉捕之员亦易互相推诿。欲使畿甸肃清，闾阎静谧，应如何明定章程，实力稽察之处，著顺天府、直隶总督，悉心会议具奏。"①但是，谕令刚刚颁布后，十月就发生了南苑东红门内民人杨永吉被盗案。道光二十四年（1844）又有南衙门行宫陈设玉器被盗案，道光三十年（1850）则有南苑窝留逃犯案。社会秩序如此混乱，皇家园林所在地也不得安宁。咸丰元年（1851）正月十三日嵩龄的奏折，亦称"上年六月间，有南苑承种差地之王宝臣呈控被贼抢去骡马，并牵涉二三月间海子各庄均有被抢之案"。

同治年间天灾人祸频仍，与南方的太平天国运动遥相呼应，在"蠢动"的北方贫民中衍生出对抗官府、扰害州县的力量。同治二年（1863）四月二十日，南苑团河行宫迤南地方"突有匪徒四五十名，持械肆扰"。面对巡夜官兵查问，他们居然"直前拒捕"②，甚至"直扑官弁"③。调查表明，他们都是来自南苑附近的贫民，其中包括刘家村23人，北店村6人。七月，"大兴、宛平、通州、固安等处境内，骑马贼匪纵横出没，肆行无忌，以致路劫之案，层见叠出。至距京城四十里之黄村地方，

---

① 《清宣宗实录》卷三九七，道光二十三年九月丁丑。
② 《清穆宗实录》卷六五，同治二年四月壬寅。
③ 录副奏折《署理奉宸苑事务奕谟"奏为苑外居民聚众持械越墙进苑滋扰请饬拿事"》，同治二年四月二十六日，档号：03-4670-046，缩微号：338-2219。

竟有一日连劫十四起之案。""又闻马驹桥一带，有骑马贼八人在店尖歇，经团众拏获二名送官，余贼六名至今在逃未获；良乡县属，有骑马贼匪十余人，拦截客商，为团众围捕。该匪纵马逃逸，复于夜间聚匪数十人，将该处团众，戕害数人。"① 嘉道时期贫民还只是进入南苑偷采私挖或盗窃财物，同治年间则变为不惜轻身触法的暴力反抗。

光绪年间的南苑一带已成为"贼匪丛生"的重点区域，社会动荡加剧不仅恶化了皇家园林所处的大环境，甚至直接威胁到南苑的维护与建设，导致其日渐破败。兹据《清实录》摘引数则事例如下：

光绪三年七月己未谕内阁：

> 本月初二日，南苑民人何龙儿聚伙三十余人，持械突至镇国寺门座前喧嚷。经该章京等带领马甲拦阻，何龙儿胆敢率众将马甲连英、玉山扎伤，实属不法已极。著步军统领衙门，将何龙儿等按名严拏，务获究办。并著顺天府会同步军统领衙门，严饬外围营汛兵丁。嗣后务当认真稽查，随时防范。倘敢任意旷误，即著严行惩办。②

光绪七年三月辛卯谕内阁：

> 匪犯杨二海即杨洪秀等，在南苑偷打牲兽。经总领章京文喜等捕拏，胆敢施放火枪，将文喜打伤，藐法已极。杨二海即杨洪秀、王三儿，著交刑部严行审讯，按律惩办。其在逃之王龄儿等三十五名，著步军统领衙门、顺天府、五城御史一体严拏务获，送部审办。③

---

① 《清穆宗实录》卷七二，同治二年七月癸丑。
② 《清德宗实录》卷五三，光绪三年七月己未。
③ 《清德宗实录》卷一二八，光绪七年三月辛卯。

讲武习勤的皇家苑囿

光绪十三年七月庚申谕军机大臣等：

据景寿等奏，六月二十八日，南苑地方有贼匪二十余人，偷打牲兽。经官兵等捕拏，该匪等胆敢拒捕，扎伤马甲德龄身死。并据该总领章京禀称，常有著名匪徒三十余人越墙进苑等语。禁苑重地，竟有匪徒持械拒捕，尚复成何事体！著步军统领衙门、顺天府、五城御史迅即移咨奉宸苑，将著名贼匪姓名住址咨行各该衙门，按名密拏，严行惩办。①

光绪十五年十一月丙寅谕军机大臣等：

晋祺奏，本月十六日，有匪徒多名进南苑施放火枪，偷打牲兽。当经官兵缉拏，该犯等胆敢抗拒，扎伤马甲。查各匪内有张三、张四、石三等三名，即系光绪十三年伤毙马甲德龄案内逸犯，请饬查拏等语。南苑重地，屡有匪徒偷打牲兽，聚众滋事，实属蔑法已极。捕务废弛，即此已可概见。著步军统领衙门、顺天府，将张三等及其余各犯严行缉拏，务获究办，不准一名漏网。并著顺天府，饬令南路同知拣派干役，随时就近访缉，以靖地方。②

光绪十六年正月辛卯谕军机大臣等：

近畿地方，竟有匪徒持械行劫。各该州县并不实力缉拏，殊堪痛恨。著李鸿章严饬各属，一体认真搜捕，以靖

---

① 《清德宗实录》卷二四五，光绪十三年七月庚申。
② 《清德宗实录》卷二七七，光绪十五年十一月丙寅。

144

第五章 清末南苑放垦与苑围变迁

盗风。倘该地方官仍前玩泄,即著严行参办。至所称南苑墙外通衢,时有匪棍潜踪,乘闲攫取衣物等情,著步军统领衙门、顺天府、五城御史严饬该管员弁,随时缉拏惩办,毋任滋扰。①

光绪十七年十一月丁卯谕军机大臣等:

御史林启奏,南海子自去年大水后,围墙多半倾圮。民间车辆往来纷纷穿越,守门军吏因以为利。西红门以内,并闻有匪类潜伏。如私销、私铸、私贩、私宰种种违法,无恶不为。甚至剽劫行旅,出没无常,请饬查禁等语。著奉宸苑、顺天府严申禁令,实力稽查。如有前项情弊,即著认真拏办,有犯必惩,毋得视为具文。②

光绪二十二年七月壬戌谕军机大臣等:

有人奏,仓匪、会匪结夥行劫,请设法捕治一折。据称宛平、良乡地面,劫案叠出。尤以左安门外之青苗会,及迤东一带之仓匪为最。青苗会以械斗争雄,在南苑附近科敛把持,窝盗拒捕,无所不至。仓匪在各门大路招聚游匪,执持洋枪,抢掠孤客,奸淫妇女。种种凶残,不可枚举等语。辇毂重地,岂容此等匪徒肆行抢劫。著步军统领衙门、顺天府、五城饬属严拏惩办,以靖地方。③

光绪二十三年八月己酉谕内阁:

---

① 《清德宗实录》卷二八〇,光绪十六年正月辛卯。
② 《清德宗实录》卷三三〇,光绪十七年十一月丁卯。
③ 《清德宗实录》卷三九三,光绪二十二年七月壬戌。

讲武习勤的皇家苑囿

本日内务府奏，南苑遗失陈设，赃犯无获，请饬孥办一折。著步军统领衙门、顺天府、五城严密查拏，务获究办。①

光绪二十四年四月丙申谕内阁：

步军统领衙门奏，拏获偷窃南苑陈设贼犯请交部审办一折。所有拏获之刘小柱即黑旗刘、黎大猪即厉大柱、王二、于四、王起龙、段禄儿、李狗儿等七名，著交刑部严行审讯，按律惩办。未获之张四、李六等犯，仍著严缉，务获究办。②

官府眼中的"匪徒"，多是南苑附近遭受战乱和水灾而流离失所的饥贫民众。他们铤而走险的根本目的在于谋食，鱼龙混杂之下也不免存在祸害其他百姓的行为。在这个时期，光绪十七年（1890）三月曾应户部奏请，"遵议南苑围墙等工程，请以五成实银发给"③。光绪二十四年（1898）闰三月依奉宸苑所奏，拨银40万两兴修南苑三宫等处工程以及大红门外南顶天仙娘娘庙④。但是，严重的社会与民生危机带来的南苑破败，使朝廷只能"坐视数千顷沃壤徒就荒芜"了。

光绪庚子年间八国联军的破坏，导致南苑走向最终的破败。光绪二十六年（1900）七月二十日，八国联军侵入北京；闰八月二十二日，调补顺天府尹奏："近畿各处，亦有洋兵轮番搜索，南路村镇焚毁殆尽"⑤。关于南苑遭到破坏的详情，《清实

---

① 《清德宗实录》卷四九〇，光绪二十三年八月己酉。
② 《清德宗实录》卷四一八，光绪二十四年四月丙申。
③ 《清德宗实录》卷二九五，光绪十七年三月辛未。
④ 《清德宗实录》卷四一七，光绪二十四年闰三月己卯。
⑤ 《清德宗实录》卷四七一，光绪二十六年闰八月辛酉。

录》等官修史籍缺乏记载。今人综合若干材料有所说明，其大略云：八国联军在小红门架起几十门大炮轰击槐房村和新宫村，炸死炸伤义和团和村民3000余人，两村变为一片焦土。接着炮轰西红门村野地里的逃难群众，造成7000多人死亡，并烧毁新衙门行宫。嗣后偷袭南宫村，杀死老人儿童30多人，烧毁南红门行宫宫殿和百余间民房。日军烧毁旧衙门行宫和宁佑庙，抢走德寿寺的金鼎和大量古籍法帖，还有团河行宫的珠宝玉器、古籍字画，不能带走的则全部砸碎。团河行宫随后被俄国兵第二次洗劫，1000多头鹿和麋鹿（四不像）被驱散，意大利和英国兵又进行了第三次、第四次抢劫①。作者未注其材料出处，这里暂且存录备考。庚子之变过后，虽然光绪二十八年（1902）三月"赏南苑团河行宫新旧苑户一月钱粮，其海户等并赏银两"②，次年三月又"赏南苑团河行宫、新宫、旧宫苑户等一月钱粮，海户等银一千两"③，但皇家苑囿的放垦已经拉开了帷幕。

三 招佃垦种与南苑村落的发展

清政府在付出巨额的庚子赔款之后，再也无力经营和修复惨遭破坏的南海子，昔日的皇家苑囿成为荒草离离、狡兔出没之地。长期的"足民食"与"遵祖制"之争，在国库空虚的经济压力与内外交困的政治现实之下宣告结束，朝廷决定"比照口外垦荒章程，由顺天府尹经理，按亩缴价，招民佃种，限年升科"④。

光绪二十八年六月二十三日（1902年7月27日）下令设立

---

① 高世良编《南苑往事》，中国旅游出版社，2009，第115页。
② 《清德宗实录》卷四九七，光绪二十八年三月丁丑。
③ 《清德宗实录》卷五一三，光绪二十九年三月庚辰。
④ 录副奏折《黄昌年奏请饬交顺天府府尹大臣查勘南苑驻兵屯垦事》，光绪三十一年，档号：03-6735-0907，缩微号：511-1985。

讲武习勤的皇家苑囿

南苑督办垦务局,出售"龙票"拍卖南苑荒地。

(一)招佃章程及其实施成果

清宣统元年(1909)的"南苑督办垦务局执照",记录了此前颁布的招佃章程。其主要内容包括六条:

(1)所有招佃认垦之人,即以八旗内务府以及顺直绅商仕民人等,旗人取具图片,绅民取具切实甘结,始准领地。均以十顷为制,不得逾数。

(2)地利本有肥瘠之分,应缴押荒等银,厘定上、中、下三等。至将来升科,亦按三等,分上下忙开征。倘有顽劣之户拖欠钱粮,即将地亩收回,另行招佃认种。

(3)招募佃户宜有栖身之所,准其自盖土房,不准营建高阁大厦及洋式楼房,亦不准私立坟墓,违者究办。

(4)苑内一经开荒,人烟稠密,不免有贸易经营。惟须禀明,听候指示空闲地址,不准毗连结成市镇,亦不准开设烟馆、赌局,违者定行究办。

(5)垦户如有不愿承种者,即将地亩交还,应俟升科后体查情形办理。如有更佃等情,务须呈明换给执照。倘有私相租典、借端影射,一经查出,定按原交押荒加倍科罚。

(6)认垦之户各宜循规导矩,安分农业,其顾觅佣工亦宜慎选良善者。倘有不法之徒寻衅生事搅扰,立即严拿惩办。

以上各节,俟三年后再行换给新照。各宜恪遵,不得稍有违误,致干咎戾。须至执照者。[①]

招佃章程虽是如此规定,但借此渔利者只是少数人。王公

[①] 李丙鑫:《宣统元年南苑督办垦务局执照》,《北京档案史料》1986年第4期。

第五章 清末南苑放垦与苑囿变迁

贵族、官僚、太监、地主、商人纷纷建立私庄，招募河北、山东等地的贫民佃种。昔日空阔的游猎地显示了巨大的农业潜力，广袤的农田迅速代替了从前的自然景观。至光绪三十一年（1905），"已垦成两万余亩"[①]。1924年的志书已称这里"无泛舟之利，而民间稻田颇资灌溉"[②]。至1949年前夕，在短短的50年间，南苑范围内已有20万亩左右的耕地，形成了大约230个自然村镇[③]。

（二）军屯民垦之争与南苑盗匪横行

南苑在清代一直是驻军的重镇，皇家园林放垦后迅速变为各方争夺利益的角力场，在招民佃种的同时又有驻兵屯垦。光绪三十一年（1905），驻军"侵夺佃民垦地六千余亩"，而且都是已经开垦出来的成熟膏腴之地，用以供陆军屯驻及"兵队之卫生营舍之建筑，枪炮弹药之存储，刍秣衣粮之收备"[④]。光绪三十二年（1906）二月廿九日《申报》披露："刑部主事陈棣棠，昨条陈商部，将南苑荒地作为京师农业试验场，陈请代奏。闻商部已于日前据情代奏矣。"[⑤] 宣统二年（1910）二月廿三日《顺天时报》报道："陆军部铁尚书曾与政府提议，拟将练成之陆军旗丁一律拨往南苑垦殖地亩，凡已放民人承领之地，发还原价，一律收回，备屯田之用。昨日陆军部已派员前往南苑查勘已垦未垦之地情形，不久议决实行矣。"[⑥] 这种做法与光绪三

[①] 录副奏折《黄昌年奏请饬交顺天府府尹大臣查勘南苑驻兵屯垦事》，光绪三十一年，档号：03-6735-0907，缩微号：511-1985。
[②] 白眉初：《中华民国省区全志》第一册，北京求知学社，1924，第85页。
[③] 李丙鑫：《宣统元年南苑督办垦务局执照》，《北京档案史料》1986年第4期。
[④] 录副奏折《总理练兵事务大臣奕劻等奏为查明南苑驻兵营基地段系从优发价并非侵夺事》，光绪三十一年六月初二日，档号：03-6186-115，缩微号：460-2374。
[⑤] 《南苑奏设农事试验场》，《申报》光绪三十二年二月廿九日，第11826号第3版。
[⑥] 《拟饬旗丁在南苑垦种》，《顺天时报》宣统二年二月廿三日，第2115号第7版。

149

讲武习勤的皇家苑囿

十一年侵夺佃民垦地并无多少差别。进入民国以后,南苑的开发在农业发展之外也带来了商业的初步兴旺,由此成为国家设局征税的目标。民国三年(1914)十月二十一日《顺天时报》报道:"南苑万字地自开辟市集之后,该处商铺营业甚属发达。故经商税征收局,以国家财政现在涸窘,亟应扩充税课以裕国库等情。故于昨日已呈请财政部,在南苑内添设商税征收局分卡一处,以资就近征税等情。并另将此案知照该处商务总会,转饬各商铺等一体遵照云。"① 南苑新增税收机构,也是区域内的商铺随着苑囿放垦与人口聚集已经繁荣起来的体现。

南苑放垦招来了各色人等,更兼军民共处,难免"良莠混杂,时有抢劫械斗之事"②。到民国年间,《顺天时报》在1916~1917年多次登载"南苑盗匪横行"之类的新闻,暴露了区域社会发展中存在的多种隐患。例如,1916年10月29日报道:

> 月之二十四日,有荣质轩者,于下午五点余,行至南苑南场村东南约有里余地方。突出匪徒二人,一持刺刀,一持手枪,百般恫吓,将荣某捆绑毒打,并将头部、手臂均被刺伤害,将铜元一百六十枚、大袄、小夹袄、小帽、闻烟壶等件一并劫去。幸逃活命。荣某于第三日在万字地,将所失小夹袄买回。该匪等皆三十余岁,有口音。身穿对襟衣,大概为游勇之类。似此二人劫害时有所闻,未识该处军队亦知其横行否。③

1917年4月24日又载:

---

① 《南苑设局征税》,《顺天时报》1914年10月21日,第3913号第7版。
② 录副奏折《黄昌年奏请饬交顺天府府尹大臣查勘南苑驻兵屯垦事》,光绪三十一年,档号:03-6735-0907,缩微号:511-1985。
③ 《南苑盗匪横行》,《顺天时报》1916年10月29日,第4628号第7版。

第五章　清末南苑放垦与苑囿变迁

南苑地方上管理权自归大兴县接管后,而所设之警察额数既少,且又异常腐败,因此盗贼横生,人民在苑内被匪抢劫之案时有所闻。兹于日前有一某甲行至万字地迤东地方,突来盗贼三人,将某甲所携之包裹内银洋、衣服一并劫掠而去。①

1917年8月10日,连着报道了《南苑盗匪横行》与《团河农民被抢》两则消息:

南苑银堂庄杜姓家,昨被盗匪十数人持枪威胁,抢去驴骡、物件甚多。已由村正黎某等报告该处驻守游缉队、警备队查拿云。

南苑团河笃庆庄刘姓,日前正在歇宿之时,突有大盗数十人破门入室,抢去衣服、骡马极多。辛合家早即藏匿,未被匪伤。刘某昨已呈报该处游缉队、警备队严缉盗匪云。②

1917年12月15日又载:

南苑盗贼横行无忌,久为乡民之患。卒因缉捕不勤,以致该盗等竟敢路劫某营营长。故于近日苑内驻屯军乃四出搜捕盗匪,除先后已捕获十名、正法二名外,兹闻前日又续获盗贼十余名,当已交由营务处审办矣。③

随着南苑人烟的逐渐稠密,盗匪肆意横行的活动空间被压

---

① 《南苑盗贼横行》,《顺天时报》1917年4月24日,第4794号第7版。
② 《南苑盗匪横行》《团河农民被抢》,《顺天时报》1917年8月10日,第4901号第7版。
③ 《南苑续获盗贼》,《顺天时报》1917年12月15日,第5024号第7版。

151

讲武习勤的皇家苑囿

缩,社会治安理应有所好转,报端关于南苑的此类社会新闻迅速减少,预示着已经度过了放垦的早期动荡阶段。

(三) 作为聚落成长典型的华美庄

聚落的增多是南苑由皇家苑囿变成农耕区的重要标志,区域经济形式、人口分布、地理风貌也随之产生明显的更替。占地建庄者除了上述各类人等,还有外国教会学校的势力,燕京大学代管的金陵大学南苑华美庄(1950年改名建新庄)农场就是其中之一。1949年4月,在北平和平解放后迅速到来的土地改革浪潮之下,燕京大学社会学系陈永龄等对华美庄做了颇为详细的社会调查。他们的报告《南苑华美庄调查》表明,这个村庄的成长是清末民国时期南苑开垦历史的缩影。该报告称:

> 华美庄在燕大接办为农场以前名万义庄,以地贫故,众皆称之为"穷万义"。此地原系清代皇室猎苑御地,光绪二十六年(一九〇〇)清廷倡导增加生产,光绪二十九年(一九〇三)敕令奉宸苑办理,将城郊之地由宫中官吏领出,每千亩算一段,每次至少领半段。地分上、中、下三等,每亩按银三两、二两五、二两领出。因南郊均为荒地,故领地后最初三年免税。但如领地主废置土地不加以开垦,则仍由朝廷收回。时万义庄一带之土地一千二百八十亩由户部京丞安寿山(万全)安鸿亭(兴义)二人领出,于该地建造房屋自成一庄,庄名则取二人名号中之各一字,称"万义庄"。以后即自雇长工耕种,并有管事人经营。及至民国九年(一九二〇)安寿山氏病故,其子安逸鹏欲外出,遂与安鸿亭商妥,以六千五百银元卖与安福系军阀段祺瑞氏。至于万义庄如何又与燕京大学发生关系,亦属偶然之事。[①]

---

① 陈永龄等:《南苑华美庄调查》,《燕京社会科学》1949年第2卷,第9页(总第127页)。

第五章 清末南苑放垦与苑囿变迁

这段叙述不失为清末至民国年间南苑开垦的典型事例，对光绪年间拟定的招佃章程做了个案化的说明。在段祺瑞买得万义庄之前的 1919 年，华北地区遭受严重的水旱灾害，美国赈灾会即着手开展救济工作。到 1921 年段祺瑞执政时，该会尚有大批余款，中美双方议定用以改良华北农业，并与燕京大学司徒雷登校务长商定合作培养农业人才。由燕大聘请的美国农业专家到京后，选定南苑一带作为试验区，成立华北垦牧公司。"当时段祺瑞亦愿与此公司合作，将万义庄一二八〇亩加入此垦牧公司，算为发起人，事成乃开始打井、造砖、盖房。是时乃一九二二年，将万义庄改称为华美庄，以示中美合作之意。"[①] 不久，安福系政府倒台，段祺瑞遂有意出售土地，被燕京大学以华洋义赈会支持的款项购得，作为农学系的育种之地。1929 年几经争执后转交南京的金陵大学经营，1941 年太平洋战争爆发后归于日伪新民会，1945 年抗战胜利后由燕京大学代管，直至 1949 年以后经过土改变为集体所有。南苑其他村庄的变化可能没有华美庄复杂，但所经历的主要历史过程基本一致。

南苑的开拓者主要来自山东以及毗邻北京的河北等地，《南苑华美庄调查》证实，早期居民被南苑的地主招募之后，他们的同乡亲友也被吸引或介绍过来，由此聚成了人口多少不等的一个个村落：

> 华美庄成长之特色为山东省人移民之显著表现。在华北各省农村中山东一向是地少人多，自清代以迄于今，每年皆有大批青壮年自山东移往东北或河北寻求生路。此等移民或为暂时性或为永久性。而此种移民亦皆有连续性，移住东北或河北的山东人仍不断与其家乡亲友互通音问，

---

① 陈永龄等：《南苑华美庄调查》，《燕京社会科学》1949 年第 2 卷，第 10 页（总第 128 页）。

讲武习勤的皇家苑囿

此种音信互通亦为日后山东更多移民的准备。华美庄于一九二二年召募农工开始农场工作，彼时即有山东省观城县农民闻讯来此应召作农工。应召而来者都是单身汉，以后生活日渐安定，始自家乡接来家眷同居，或就地结亲。及至一九四一年以后，彼等由农场工人变为佃户，则接家眷前来者更见增多。最早来华美庄之农工，山东人有王锡建及于占荣之父，河北人有耿务本及高士和。以后来此之农工非亲即友，而以同乡关系为基础，尤以山东观城同乡占绝大多数，是故此佃户村乃日渐扩大。现实华美庄三十五户中有二十六户为山东人，九户为河北人，而且彼此之亲属关系牵涉甚广；此自本庄居民亲属关系表可见一般。依华美庄人数计，一百零一人中山东籍者占七十二，河北籍者占二十九。由上述华美庄成长的历史来看，可知中国农村成长的因素中，亲属与乡土关系是有着如何的重要性了。①

同乡亲友的转相吸引，成为各个村落主要的居民来源。南苑地区既有肥沃的丰产良田也有贫瘠的不毛之地，再加上较高的地租与公粮、兵役费、保甲杂项捐税等，村民的生活大都比较艰难。以华美庄为例，与左邻右舍比较，该村的1280亩土地碱性严重，"其中七百亩为劣性碱地，一部完全荒废，不能耕种。另一部虽能耕种，但收获量极差，劳动与收获价值不能相称。至其余四百八十亩地之碱性程度好坏不一，每亩可收一石三四斗者亦不过二十余亩而已，故此庄土壤之贫瘠可知"②。华美庄的地租最多不超过收成的二成（十分之二），远低于其他村

---

① 陈永龄等：《南苑华美庄调查》，《燕京社会科学》1949年第2卷，第11页（总第129页）。
② 陈永龄等：《南苑华美庄调查》，《燕京社会科学》1949年第2卷，第6页（总第124页）。

庄一般地主普通实行的四成或五成（十分之四或十分之五）的地租标准。此外，除非佃农退租，燕京大学从不主动收回土地，而且实行"下打租"（先种地，后交租）；如遇旱涝导致收成不佳，学校还可减租或欠租，村民无须像其他村庄那样担心明年是否能够租到土地。即便如此，由于全体村民都依靠种地为生，贫瘠土地上的玉米、高粱、棉花、麦子产量都很低，因此难以达到相对宽松的生活程度。《南苑华美庄调查》指出：

> 从其历史上的称谓"穷万义"来看，可知其经济生活的贫困。本来华美庄之初创即是一群苦力的集合站，自山东、河北而来的农工，皆是纯粹无产者，不占有任何生产工具与生产资料，完全以出卖劳动力以维持生活。后来虽然由农工变为佃户，自己可以租到土地耕种；但因土质恶劣，荒场太多，所以仍要不停地和土地搏斗，几乎将全部时间精力消磨在地土工作中。即使如此，完全靠农田工作常不能维持生活，遇有涝年，则大部分人家皆须有二三月依借债度日。在春末夏初青黄不接之时，尤其普遍。前六七年，日本占领时代，本庄因收成不佳，而敌人又征粮特多，以致形成大饥荒。现实各家仍能清楚回忆彼时之痛苦，各家每天皆须至外面寻觅野菜充饥，以致使本庄元气大伤。近数年情形虽稍见好转，而去秋又逢国民党军队大肆征兵征粮，同时更因加以抢掠劫掳，每家皆受有相当损失，故今春情形又不趋景气。全村三十五户中，只有三四家是不以举债度日。①

就此看来，华美庄在南苑各村中应当属于经济生活较差之

---

① 陈永龄等：《南苑华美庄调查》，《燕京社会科学》1949年第2卷，第20页（总第138页）。

讲武习勤的皇家苑囿

列。这就意味着，即使是全面开垦后的南苑，其收益也存在着内部之间的地域差异。原有自然地理环境所决定的农业生产条件，在较低的生产力水平下的作用显得更加突出，土地是村民的经济命脉。因此，当1949年北平和平解放之后，新时代的土地改革运动以贫雇农领导的农会为主导，农会中有的农民对党中央关于团结中农、执行政策的精神理解偏颇，出现了扩大斗争对象、排斥相对富裕一些的中农的错误。华美庄附近的瀛海庄共有250余户，最初划分阶级时有50户被列为斗争对象。工作组两次审查后又从30余户减少到10余户，但他们实事求是地认为仍须继续谨慎考察，以免由于不能正确把握政策而在农村产生不良影响。在华美庄，先前作为地主的金陵大学远在南京，后来履行代管之责的燕京大学也是一个不在本乡的机构，此前实行的地租标准又远低于其他地方，燕京大学这块招牌有时还对佃农起到抵挡某些苛捐杂税的作用。这样，在主佃关系一向较好而且地主究竟是谁也比较模糊的情况下，村中种地最多的王鸿声，就成了农会类似"矬子里面拔将军"的排斥对象。生活稍显宽裕的尹学胜等3户人家以及土地较多的耿务本，也风传有被斗争的可能，幸亏区工作组的干部坚决反对与耐心说服，才及时遏止了农会的过激行为①。在社会大变动的1949年，南苑的贫富两极发生了政治地位的巨大转折，华美庄的王鸿声是落差较大的典型。《南苑华美庄调查》这样描述道：

> 王鸿声已经七十六岁，自一九三六年即在华美庄管事。这些年来自己已经置了三十亩地，同时种燕大免租地五十亩，另又租种一顷余，故统计二顷多地。以其八口之家生活甚为富裕，故自己家人从不下地劳动，而雇有长工四人。

---

① 陈永龄等：《南苑华美庄调查》，《燕京社会科学》1949年第2卷，第32~34页（总第150~152页）。

第五章 清末南苑放垦与苑囿变迁

王鸿声过去在华美庄威严甚大,因是代表地主坐镇庄中,所有庄中租地、退地、纳租以及对外联络、对内解决大小纠纷诸事,莫不经过他的主持,所以过去他几乎等于一庄之主,佃户皆惧他三分。王家在农民的眼中是二地东,故乡人称王家为"柜上",称王家人为"掌柜的"。这十几年的优越生活与身份被解放的炮声打破,过去所有的权威财势地位得重新估价。从前可以自己不劳动,而坐享其成,可是现在已无力再雇长工,必须亲自劳动,不得已放弃一顷多地由农会分配给无地或少地之人耕种了。解放后农会是全庄的权威,任何事情的决定再不经过王鸿声,而且更进一步,王家被拒绝参加农会。同时燕大亦觉华美庄对学校是个累赘,依照政府规定亦应在放弃之列,是故燕大并不热心维持王家的地位,于是王鸿声成为进退失据莫知所从,他个人对农会超越了他的权势地位,自然感到不满。这些贫雇农过去在他眼中自然是低下人物,而今竟是本庄中决定一切大事的主干人物,而自己如此的权威都竟被抛在一边,无人理睬,自然是十分苦闷。所幸王鸿声过去尚无大恶,其孙王文致为人诚朴,尤其与一般农民感情融洽,故此次农会对王家之处置除拒绝参加农会以外,并无清算斗争之举。①

王鸿声在华美庄的地位从高峰跌入低谷,具有一叶知秋的象征意义。以 1949 年中华人民共和国成立为标志,延续已久的主要由士绅阶层治理县级以下乡村社会的传统模式彻底终结,年初已经和平解放的北平城郊更是提前进入了新时代。

《华美庄与其他各村庄之关系》是《南苑华美庄调查》介

---

① 陈永龄等:《南苑华美庄调查》,《燕京社会科学》1949 年第 2 卷,第 36 页(总第 154 页)。

讲武习勤的皇家苑囿

绍其地理环境的一节，而对于了解南苑地区八处村落的形成过程，也是非常切近相关时代的重要材料。各方势要或富商在放垦后的皇家苑囿占地建庄，嗣后或经几度易手，附近村庄又由于道里远近、同乡聚集、经济交易等缘故，形成了彼此之间或亲或疏的关系以及某种交通网络与人们的活动半径。兹分段征引如下，以见其一斑：

> 南苑一带多为大地主庄院，而此大地主多为旧日军阀，故南苑一带之庄院多为佃户村而少自耕农村。北距华美庄二里余为志远庄，原为民国初年湖北督军张敬尧之地产，有两千余亩，后于民国二十九年转让给前天津市长萧振瀛。萧于前年病故于北平，其家属亦于去年南迁，南迁时曾出卖一部田地与其佃户，故萧家现只余一千三百六十亩之谱。西北一里半处为北泡子，为前西北军军阀冯治安之庄院，有地五百余亩。西南一里为南泡子，一里半为振亚庄，皆为前安福系军阀段祺瑞所有。段已早故，其家属亦不在平，只管事人留庄管理佃务。北泡子亦然。正南三里余为务本堂刘朝臣之地约二千余亩，刘为前直系军阀吴佩孚属下之旅长。现务本堂庄已成废墟，管事人在南苑，其地现由华美庄晁玉显承租。东南五里为四美庄，为前内蒙骑兵司令李守信之地，约有二千余亩。正东二里半为信义庄，有地千亩，地主李姓三兄弟，为半地主半商人，因在南苑设有布店及其他商号。正东四里为瀛海庄，此庄较富，多种园地，居民多自耕农而少佃户，此与其他各庄不同。

> 在上述诸村庄中，华美庄与志远庄及务本堂关系较为密切，因志远庄为赴南苑必经之路，且志远庄有香油豆腐作坊。往来交易多，故觉密切。而务本堂则雇有华美庄民作长工，同时华美庄民亦有租种务本堂土地者。至于最近距离之南北泡子及振亚庄，则反觉疏远，因过去上述两庄

158

第五章　清末南苑放垦与苑围变迁

居民多依其地主军阀势力欺压华美庄民。据云解放前若华美庄民在泡子湖边散步或摸鱼，皆有被枪棒殴打之可能。至于四义、瀛海与信义三庄，则更与华美庄少有来往。四义因距离华美较远，而后二庄则因多系河北省河间人，而华美庄民则多为山东观城县人，此或因地域观念而有所疏远也。

华美庄除与上述诸庄发生关系外，尚与较远之市镇发生贸易关系。北距华美庄十六里之南苑街为最重要者，每逢阴历一三六九日，南苑有市集，华美庄居民多赴彼处买卖粮食及日用必需品。至于西南十二里之黄村镇，虽亦有集市，但远不若南苑关系之密切。据庄民云，南苑集市较大，物品亦齐全，交易容易，同时人熟地熟已成习惯，故不惜多跑路去南苑街。至于北平市则更少有人来往，除有亲戚住居城内稍有来往外，普通庄民多终年不涉足城内。[①]

华美庄与周边村镇的关系显示，在传统农业社会特征依然相当明显的年代，村落之间主要依靠亲友往来与生产生活资料交易为纽带维持彼此关系，其间不乏历史上遗留下来的敌视与矛盾，农产品与商品流通的范围也大致以能够保证一天之内步行往返的"十里八村"为半径。普通居民终年不进南苑以北30里的北京（北平），也是城乡之间经济联系极为薄弱的反映。

（四）见证南苑放垦的"文雅聚落地名群"

光绪末年南苑招垦后的村落大批涌现，是社会生活与自然环境迅速变迁的直接体现。清代南苑的范围，相当于今北京市大兴区团河农场、红星街道办事处以及西红门、金星、瀛海庄、旧宫、亦庄、鹿圈、太和等乡镇，丰台区南苑、大红门、东高

[①] 陈永龄等：《南苑华美庄调查》，《燕京社会科学》1949年第2卷，第6~7页（总第124~125页）。

讲武习勤的皇家苑囿

地、西罗园 4 个街道办事处以及南苑乡所辖的区域，其间只有少量的边缘地区超出了园林区的界线。仅在大兴区所属的上述地域内，自清末南苑招垦以后形成并延续至今的聚落中，有数十个还可以追溯到地名语源或发展线索，基本情况如表 5-1 所示。其中某些村落的源头可能来自民间口头资料，显然有待继续核实，但目前也只能暂且如此。

表 5-1　大兴区境内清末南苑开垦后形成的聚落

今名	曾用名	命名原因或过程
旧宫		清初建旧衙门行宫，清末开垦，渐成聚落
大有庄		光绪末年招民开垦成村
积庆庄	吉庆堂	清末太监常某建私庄，名吉庆堂，后改
隆盛庄		光绪末年招民开垦成村
南场		清末成村，位于小龙河南的地主场院
树桥庄		1921 年，风吹柳树横卧河上，成天然小桥
南小街		清末南苑驻兵，分南北小街
南义盛庄		1949 年定名
五福堂		清末招民开垦成村
万聚庄		清末招垦时，多方贫民聚居成村
庑殿村		明朝庑殿行宫，清末始成村落
西广德庄	广德庄	清末太监李莲英圈占，1981 年改今名，与东广德庄相对
富家庄	富庄子	清末傅姓人家开垦，名富庄子，后改今名
玉善庄	玉善堂	清末一军阀屯占，名玉善堂，后聚成村，改今名
有余庄	吴梁庄	清末吴、梁二姓开垦命名，1963 年取吉庆有余之意改今名
瀛海庄		招河间县民垦殖，取古称"瀛州"与"海子"为名，以怀故里
四义庄		清末原内蒙骑兵司令李守信庄院，名四美庄，今改
信义庄		清末李姓三兄弟建庄，取嘉名或商号名
大三槐堂	宝丰庄	清末开垦成村，后取宋代典故改名"三槐堂"，再析为二村
小三槐堂		与"大三槐堂"对应命名
笃庆堂		清末京城一当铺老板圈占命名

第五章 清末南苑放垦与苑囿变迁

续表

今名	曾用名	命名原因或过程
姜场	姜家场	清末姜姓武官置庄园、辟场院,后改今名
中立堂		清末成村,取嘉名或商号名
南宫		康熙时建南红门行宫,清末成村,因名南宫
同心庄		光绪二十八年两太监垦荒,取同心协力之意为名
怡乐庄	娱乐庄	光绪末京城某名妓买此建庄,后归广善木厂,更今名
大兴庄		光绪末李姓四兄弟开垦,取兴旺发达之意命名
忠兴庄	中兴庄	光绪末建庄,取位于海子中心之意命名,后改今名
裕德庄		光绪末开垦建庄
亦庄		光绪末开垦建庄
东广德庄		光绪末李莲英圈占建庄,1981年改今名,与西广德庄对应
仁义堂		光绪末开垦建庄
西营		同治时南苑神机营营地之一,光绪间河北移民成村
大粮台	俊德庄	光绪末太监李三顺圈占更名,1946年复原名
董家场		光绪末董姓开垦建庄
富源庄	森昌庄	光绪末李莲英圈占,后改今名
娘娘庙		光绪末成村,1949年合并大德庄、天寿庄、土楼为今名
宝善庄		光绪末清宫差役吕二圈占建庄
清合庄		宣统间北京布商胡某雇人开垦成庄
常庄子	常公庄子	光绪末常太监圈占开垦建庄
二号村	定丰庄	光绪末某太监圈占,以建村顺序得名
隆盛场		光绪末官吏李某圈占,取兴隆昌盛之意为名
天恩庄	盛庄子	光绪末盛太监圈占,民国初易主河间王怀庆,改今名
来顺庄		民国初年,河北任丘等地人来此建庄
头号村		光绪末太监小德张圈占大片土地,此为其所建第一个庄园
五号村	东五号	光绪末北京粮商买地,因在五号村东得名,1981年改今名
西五号村	五号	光绪末北京粮商买地建村,以顺序得名,为避重名改西五号
大白楼	育德庄	光绪末魏姓官员建村,后卖给热河督军赵尔巽,以楼房为名
大生庄		光绪末成村,山东地主王聿丰建庄
宁海庄		光绪末军阀李占林置田建庄

讲武习勤的皇家苑囿

续表

今名	曾用名	命名原因或过程
老三余庄	三畬庄	光绪末镇殿将军吴能建庄，后改为老三畬庄，俗写为今名
寿宝庄	段庄子	光绪末成村，民国初为殷汝耕据有，改今名
积德堂		光绪末马太监建庄，民国初卖给九门提督江朝宗
小白楼	吉程庄	光绪末刘太监建庄，后以白色小楼为名，与大白楼对应
建新庄	万义庄	光绪末安万全、安兴义建庄，民国改华美庄，1950年改今名
新三余庄	新三畬庄	光绪末镇殿将军吴能建庄，与老三畬庄对应，俗写为今名
振亚庄	至善堂	光绪末任太监建庄，民国为段祺瑞所有，称段庄子、振亚庄
志远庄	藕合堂	光绪末崔太监建，民国属张敬尧称玉成庄，萧振瀛改志远庄
太和庄		光绪末河间富商王某建，以其在京城的太和号首饰炉为名
东合盛		光绪末成村，后并梅庄子、卢庄子、水泼庄为一，改今名
宏农庄	红隆庄	光绪末回族聚居成村，回族迁徙后谐音改今名
千顷堂	乐山庄	光绪末那桐圈占，曾名乐山庄，后复原名
瑞合庄	穷八家	光绪末河间人租佃立庄，后改今名
烧饼庄	万兴庄	光绪末马驹桥郭姓建庄，后以经营烧饼铺著称而改今名
石太庄	张庄子	光绪末成村，1938年改世太庄，后谐音改今名
四海庄		光绪末河间人开垦，以地近南苑四海子得名
海宴庄	海堰庄	光绪末任姓占有四海子芦苇，筑堰防水，后谐音改今名
四合庄		光绪末，四户合一村
同义庄	头节地	光绪末唐姓建村
下十号村		光绪末小德张招河间肃宁人开垦其第十个村庄
德茂庄	八家	光绪末屯垦成村
和义庄		光绪末屯垦成村
西毓顺庄		光绪末崔太监经营，与其东毓顺庄对应为名
牛家场		光绪末成村，牛姓垦民居多
小粮台	俊德堂	光绪末太监李三顺圈占，1946年复原名小粮台
闫家场		光绪末成村，以闫姓居多而得名

资料来源：大兴县地名志编辑委员会编《北京市大兴县地名志》，北京出版社，1992。陈永龄等：《南苑华美庄调查》，《燕京社会科学》1949年第2卷。

南苑地区的聚落在命名时，所选择的语词大都比较文雅。

162

第五章　清末南苑放垦与苑囿变迁

它们集中分布在旧时的苑墙范围内，构成了一个具有共同特征、共同语源的地名群。南苑作为元明清三代的皇家苑囿，行宫、庙宇的命名大都文采斐然，其流风余韵影响着蜂拥而至的新庄园主们的思维，当他们给所在聚落命名时不免竞相效仿。此外，北京城里买卖铺户的堂号原本就有期望生意兴隆、福寿平安的寓意，他们来到南苑领地建村时继续沿用商铺的堂号，构成了地名用字的又一共同特征。以德、义、仁、爱等字眼给所在聚落命名，反映着由来已久的传统文化意识。包括华美庄在内的南苑以文雅语词命名的聚落地名群，记录了一个区域生态环境与社会面貌急剧变迁的时代。

（五）南苑麋鹿的消失与种群恢复

南苑麋鹿的消失与种群恢复，常被今人视为中国近代史与区域环境史的一个标志性事件。

麋鹿是我国特有的物种，在古代方志里多有记载，嗣后却变得相当稀见。清代的南苑是麋鹿集中饲养地，根据《中国麋鹿研究》等著作叙述，1865年，时为清同治四年，法国传教士大卫神父（Pore Armand David）趴在北京南苑围墙上看到了从未见过的麋鹿，用20两纹银从猎苑换得一个头骨和两张鹿皮带到法国巴黎，次年由博物学家爱德华（Milne-Edwards）鉴定为一个新的鹿种。1868年英国使节在南苑管理人亚明配合下捕捉了一对幼鹿，次年送达伦敦动物园，但此后没有繁殖。欧洲许多动物园随后相继从中国索取麋鹿活标本，1876年，德国获得了不知年龄的1只雄鹿与2只雌鹿，8月26日运达柏林动物园，这可能是在欧洲大陆首次获得麋鹿活标本[1]。关于此事，《清德宗实录》有记载。光绪二年（1876）二月丙寅，"总理各国事务衙门奏：德国使臣巴兰德，面称中国有一兽名四不像，为本国及各国所无，请给一对，送至本国等语。查四不像一物，为南

---

[1] 丁玉华：《中国麋鹿研究》，吉林科学技术出版社，2004，第10页。

讲武习勤的皇家苑囿

苑中所有,隶奉宸苑管理。如蒙俞允,应知照奉宸苑办理。从之"①。据此看来,上述3只麋鹿就是这次由Von Brandt牧师提出要求的结果。光绪十三年(1887)二月,日本也索要南苑四不像。"月前该国臣僚榎本武扬等面称:'闻中国京师南苑内有一种野兽名四不像,从前曾送德国一对,现已孳生,日本向无此兽,本国君主极为歆慕,欲得之以扩眼界。'乞函恳总署奏明见赐一对。"②

在此之后,南苑的麋鹿在光绪二十年(1894)永定河洪水中遭受损失。洪水冲塌了南苑的部分围墙,少数麋鹿和其他动物从被冲塌的围墙缺口逃出,流窜到周围的乡村,很快被饥饿的灾民捕杀充饥。1900年八国联军洗劫了苑中剩余的麋鹿,大约在1921年麋鹿在中国灭绝。非常幸运的是,1895~1901年期间,英国第十一世贝福特公爵收集了来自德国柏林、法国巴黎的18头麋鹿(7头成年雄鹿,9头成年雌鹿,2头幼鹿),放养在他的面积广大的乌邦寺庄园进行繁殖。1945年第十二世贝福特公爵估计鹿群总数为250头,1952年为255头。南苑延续了我国本土最后一群麋鹿,贝福特公爵的乌邦寺庄院成为保留这个濒临灭绝物种的最后场所③。

1956年与1973年,英国分别赠送两对麋鹿饲养在北京动物园。1985年,英国乌邦寺塔维斯托克侯爵挑选20头麋鹿,运送到本土圈养麋鹿最后消失的地点——北京南海子麋鹿苑。1987年,南海子麋鹿苑又从乌邦寺无偿运回18头麋鹿,进一步加快种群发展。在这前后,我国在江苏大丰黄海滩涂、湖北石首天鹅洲建立了麋鹿自然保护区,放归自然、恢复种群的工作卓有成效。至今我国的麋鹿有2000多头,已经度过了物种的濒危阶

---

① 《清德宗实录》卷二六,光绪二年二月丙寅。
② 朱批奏折《奏为日本君主乞赐南苑四不像事》,光绪十三年二月二十三日,档号:04-01-01-0962-005。
③ 丁玉华:《中国麋鹿研究》,吉林科学技术出版社,2004,第12~13页。

第五章　清末南苑放垦与苑囿变迁

段。在南海子恢复麋鹿种群具有特殊的意义，正如塔维斯托克侯爵指出的那样：将一个物种如此准确地引回它们原栖息的地方，这在世界上的重引进项目中堪称是独一无二的[①]。南苑土地功能在清末民初迅速完成置换，得以保留下来的少量水草地，在提倡生态效益的当代显得越发珍贵，南海子麋鹿苑的建立就是一个生动的证明。

① 丁玉华：《中国麋鹿研究》，吉林科学技术出版社，2004，第15页。

第六章　南苑与京城生态文化

一　水系治理与北京南部生态

南苑位于北京永定门以南，在元、明、清三代曾经长期作为皇家苑囿，历史上面积达 210 平方公里，其范围北起今大红门，南至今团河农场、南大红门一线，西自今西红门、海子角一线，东到今亦庄、鹿圈一线。在长达七八百年的时间里，这片广大的区域内基本上是以森林、湖泊、草原、流泉为主的湿地园林景观。直到清末民国时期被大规模开垦为农田，南苑地区的环境风貌与土地功能才发生了根本性的转变：从金、元以来的皇家苑囿转变为大片的农田村庄，进入 20 世纪 80 年代后又开始了快速城市化的进程，典型地反映了在制度和政策因素影响下北京地区的生态环境变迁，其中，人为干预下的水系变迁所造成的环境基础改变表现得尤为充分。

（一）以永定河故道为基础的南苑地区自然风貌

南苑地区的环境基础是永定河故道形成的湿地，其生成、发展、变化过程，都是永定河变迁的产物。而围绕湿地的河流、湖泊、草原、森林景观等，构成了南苑历史文化的载体；因此，南苑历史文脉的生成演变也是母亲河——永定河文化的组成部分。

历史上永定河冲出西山束缚后，在华北平原北部往复摆动，形成的洪积冲积扇为北京城的发展提供了极好的水土条件。其中包括河流带来的泥沙沉积物，即从出山口附近的大砾石，到下游颗粒越来越细的粉砂和黏土，多种形态的土壤构成了多种类植被及农作物生长的肥厚温床。还包括了河水的相当一部分径流渗入地下构成的冲积扇表层地下水，也被称为"潜水"。潜水顺着地势流到冲积扇的底部，在地势低洼的地方就会溢出，形成大量的地表泉水和湖泊，这在地貌学上称为"潜水溢出带"①。大约在隋唐时期，永定河漫流于看丹、草桥、马家堡一线至南苑、大兴之间，所形成的河道被称为"㶟水故道"，这条故道的洪积冲积扇横扫今丰台、大兴、通州及河北永清、廊坊和天津武清等地。今丰台河东地区，从马场到草桥以及花乡一带的土壤多含透气性好的粗沙砾、沙质土，地底下又多有河滩石、鹅卵石，所以适合培植花卉蔬果；草桥、南苑一带多泉水、湖泊和湿地；而大兴的黄村到采育一带则从沙质土向黏土过渡（大兴有很多以"垡"字命名的村庄，就是与黏土有关②），周边多湖沼和水洼。这些都反映了永定河故道提供的地理环境和地貌特征，也是构成金元明清时期南苑地区历史文化发展的生态环境基础。

元朝建立后，为保都城安全，对石景山至卢沟桥段的永定河东岸进行了长期不懈的筑堤工程，以确保永定河水不再由石景山附近东入京城，从而导致其主流逐渐向西向南摆动，最终由卢沟桥以南经北天堂村流入今大兴区，形成现在的河道。主河道虽然移出，但被长期浸泡过的河道沿岸和下方富含浅层地下水，遇到地势低洼处，潜水层的水便涌出地面，由成群的泉眼汇聚为淙淙溪流和湖泊。因而，很长一段时间内故道一带仍然拥有丰富的水资源。

① 邓辉：《永定河与南海子之源》，《北京日报·理论周刊》2018年12月20日。

② 尹钧科、孙冬虎：《北京地名研究》，北京燕山出版社，2009，第298～299页。

讲武习勤的皇家苑囿

今水头庄一带曾是泉脉极为丰富之地,历史文献中经常提到的百泉溪的百泉(众多泉水之义)就是出自这里。据《大明一统志》记载:"百泉溪在(顺天)府西南一十里,丽泽关平地有泉十余穴,汇而成溪,东南流入柳村河。"[1] 百泉溪、柳村河与洗马沟水(莲花河)一起构成了凉水河的正源。水头庄往东不远,即是金中都西南角的一个城门——丽泽门。之所以称"丽泽",正是因为受此城门外丰沛泉水泽被的缘故。水头庄东面还有万泉寺,寺名"万泉",也是附近泉多的旁证。其中有一处名"凤泉",据说其流出的泉流曲折往复,构成了凤凰的图案,附近还有一个地名叫"凤凰嘴"估计也是与此有关。正因为这里地势低洼,泉流众多,所以周边道路常常泥泞不堪,难以行走。有一位和尚想积善行德,立志改变这种状况,于是雇人运来干土垫高道路,加以维修。但辛辛苦苦地干了数年竟未成功,原因就是干土填进去就湿,道路垫高了又被水冲坏,在当时那种条件下总是无法解决排水问题。元人宋褧写的《南城俚歌》记载了这位和尚的事迹:"柳村南路百泉涌,陷车踬马洳洳深。荧荧一僧力负土,治道不成徒苦心。"[2]

再往南的草桥附近也曾是溪流淙淙。明清时期的文人为草桥一带的水乡风光留下了很多深情的笔墨,如:

袁宏道《游草桥别墅》:"郊居绝胜午("午"为"草"之误——笔者按)桥庄,南客行来眼亦忙。马上乍逢蒲苇地,梦中移入水烟乡。疏林透户凉风出,翠叶平池急雨香。危石幽篁相对冷,一庭清影话潇湘。"

马之骏《草桥秋集》:"……出郭村非远,穿林径即深。岸芦蒙水白,堤柳上桥阴。岂必藏丘壑,溪流亦会心。"

---

[1] 《大明一统志》卷一。
[2] (清)于敏中等:《日下旧闻考》卷九十。

第六章　南苑与京城生态文化

　　管绍宁《集草桥庄》："……一曲水环鱼藻绿，几肩花过石桥红。……"

　　蒙阴公鼐《游草桥》："……城隅旧寺生新草，溪上晴云堕湿沙。胜国馆亭何处问，平林一带只昏鸦。"①

　　沈德潜《过草桥年氏园看芍药》："城南饶菰蒲，陂塘净寒绿。闲园平田际，径衍缭而曲。……"②

　　在右安门外和永定门外间，也是低洼沮洳之地，有很多莲池水田，对此，明朝人邵经邦有诗句道："凉水河边路，依稀似故乡。"③邵氏是仁和县（今杭州）人，其故乡自然多水泽。清代乾隆皇帝也说过："自右安门至永定门，地势洼下，每遇霖潦，辄漫溢阻旅途。岁久未治，积成沮洳。"可见当时，右安门外至永定门外之间的确犹如"水乡泽国"。明崇祯年间刊行的《帝京景物略》称："右安门外南十里草桥，方十里，皆泉也。会桥下，伏流十里，道玉河以出，四十里达于潞。故李唐万福寺，寺废而桥存，泉不减而荇荷盛。……土以泉，故宜花，居人遂花为业。都人买花担，每辰千百，散入都门。……草桥去丰台十里，中多亭馆，亭馆多于水频圃中。"④说的就是金、元以来在永定河故道的湿地环境基础之上因地制宜发展起来的花卉产业，到明清时呈现的繁荣景象⑤。

　　以上都是南苑水系的上源地区，丰富的水脉从西北向东南流淌汇聚，就形成了南苑附近成片的湖泊。据《日下旧闻考》记载："考一亩泉在新衙门之北，曲折东南流，经旧衙门（旧

---

① 以上俱见刘侗、于奕正《帝京景物略》卷三"草桥"条。
② 吴长元辑《宸垣识略》卷十三《郊坰二》。
③ （清）于敏中等：《日下旧闻考》卷九十。
④ （明）刘侗、于奕正：《帝京景物略》卷三"草桥"条。
⑤ 详见吴文涛《元代大都城南花卉文化的兴起》，《北京社会科学》2010年第2期。

讲武习勤的皇家苑囿

宫）南，至二闸，凉水河自海子外西北来入苑汇之。"① 按新衙门即今新宫村，属丰台区南苑镇。时称一亩泉，足见泉水流量之大。20世纪中后期，在新宫村的北面还有两个湖泊，小的一个即是一亩泉的遗迹，大些的一个是卡伦圈②。在今天的地图上，卡伦圈已不见了，而一亩泉处仍有一个小小的湖泊，《丰台区地名志·南苑乡》的地图上还有标注。

自金代开始，历代帝王在这里修建行宫别苑，开辟休闲游猎场，就与上述永定河潴水故道形成的水土条件密切相关。其时，永定河的主流已经往南摆动到固安一带，但其支流和洪泛之水仍不时从南苑地区流过，形成了大片河湖纵横、林泉相间的湿地。金代修建了建春宫，在此举行春水捺钵，供帝王贵族们休憩游猎。元朝定鼎大都后，作为游牧民族的传统，蒙古帝王同样热衷于到郊外水草丰美之处放马打猎。"冬春之交，天子或亲幸近郊，纵鹰隼搏击，以为游豫之度，谓之飞放。"③ 大都周围设置了多处"飞放泊"，即由湖泊、湿地、草原和各种飞禽走兽构成的皇家猎场。其中，"下马飞放泊在大兴县正南，广四十顷"④，因其离京城很近骑马即达而得名。每年冬春之交，数量众多的天鹅飞临下马飞放泊觅食休息，"其湖面甚宽……天鹅来千万为群。俟大驾飞放海青、鸦鹘，所获甚厚。乃大张筵会以为庆也，必数宿而返"⑤。为了保证苑囿内有足够的飞禽走兽供皇帝射猎，元朝规定："大都八百里以内，东至滦州，南至河间，西至中山，北至宣德府，捕兔有禁。以天鹅、鸰鹈、仙鹤、鸦鹘私卖者，即以其家妇子给捕获之人。有于禁地围猎为奴婢首出者，断奴婢为良民。收住兔鹘向就近官司送纳，喂以新羊

---

① （清）于敏中等：《日下旧闻考》卷九十。
② 侯仁之主编《北京历史地图集》中《南苑》图。
③ 《元史》卷一百一《兵志四》"鹰房捕猎"条。
④ （清）于敏中等：《日下旧闻考》卷七十五《国朝苑囿·南苑二》。
⑤ 熊梦祥：《析津志》，见《析津志辑佚》"物产"，北京古籍出版社，1983，第236页。

第六章 南苑与京城生态文化

肉，无则杀鸡喂之。自正月初一日至七月二十日禁不打捕，著之令甲。"[1] 以严刑峻法禁止800里之内的人们捕获野兔、买卖飞禽，无疑会激化某些社会矛盾，但苛政的另一面却又维护了飞放泊的自然环境尤其是动物资源的原生状态。《元典章》也记载了多种关于捕猎的规定，比如："正月为头，至七月二十八日，除毒禽猛兽外，但是禽兽胎孕卵之类，不得捕打，亦不下捕打猪鹿麇兔。"[2] 此外还有"休卖海青鹰鹘""禁捕鹔鹴、鸦鹘""禁打捕秃鹫"等，这些显然有利于保持动物的正常繁育与区域动物种群的相对平衡。有关元代飞放泊的历史记载，反映了当时这里人烟稀少、水草丰美、动物繁多的生态特征。

明永乐十二年（1414），南苑在元代的基础上继续扩展，除满足休闲需要外，还增加了武备训练功能。据彭时的《可斋杂记》记载，天顺二年十月十日（1458年11月15日），他随英宗皇帝到南海子检阅士兵围猎，"海子距城二十里，方一百六十里，辟四门，缭以周垣。中有水泉三处，獐鹿雉兔不可以数计，籍海户千余守视。每猎则海户合围，纵骑士驰射于中，亦所以训武也"[3]。可见永乐以后南苑的规模比元代扩大了许多，开辟了东、西、南、北四门，苑囿四周修筑了围墙便于守卫，其中饲养的动物种类众多、数量庞大。朝廷设置了专门看守南海子的民户，称为"海户"。每到围猎时，海户们驱赶着动物将包围圈缩小，供军士驰骋射猎作为训练。另据嘉靖年间的吏部尚书张瀚记载，京城外"置南海子，大小凡三，养禽兽、植蔬果于中，以禁城北有海子，故别名南海子"[4]，也就是说，明代称其为"南海子"，是取其与"北海子"即皇城北面的积水潭相对

---

[1] （清）于敏中等：《日下旧闻考》卷七十五《国朝苑囿》引《鸿雪录》。
[2] 《元典章》三十八《兵部》卷五，中国书店，1990，第564页。
[3] （明）彭时：《可斋杂记》，《四库全书存目丛书》子部第239册，齐鲁书社，1995，第342页。
[4] （明）张瀚：《松窗梦语》卷二《北游记》，中华书局，1985，第31页。

讲武习勤的皇家苑囿

之意;所谓"大小凡三",同上文彭时所言的"中有水泉三处",说的是内有三处较大的水面。

海户作为服务于南苑的特殊职业,其身份世代相沿。他们集中居住的聚落,也被称为"海户屯"。今天大兴区黄村镇的"海户新村"、丰台区南苑镇的"海户屯",就是当年南苑外围数个"海户屯"留在当代地名中的历史遗痕[①]。明末清初的诗人吴伟业著有一首《海户曲》,专门描述当时海户的生活与南苑的景象:"大红门前逢海户,衣食年年守环堵。收藁腰镰拜啬夫,筑场贳酒从樵父。不知占籍始何年,家近龙池海眼穿。七十二泉长不竭,御沟春暖自涓涓。平畴如掌催东作,水田漠漠江南乐。鴐鹅鸂鶒满烟汀,不枉人呼飞放泊。……典守唯闻中使来,樵苏辄假贫民便。芳林别馆百花残,廿四园中烂漫看。……一朝剪伐生荆杞,五柞长杨怅已矣。……新丰野老惊心目,缚落编篱守麋鹿。兵火摧残泪满衣,升平再睹修茅屋。衰草今成御宿园,豫游只少千章木。上林丞尉已连催,洒扫离宫补花竹。……"[②]该诗反映了海户们像农夫和樵夫一样在苑里世代劳作的情形,还描绘出南苑里面绿野平畴、泉流奔涌、烟波浩渺、百花烂漫、禽鸟游弋的园林风光。可惜明末清初的战火使南苑变得杂草丛生,明朝创建的二十四园到清初已然衰败,海户们只能守着苑中的麋鹿艰难谋生。

(二)永定河的泛滥与改道对南苑地区水环境的影响

前面说过,北京的母亲河——永定河曾经伴随着季节性水量的增减,冲出三家店山口之后,在广阔平坦的华北平原随意地摆动、宣泄,形成大片的洪积冲积扇,既造就了肥沃的土壤,又留下了多条河道和大量湖沼,以及丰富的地下水,哺育了北

[①] 孙冬虎:《制度与政策影响下的北京南苑环境变迁》,《首都师范大学学报(社会科学版)》2006年第5期。

[②] (清)吴伟业:《梅村集》卷六《海户曲》,国家图书馆藏清顺治十七年(1660)刻本。

第六章 南苑与京城生态文化

京地区最初的文明和后来北京城的发展与壮大。

《水经注》上说"清泉（辽以前永定河的名称）无下尾"，说的正是古永定河下游自由摆动的状况。据尹钧科、段天顺等专家考证，古永定河出西山后，曾在北起清河、西南到小清河——白沟河的扇形地带自由摆动，形成了广阔的洪积冲积扇。在今北起清河、南到黄村的范围里，曾经从北到南留下了四条永定河的古河道：古清河、古金沟河、灅水故道及古无定河。段天顺等对永定河历史上的摆动及流向做了以下具体描述："商以前，永定河出山后经八宝山，向西北过昆明湖入清河，走北运河出海。其后约在西周时，主流从八宝山北南摆至紫竹院，过积水潭，沿坝河方向入北运河顺流达海。春秋至西汉间，永定河自积水潭向南，经北海、中海斜出内城，经由今龙潭湖、萧太后河、凉水河入北运河。东汉至隋，永定河已移至北京城南，即由石景山南下到卢沟桥附近再向东，经马家堡和南苑之间，东南流经凉水河入北运河。唐以后，卢沟桥以下永定河分为两支：东南支仍走马家堡和南苑之间；南支开始是沿凤河流动，其后逐渐西摆，曾摆至小清河－白沟一线。自有南支以后，南支即成主流。迨至清康熙筑堤之后，永定河始成现状。"[①]

永定河的迁摆改道一方面是河流的自然属性使然，但另一方面也与人类的活动与开发有关，随着人类社会发展对河流范围的不断侵犯，人与水争地导致的水灾也愈演愈烈。

在辽金以前，永定河水量虽然有明显的季节性变化，但还是较为稳定和丰沛的；流域内森林茂密，河流的含沙量较小，绿水清波，"长岸峻固"，有"清泉河"的美誉。辽金以后，永定河除保留"桑干"之名外，开始有了泸（卢）沟河的称呼。元朝以后又增添了"浑河""小黄河""无定河"等河名，用得最多的是"浑河"。"浑言其浊，无定以其系流沙倏深倏浅而名

---

① 段天顺等：《略论永定河历史上的水患及其防治》，《北京史苑》1983年第1期。

讲武习勤的皇家苑囿

之也。"① 显然，这些新名称的出现，反映了永定河水文状况的恶化。为什么会出现这种变化呢？一方面，因为永定河本身来自易被侵蚀的黄土高原，另一方面，则是伴随着北京地位的提升，城市规模日益扩大，城市建设和城市生活对附近森林和土地的需求不断增长，同时，永定河上游地区也在不断地进行着开发，人类的开垦活动越过了农牧交错带而更深入地进到山林、草原。这些导致永定河中上游流域的森林被不断砍伐直至彻底破坏，加剧了水土流失。据历史上的相关统计和今卫星图像的计算，永定河中上游的森林遭到严重破坏后，其官厅以上流域每年的水土流失量接近1亿吨，而永定河全流域多年平均年侵蚀量为1亿1千万吨②，也就是说，每年有1亿1千万吨的黄土从永定河流域流失了，这是多么惊人的数据！正因为有这么多的泥沙混入永定河水中，永定河曾有的"清泉河"的美称，逐步被"浑河""小黄河""无定河"等所取代，河水"初过怀来，束两山间，不得肆"，虽"盈涸无定，不为害"，但流至"都城西四十里石景山之东，地平土疏，冲激震荡，迁徙弗常"③，下游易淤易决，水患不绝也就不足为怪了。从此，水患日益严重，直接威胁着金中都、元大都以及明、清北京城的安全。

事实上，永定河除了因水文状况恶化导致的灾害增多外，在河流形态上也有重大改变。据《元史·河渠志》、光绪《顺天府志》等文献记载判断，从元朝到明初的永定河，出卢沟桥下，东南至看丹口，冲决散漫，遂分而为三：其一分流往东南，从大兴县界至潞州北乡新河店（即今通州区南凉水河西岸之新河村），又东北流，达于通州高丽庄，入白潞河；其一东南经大兴

---

① （清）包世臣：《安吴四种》卷四《记直隶水道》，见《包世臣全集》，黄山书社，1991。
② 颜昌远主编《北京的水利》，科学普及出版社，1997，第102页。
③ 《明史》卷八十七《河渠五》。

174

第六章　南苑与京城生态文化

县境清润店（今作青云店），过东安县；其一南过良乡、固安、东安、永清等县，与白潞河合流，入于海"①。这就是说，元代的永定河仍是沿着灅水故道和古无定河道在流淌，在流至宛平县看丹口（今丰台看丹）之后，分为了三派：北派从东流，经丰台、大兴到通州张家湾附近，与白河（今北运河）汇流，其河道大致与今凉水河相当；中派东南流，经大兴、东安入武清县境汇入白河，大致与今龙河相当；南派往南流，经固安、永清折向东流，到武清南入白河。这三派河道的形成也是由北向南逐渐发展而来的，其中中派河道有一段时期还从今凤河河道经过。总之，这一时期的永定河下游呈现散尾漫流之态，而这又正与河性的变化有关。由于河水泥沙量增大，浑河流出山地进入平原之后，河道坡度骤缓，河水流速陡减，沉积下来的泥沙量也剧增，河床淤高的速度更快，河水的分支漫流也就比之前更加频繁。一方面，不断垫高的河床，使河道的行洪能力大大降低，一旦出现连续降水，下游难以容纳、排泄迅猛上涨的洪流，因而造成河堤溃决，洪水泛滥。每一次决口泛滥都可能产生一条新的分支或导致河流改道，使其下游漫流之势更为严重。另一方面，分流又使河水流量分减，降低了冲刷河床淤沙的能力，加速泥沙的沉积，增多漫流与溃堤，并扩大了被洪面积，加重水灾灾情。可见，淤沙、漫流与泛滥成灾这三者之间是有密切关系的。这在元朝时期呈现出同时加重的趋势。

　　元朝以后，就开始不断加筑石景山到卢沟桥一段的堤坝，使永定河水不再直接向东流入北京城，但卢沟桥以下的河水仍然呈现自由分流状态。清代吴长元辑录的《宸垣识略》也显示，今南苑、采育一带在元朝时还是永定河的泛滥地，即所谓"元时沙漠地"②，遍布沼泽和沙滩。这条灅水故道的流向大致为：

---

① 缪荃孙编《顺天府志》，北京大学出版社，1983，第272~273页。
② 吴长元辑《宸垣识略》卷十二《郊坰一》"采育"条。

175

讲武习勤的皇家苑囿

自卢沟桥往东南，经过看丹、南苑到马驹桥。这条河道最晚从三国时即有，也就是北魏郦道元《水经注》中所说的㶟水。《水经注》记："㶟水又东过广阳县故城北，……㶟水又东北迳蓟县南，……㶟水又东与洗马沟水合。……"① 按广阳县故城在今房山良乡镇东北南、北广阳城村；蓟县故城在今广安门一带；洗马沟水大致即今莲花河。从这段记载判断，当时㶟水在蓟城之南的主流河道就应流经今马草河。这条河道延续900多年直至辽金时期都未曾有很大变动。元朝以后，永定河逐渐向西摆动，最终从石景山南大荒进入丰台区，流经卢沟桥后向南，自北天堂流入今大兴区，形成现在的河道。

浑河日趋严重的水灾，对北京城影响至深。尤其是，由于明代浑河在看丹口以下分为两支，其中北支经今丰台柳村、鹅凤营、草桥、洋桥等地东流，接今凉水河河道，由通州高丽庄入白河（北运河）。加之，每一次在卢沟桥附近决口后的洪水也总是经北京城南，往大兴、东安、武清方向夺路而奔，形成大大小小许多河道，最终都与北运河尾闾相接。因而，一方面，在丰台卢沟桥、看丹到通州、武清之间（南苑所在区域正好在其中）留下了大片洪积扇和积水洼地，浅层地下水也得到经常性的补充；另一方面，永定河水灾也直接影响北运河水系，即使浑河的洪水被卢沟桥以上的大堤锁住而未能在京城西郊作乱，但它在卢沟桥以下奔流东去或南下，冲入大兴、通州、武清，回顶北运河水流，加重通州、武清地区水灾，从而影响漕运。明代北运河在通州、潞县一带泛滥的次数多达29次，尤其张家湾附近动辄汪洋一片，致使通州、潞县的水灾指数高居榜首，这绝不单纯是北运河水系洪水泛滥的缘故②。

综上所述，辽金至元明时期，永定河的水灾日趋严重，但

---

① 郦道元：《水经注》卷十三"㶟水"条。
② 尹钧科等：《北京历史自然灾害研究》，中国环境科学出版社，1997，第116~118页。

第六章 南苑与京城生态文化

由于石景山至卢沟桥东岸已修筑了堤坝，因而洪水大都是在卢沟桥以下流向东南，南苑地区正好是其必经之地，凉水河、龙河、凤河河道先后承载过永定河的洪峰。洪水既造成了附近农田和村庄的灾难，但也让土壤吸足了水分，改善了墒情，所谓"一水一麦"，水灾之后的田地收成更好。

（三）清代南苑地区水系的治理与改变

到了清代，这一片地区则以"南海子"和"南苑"并称。满族与蒙古族一样有长于弓马骑射的传统，清朝定都北京后，在顺治年间即开始对南苑不断修葺，以期通过行围打猎来保持本民族尚武的雄风。《日下旧闻考》记载，南苑在"明永乐时复增广其地，周垣百二十里"[1]，这个规模被清朝所继承，稍小于明朝人所记载的"方一百六十里"的范围。到乾隆时期，南苑"设海户一千六百，人各给地二十四亩。春搜冬狩，以时讲武。恭遇大阅，则肃陈兵旅于此"[2]。与明代相比，海户的数量有所增加。官方赐予每家海户二十四亩耕地，从制度与政策方面保证他们成为皇家苑囿的专职守护者。乾隆二十七年（1762）南苑地区发生水灾，乾隆帝作《海户谣》记述其事："海户给以田，俾守南海子。常年足糊口，去岁胥被水。以其有恒产，不与齐民比。……一千六百人，二千白金与。稍以救燃眉，庶免沟中徙。并得赉春种，青黄借有恃。"[3] 也就是说，当海户们的田地遭受水灾时，官府能够给以钱粮救济，使他们得以糊口并能够购买明年春天所需的粮食种子，确保履行海户的职责。在至高无上的皇权控制之下，继续设立海户并给他们以生活的保障，加强苑墙的建设与护卫，这些制度和政策都有利于维持南苑以水泊、草地、林木为主要特征的自然风貌。

---

[1] （清）于敏中等：《日下旧闻考》卷七十四《国朝苑囿·南苑一》。
[2] （清）于敏中等：《日下旧闻考》卷七十四《国朝苑囿·南苑一》。
[3] （清）于敏中等：《日下旧闻考》卷七十五引《御制海户谣》。

讲武习勤的皇家苑囿

明清时期的南苑地理风貌，虽然依旧以河、湖、泉水纵横分布的湿地结构为主要特征，但水源和水系结构发生了很大改变，其中最重要的就是直接影响其地理环境基础的水系治理。如果说，元明以来，随着泥沙淤积，永定河河道自北向南、自东向西的自然迁摆是南苑一带水脉脱离永定河水系的宏观地理背景；那么清朝康熙年间永定河大堤的修筑，则使这一场分离变成永远。

清朝初期的永定河仍称浑河、无定河，是一条越来越不安定的河。清代268年间共发生了129个年次的水灾，有42次属于永定河水灾；在其中的5次特大水灾、30次严重水灾中，永定河就分别占了4次与18次[1]。康熙三十七年（1698）永定河又一次突发大水，京畿形势危急。康熙亲临阅视，坚定了根治永定河水患的决心，命于成龙大筑堤堰："挑河自良乡老君堂旧河口起，经固安县北，至永清县东南朱家庄，经安澜城河，达西沽入海，计长一百四十五里。南岸筑大堤自旧河口起至永清县郭家务止，长八十二里有奇。北岸筑大堤自良乡张庙场起，至永清县卢家庄止，长一百二里有奇"[2]，成为永定河治理史上的标志性事件。工程结束后，康熙赐名永定河，希望其永远安澜。也就是从此以后，石景山以下的永定河河道基本被固定，河流漫流状态结束。除了几次决堤漫口导致了京城南部的水灾，永定河主流再也没有从城南的看丹、凉水河、南苑、采育一带走过。

而此前，卢沟桥以下没有完整的堤防，一到汛期，洪水漫流，虽然会淹没许多土地和村庄，但水势分散，消落得也快；被淹浸的土地往往不粪而沃，带来后季的丰收，即所谓"一水一麦"。但大堤筑起之后，河水被严密地约束在大堤之内，大量

---

[1] 详见尹钧科等著《北京历史自然灾害研究》第五章。
[2] （清）陈琮：《永定河志》卷六《工程》，上海古籍出版社，2002。

第六章 南苑与京城生态文化

泥沙淤积在河床中，使永定河变成了"地上河"；又有大量泥沙壅塞在河口处，使河水不得畅流，从而导致清中后期永定河下游频频决口改道。也就是说，中游坚固严密的堤坝把洪水夹紧、往下游驱赶，其间不仅加大了洪水的势能，还增加了泥沙的下泄和下游淤积，把洪水的致灾因子翻倍地传送到了下游地区。对此，时人也有清醒认识。据光绪《顺天府志》记载，乾隆元年八月总理事务大臣王九卿议奏："……卢沟桥以下，从前至霸州……原无堤岸，因迁徙无定，设遇大水，散漫于数百里，深处不过尺许，浅止数寸，沙淤多沉于田亩，……虽民田间有淹没，次年收麦一季更觉丰裕，命为一水一麦。雍正三年，见胜方大淀淤成高阜，清水几无达津之路。雍正五年，于郭家务另为挑河堤，引入三角淀，亦淤为平地，前后数十年来，每有漫溢，今年更甚。"[1]

如此一来，原来贴着京城南部行走的永定河灢水故道就仅靠低洼处渗出的洪积冲积扇潜水层的水源进行补充。据《日下旧闻考》载："海子内泉源所聚，曰一亩泉，曰团河，而潴水则有五海子。"[2] 五海子"旧称三海，今实有五海子，但第四、第五夏秋方有水，冬春则涸耳"。潜水层溢出构成的南苑水系基本有三条，由北而南依次为凉水河水系、五海子水系、团河水系。凉水河的主源出自京城西南角的水头庄、万泉寺、凤凰嘴、草桥一带的平地涌泉，自西北而东南穿过南苑；位于南苑内中部的一亩泉附近有23处泉眼，它们汇而东南流，构成了五海子水系的上源；位于南苑之内南部的团河附近有泉源94个，汇聚为团河而向东南流入凤河。总之，由于永定河故道丰富的地下水资源，明清时期南苑附近的大小涌泉、溪流汇聚的河流湖泊还是非常可观的。

---

[1] （清）光绪《顺天府志》第五册《河渠志六·河工二》引注，北京古籍出版社，1982，第1460页。
[2] （清）于敏中等：《日下旧闻考》卷七十四《国朝苑囿·南苑一》。

讲武习勤的皇家苑囿

清雍正年间，为了增强北运河运力，以清刷浑，朝廷着手整治京畿水利，其中一项重要的举措就是切断凉水河、凤河等与永定河的关系，使之归入北运河水系。《清世宗实录》卷三十九记载："据和硕怡亲王等疏言：永定河俗名浑河，水浊泥多，故道遂湮。应自柳叉口引之稍北，绕王庆坨之东北入淀。两河（指永定河和北运河）淀内之堤至三角淀而止，为众淀之归宿，应照旧开通，逐年疏浚。两河之浊流自不能为患矣。"[1] 这是针对永定河下游归属的，而对原故道上的残存水体，则进行了导流入运的改迁。雍正四年（1726）三月丙申，怡亲王允祥等奏报京东水利情形，其中之一即"河（按：北运河）西数十里内止有凤河一道，即桑干河之分流。自卢沟河（永定河）经南苑至漷县西南，流入武清县南。河流本畅，自武清之堠上村淤为平陆。偶遇水潦，田庐弥漫。应循故道疏浚，仍于分流处各建闸一座，以时启闭"[2]。对此事，光绪《顺天府志》还有更完整的记载："雍正四年，挑引凉水河至堠上村入凤河改由韩村、桐村等处。今通流之水，即永定河下口所出之水也，向属永清县，雍正八年始改属天津府。其岸堤一切工程仍归永定河道属三角淀通判管辖。盖凤河水上系浑河（即元明时期永定河）旧渠，下为永定河出水要津。"[3] 也就是说，雍正年间利用永定河故道潜水层溢出泉水的补充，将原本属于永定河水系的凉水河、凤河加以疏浚、建闸并划入北运河水系，用以调节北运河水量以及刷浑澄清。

乾隆朝也多次实施河道整治工程，对南苑内外的河渠水泊加以大规模疏导。将上游的柳村河、丰草河、马草河、莲花河等整理汇入凉水河，使其流经南苑内，汇同一亩泉等再流出南

---

[1] 《清世宗实录》卷三十九，雍正三年十二月辛卯。
[2] 《清世宗实录》卷四十二，雍正四年三月丙申。
[3] （清）光绪《顺天府志》第五册《河渠志一·水道一》引注，北京古籍出版社，1982，第1260页。

苑，汇入北运河。而凤河、龙河等原永定河故道也吸纳了团河等永定河冲积扇的潜水溢出，与一亩泉等相互沟通，穿南苑而屈曲流出。乾隆四十七年（1782）称："近年疏剔南苑新旧诸水泊，已成者共二十一处，又展宽清理河道，清流演漾，汇达运河，并现在拟开水泊四处，次第施工，通流济运，较昔时飞放泊尤为益利云。"[1] 这些措施一方面保证了南苑维持着类似草原的自然生态，在继续充当皇家苑囿的同时，也发挥了保持水土、防风固沙、涵养水源和保护动植物等生态作用；另一方面增加了北运河的水量调节功能，以更好地保障漕运的畅通。

总之，经过雍正、乾隆年间的整治，南苑水体切断了与永定河的直接联系而归入北运河水系，但仍依靠着丰台水头庄、凤凰嘴、草桥和大兴团河、一亩泉等永定河冲积扇潜水溢出带上的泉水组群，维持着较为丰富的地表水源，南海子湿地尚能保持水草丰美的生态景观，因而也就依然为这一时期南苑的政治、文化活动提供着重要的环境基础。

但是，剪掉脐带的后果也开始显现，南苑的水源补给渐渐枯竭。

（四）一朝河浊泉脉枯，南苑何处觅渔舟——水系变迁对南苑地区水环境的影响

如前所述，远古时期的永定河是在北京平原上随意摆动的；虽然从辽代开始筑永定河堤，但辽金元时期河流从三家店出山后往下游去仍有较大的活动空间。明清尤其是清朝筑堤之后，它就再也没有向东和东北流过。虽然汛期到来时，石景山至卢沟桥间的堤坝也经常溃决，但都很快被修补堵塞，卢沟桥以北向东再也没有成为主流河道。这就表明，永定河从此只是一条从北京城郊西南角"路过"的河流，曾经穿越北京城的清河故道、金沟河故道和瀑水故道从此成为永定河的历史遗迹，而这

---

[1] （清）于敏中等：《日下旧闻考》卷七十四引《御制仲春幸南苑即事杂咏》注。

讲武习勤的皇家苑囿

给北京地区水环境所造成的影响是根本性的。①

筑堤影响了河水与周边环境的自然循环,即除了使永定河主流再也不能从这些故道上经过外,石堤或石砌岸的阻挡以及泥沙淤积所造成的河床抬高,使得滔滔河水只能径直向下游流去,很难再通过自然下渗的方式补充地下水,从而使这些古河道上的沼泽、湖泊、泉流缩小乃至消失,地下水位急剧下降。

在京郊永定河的故道区域,由于筑堤约束下的河水不再光顾,加剧了湖泊萎缩干枯直至成为平陆的进程。其典型的例子除了辽金元时期通州潞县一带方圆二百里的延芳淀的消失,就是明清时南苑的"沧海变桑田"。前面说过,永定河的灢水故道在历史上流经今卢沟桥往东的丰台、南苑、马驹桥、采育一带,形成了泉眼成群、汊流众多、淀沼密布的生态景观,元代作为皇家游猎之地的"下马飞放泊"曾经烟波浩渺,而到乾隆三十六年(1771)时,据乾隆《海子行》一诗的描述:"元明以来南海子,周环一百六十里。七十二泉非信征,五海至今诚有此。诸水实为凤河源,藉以荡浑防运穿。岁久淤于事疏治,无非本计廑黎元。蒲苇戢戢水漠漠,凫雁光辉鱼蟹乐。亦弗恒来施赠缴,徒说前朝飞放泊。……"②可以明显看出南苑一带水体开始呈现淤积、退化的趋势。结合《日下旧闻考》中对该诗的按语,不妨略做分析:(1)关于南海子"周环"(周长),按语称元明诸家记载是160里,而清人考证说不过120里。可见,从明到清南海子水面积有萎缩。(2)关于泉眼数目,按语称《日下旧闻考》记载原有泉流72处,清人对此表示质疑,说海子内一亩泉周围有泉23处,附近团河上有泉94处,所谓72泉实指何处无可考证。但其实元明时记载的72处泉流当是指海子的上源一亩泉附近的,团河附近那时还是浑河的河道呢!可见到清朝时泉

---

① 详见吴文涛《清代永定河筑堤对北京水环境的影响》,《北京社会科学》2008年第1期。
② (清)于敏中等:《日下旧闻考》卷七十四引《御制海子行》。

第六章　南苑与京城生态文化

眼已由72处减少至23处了。(3)关于"三海"还是"五海",清人在此句下标注:旧称三海,今实有五海。今对比一下明清两朝南苑的地图,可以发现,所谓五海其实就是原水下部分因淤积而浮出水面,将原本烟波浩渺的三大片水域离析为五个面积缩小了的湖泊,而且按语中还说明第四、第五个湖泊也只有在夏秋时节才有水。总之,在乾隆的这首诗里,传说中明代所建的二十四园,已经不见踪迹,只有耕地和牧场依然美丽;虽然仍旧呈现"蒲苇戟戟水漠漠,凫雁光辉鱼蟹乐"的自然风光,但为了保证水源通畅,不得不时常对苑内的河渠水泊进行大规模疏导。

泉流萎缩,水域面积减少,沼泽、沙地、河滩地却相应增加,由于这些水文条件的改变,再加上从明清以来持续不断地人口涌入,南苑一带日益成为适于发展种植和养殖业的处女地,而渐被卷入开发狂潮。

其实,自明代以来,就存在着以草原湖泊为地理基础的皇家苑囿保护规划与人口增长对农垦刚需之间的矛盾。明代开始南苑外围的大片地区就不断被开垦,形成了大批新村落。正统八年十月壬午朔(1443年10月23日),明英宗的一道上谕说:"南海子先朝所治,以时游观,以节劳佚。中有树艺,国用资焉。往时禁例严甚,比来守者多擅耕种其中,且私鬻所有,复纵人刍牧。尔其即榜谕之,戒以毋故常是蹈,违者重罪无赦。"这反映的是当时的一个现象:作为皇家游猎专属之地的南苑向来严禁开垦,但明正统年间的守卫者却擅自在苑中耕种庄稼,并私自倒卖苑中的物产,放任苑外的人到里面砍柴放牧,所以皇帝要严加申饬。"于是,毁近垣民居及夷其墓、拔其种植甚众。"[①] 在严苛的法令下当地进行了整改,凡靠近苑墙的民居被毁、坟墓被平、庄稼被拔,政权的力量再次强化了苑囿与百姓

---

① 《明英宗实录》卷一百九。

183

讲武习勤的皇家苑囿

的隔离。前文所引吴伟业的《海户曲》诗,同样也在向我们传递着这样的信息:明末清初的南苑一带已经成为官方经营的农庄和养殖场,不再像元朝时期那样是一派广袤、原始的自然风光。

到清代,维持南苑旧貌与开垦耕种的矛盾进一步加剧。乾隆时期,南苑"设海户一千六百,人各给地二十四亩。春搜冬狩,以时讲武。恭遇大阅,则肃陈兵旅于此"[①]。与明代相比,海户的数量明显增多。更值得注意的是,官方还赐予每家海户二十四亩耕地,说明附近土地开垦的面积已大大增加。前文提到过的乾隆三十六年(1771)所作《海子行》一诗,谈到了南苑的地域规模、水泉分布、动植物资源等情形,不仅暗合了当时当地水源减少的趋势,而且也显示出维护皇家游猎场所的自然风光与开辟农耕、畜养增殖以保"黎元"(百姓)生计之间的矛盾。乾隆三十九年(1774)又题诗感叹道:"围墙近以种田周,柳外平原布猎骓。适可而行适可止,此来非特为春搜。"诗下注称:"近海子墙设庄头种地,植柳为限,其外平原皆猎场"[②],说明紧靠南苑围墙内侧一定宽度的环状地带已被开垦成耕地;在这个地带的内侧边缘,栽种了一圈柳树作为猎场与耕地的界线。这些资料都表明,南苑地区在充当皇家游猎之地、维持着类似草原的自然面貌的同时,也越来越多地面临着被农田、村庄包围、蚕食的社会发展压力,以及水土流失、土地沙化、水源减少、区域动植物退化等方面的环境压力。

乾隆时期尚属有节制的农业开发,到清朝后期国势日衰,这些保护性的制度和政策难以为继,森林草原性质的休闲区不得不服从于经济上的需要,日渐荒芜的皇家苑囿也摆脱不了被蚕食的命运。及至清末,南苑中心区也开始对外放垦,农田和

[①] (清)于敏中等:《日下旧闻考》卷七十四《国朝苑囿·南苑一》。
[②] (清)于敏中等:《日下旧闻考》卷七十四引《御制小猎三首》。

第六章 南苑与京城生态文化

村庄迅速增加[①]，很快这里就变成了人口稠密、村镇广布、阡陌纵横的新兴农业区。

上述这些变化，固然有社会因素（政策带动、人口增加、城市扩张等）在起作用，但永定河主流被彻底移出原有河谷，却是地貌改观和水环境变迁的地理基础。永定河水系这个历史性的变故，对整个北京城的水源供给都造成了深远影响，就更不用说对南苑地区水文环境所带来的重大改变了。

元、明、清三代作为皇家苑囿，长期以来基本保持着以森林、草原、水泉为特征的园林景观，直到清末民国时期被大规模开垦为农田，南苑地区的地理风貌与土地功能才发生了根本性的转变。它的区域性质从皇家园林转变为农耕区乃至城市化的历程，水系源流从永定河流域划归北运河流域的转变，都折射出了都城发展和制度因素在不同时代对北京地区生态环境的影响程度，可以说是北京城南郊区环境变迁的典型反映。

今天，我们追溯南苑地区水脉流转、水环境变迁的目的，是为了更好地厘清南苑地区历史文化生发、传承的环境基础，以及文脉与水脉的关系；强调地域文化建设中保护和适当复原河湖水系和自然环境的重要性。"引"水思源，正本清源，南苑水系的恢复还得从根上考虑，我们应该趁着永定河全流域治理已上升到国家层面的这一东风，借永定河全线通水和地下水回补、水位上升的有利时机，长远规划、精心布局，有选择地复原一些重要的、具有代表意义的河流湖泊，最大限度地恢复皇家苑囿曾有的历史风貌和生态环境。一来可以作为永定河水系与北运河水系之间的调节池、消纳场，为北京南部地区蓄水防洪，调配水源；二来可以更好地把打造地方品质文化与修复湿地生态环境有机结合，建设一个集生态旅游、文化展示、科技研发、商务金融、国际交往等功能于一体的新的南苑"生态与

[①] 尹钧科：《北京郊区村落发展史》，北京大学出版社，2001，第 177~296 页。

讲武习勤的皇家苑囿

文化特区",以带动北京南部及相邻津冀地区发展。

二 明清诗歌中的南苑风光

南苑(明代称南海子)曾经是北京历史上面积最大的湿地,苑里湖沼众多,星罗棋布,水草丰美,适宜动物生长,鸢飞鱼跃,鹿雉出没,先后是辽、金、元、明、清五朝时期的皇家猎场。此地景色虽然无法与圆明园、颐和园的精致秀丽相比,但是其辽阔幽深的野境也别有一番独特魅力,经过元、明、清三朝的努力经营,逐步建成了继秦汉上林苑以后规模最大的一座皇家苑囿。据史料记载,从明英宗正统五年(1440)到光绪二十九年(1903),明清两代大约有十几个皇帝在此行围打猎,累计达几百次之多。

清代皇帝尤为喜爱南苑,有 10 个皇帝曾驻跸此处:顺治帝有三分之一时间在此度过,几乎每年都要来南苑居住一段时间,有时甚至长达一年,仅顺治十三年(1656)这一年间,皇帝就来了五次,很多政务都在此地办理,堪称是当时紫禁城外另一个政治中心。康熙皇帝在位 61 年,来南苑举行围猎阅武的活动多达 132 次,其中康熙四年(1665)到康熙六十一年(1722)57 年间,他专程到南苑举行的围猎活动多达 90 次,在驾崩的前三周,他还到南苑进行了最后一次围猎;乾隆皇帝对南苑的情感最为深厚,他对此地进行了多次疏浚整修,把南苑的建设工程推向了巅峰,他自己更是"南苑往来难数计,古稀欲罢未能犹"[①]。乾隆六十年(1795),已届 85 岁高龄的乾隆皇帝又来南海子狩猎。此后继位的皇帝去的次数都无法与这三位皇帝相比了,如嘉庆皇帝曾 9 次来南苑围猎,道光皇帝来此围猎有 12

---

① (清)乾隆:《新衙门行宫杂咏书怀》(乾隆四十七年),《乾隆御制诗文全集》第 7 册,中国人民大学出版社,2013。

次。再到以后的咸丰、同治、光绪皇帝时,虽大清帝国日趋衰落,国事日艰,到南苑宸游甚少,但仍有来南苑举行围猎活动的记载。光绪二十九年(1903),光绪帝巡幸南苑,曾在新宫、旧宫、团河宫驻跸,这是清代帝王在南苑的最后一次活动。

由于辽金元明清五朝帝王都把南苑作为围猎、校武、驻跸、临憩的胜地,因此随驾陪同的文臣名相也很多,他们(包括皇帝在内)都具备深厚的文化功底,所以留下了许多脍炙人口的诗歌。随着时间的流逝,南苑部分景色早已经消失不见,隐没在历史长河中,但幸运的是今天的我们还能凭借前人留下的诗歌去追寻、领略、回味南苑那曾经的迷人风光。

(一)"南囿秋风"

秋天自古以来就是北京最美的季节,而南苑又是以秋景最为闻名。每到深秋时节,南苑金风瑟瑟,落叶萧萧,碧空如洗。园内团泊、大泡子、三海子秋水波光粼粼、游鱼戏逐、莲藕飘香,成群的水鸟不时从芦苇中惊起。参天的古树上起落着远来的鸦雀,枯黄没人的蒿草中时有禽兽出没。往远处看,宫墙碧瓦熠熠生辉。凉水河、凤河有如两条碧色玉带,在阳光的照耀下更显得秋水长天、荒无边际。置身在这野趣横生的苑囿,会让人感到赏心悦目、心旷神怡。因此,"南囿秋风"作为"燕京十景"之一,从古至今留下了很多关于南苑秋天的名篇佳作。

在历代吟诵南苑秋天的诗篇中,最著名也最具有代表性的就是李东阳的《南囿秋风》了。作为明代大学士、文坛领袖的李东阳曾经多次随从皇帝游幸南苑,《南囿秋风》一诗就是他随同有感而发的一篇佳作。这首诗生动描写了南苑秋天迷人的景色:

> 别苑临城辇路开,天风昨夜起宫槐。
> 秋随万马嘶空至,晓送千骑拂地来。
> 落雁远惊云外浦,飞鹰欲下水边台。

讲武习勤的皇家苑囿

> 宸游睿藻年年事,况有长杨侍从才。①

这无疑是南苑秋景最富有诗意的真实写照:在金风瑟瑟、碧空如洗的秋季,君主乘坐精美华丽的舆辇在大臣及扈从的陪伴下浩浩荡荡地驰向南苑,他们行进的速度很快,夜晚从宫里出发,早上就已经到了南苑。由于万马奔腾的滔天声势,南苑的平静被打破了,惊起了一群群大雁,恨不能赶快飞到天际之外,连勇猛的飞鹰都被惊吓到要飞下晾鹰台。由于皇帝的喜爱,年年来到此地游览并留下动人的诗句,而随从的才华横溢的文士就更不用说了,他们才思敏捷创作了更多更精妙的作品。李东阳的这首诗毫无疑问是一首难得的佳作,但是它之所以能千古流传与明英宗的欣赏有重要关系。

明英宗喜欢李东阳的诗,是有历史原因的。如果换一位皇帝绝对不会有这样深的感触,因为他曾经在南苑附近的南宫被囚禁了六年。明英宗第一次即位称帝,由于他太宠信太监王振,从而导致正统十四年(1449)发生"土木堡之变",明英宗本人被瓦剌所俘获。为了国家的稳定,其弟郕王朱祁钰就在大臣的拥护下登基称帝,遥尊英宗为太上皇,改元景泰。瓦剌见控制英宗丧失了政治价值,就把英宗放回京,英宗回来后就被他的弟弟景泰帝软禁于南宫,失去了人身自由。直到1457年,石亨等人发动政变,英宗才得以复位,第二次称帝。因此,他的经历比较坎坷,而李东阳这首描写南苑风景的诗触动了他,很容易使他联想到被幽禁时的凄凉景象,于是他直接钦点"南囿秋风"为"燕京十景"(原本是燕京八景,李东阳又增加了"南囿秋风"和"东郊时雨",这两景都是来自于他的同名诗歌)之一,南苑从此就成为燕京最著名的风景之一。明英宗本人对南苑很有感情,在他第二次称帝后的七年中,几乎每年都要去

---

① (明)李东阳:《南囿秋风》,《帝京景物略》卷三。

南苑游幸。所以，从某种意义上说是李东阳和明英宗共同成就了南苑，他们是使南苑成为"燕京十景"的关键人物。

历代帝王中，乾隆也十分喜爱南苑，从他作为皇孙起就经常跟随祖辈们来此打猎读书，直到年届85岁的高龄还来南苑小猎。由于他对南苑有着非比寻常的感情，所以爱好诗歌的他曾写下400多首关于南苑的诗歌，其中尤以有关秋天的诗句居多。如乾隆的《射猎南苑即事诗》①就把南苑的秋天写得很美：

北红门里仲秋天，爽气游丝拂锦鞯。
行过雁桥人似画，踏来芳甸草如烟。

在秋高气爽的仲秋时节，大家纵马奔向优美的南苑，一路上树木丰茂，绿草如茵，柔软的游丝儿似断似连，轻轻拂过华丽的骏马，人们行走在美丽的桥上仿佛在画中一般。从这首诗里可以窥见乾隆轻松喜悦的心情，因为在他笔下不是深秋的肃杀寥落，而是生机勃勃，充满了喜悦热闹之感。

有意思的是，尽管乾隆皇帝本人很喜欢南苑，但是他并没有沿袭明代的"燕京十景"之说，而是在乾隆十六年（1751）最终钦定"燕京八景"时把李东阳增加的后两景去掉了。有人猜测是由于这里曾经作为冷宫，常有年老的宫女和犯了错的太监被发配到此守园，苦度余生。所以，这里的秋风秋景会令人感觉过于愁苦凄凉才没有被纳入。这种说法没有明确的依据，笔者觉得并不成立。由于南苑是皇家园林和猎场，这里属于非对外开放的禁地，根本不允许普通百姓踏足，所以也不会在民间有什么口碑和影响。或许这才是为什么"燕京八景"之说能够流传下来，而"燕京十景"只是短暂存在的根本原因。

---

① （清）乾隆：《射猎南苑即事诗》（乾隆七年），《乾隆御制诗文全集》第一册卷二十，中国人民大学出版社，2013。

讲武习勤的皇家苑囿

（二）野趣横生

明代记载南苑周围160里，《日下旧闻考》确定为"周垣百二十里"。即使如此，也比当时的北京城约大三倍，总面积大约210平方公里。因此，不管是帝王将相，还是扈臣文士，他们都看到了南苑不同于京城的开阔气象。如清代诗人查慎行《南海子四首》之一写道："红门草长少飞埃，万里平畴掌上开。"[1]清代诗人吴伟业也写道："平畴如掌催东作，水田漠漠江南乐。"[2]他们不约而同地都用了"平畴如掌"来形容南苑的平整广阔。看来"平"而"阔"是南苑首先带给人的突出印象。

无论是南苑的外部形态还是内部功能，都与其他皇家园林的类型有很大不同。它不是以通常的园居或者游赏为主，而是主要在此进行狩猎、军训、阅武活动，所以苑内建筑极少，即便是乾隆后来修建了团河行宫，建筑密度也只有圆明园的1/170。宏大的空间范围几乎没有人工景物，呈现的是近乎原始的自然风貌。对于南苑来说，人物、建筑不是主角，树林、水泽、飞禽走兽才是主角。南苑是永定河冲积扇上的湿地，河流湖泊不仅滋润了广阔的草场，同时也为珍禽异兽的繁衍提供了栖息地，优越的生态环境再加上历代帝王的刻意治理，使得这里绿树成荫，青草遍地，鸟兽聚集。因此，这里有着与内城皇宫截然不同的辽阔幽静，有着异于俗世的野趣横生。这广袤的原野是飞禽走兽的乐园，园中一派鹿鸣虎啸、鹰飞鱼跃、莺歌燕舞的诗情画意的景象。乾隆的《白马篇》一诗就描写秋猎的喜悦之情：

秋阳皎皎秋风起，千山万山收红紫。

---

[1] （清）查慎行：《南海子四首》之一，《敬业堂诗集》卷三九，四部丛刊影康熙本。

[2] （清）吴伟业：《海户曲》，《梅村家藏稿》卷一一《后集·三七言古诗》，四部丛刊影宣统武进董氏本。

第六章 南苑与京城生态文化

　　南苑平芜晓色寒，游丝白日长空里。
　　我从前岁罢秋围，经年未到南海子。
　　重来历历忆旧游，真教见猎心犹喜。
　　黄羊麋鹿满平郊，捷射争夸驰骢骃。
　　就中白马夙我随，德力相谙已久矣。①

这首诗起调高古，意味雅正，在乾隆众多诗歌里算是上乘的佳作了。在这首诗里提到"黄羊麋鹿满平郊，捷射争夸驰骢骃"，给人感觉麋鹿满地跑，可以随意猎杀，好像很平常一样，实际上这是极其珍贵的品种。麋鹿属鹿科，其头似马、角似鹿、尾似驴、蹄似牛，所以俗称"四不像"。麋鹿本是中国所独有的动物，由于大量被捕杀和栖息地被人类侵占等原因，野生麋鹿大概早在1800年前（大约汉朝末期）就已经濒临绝灭。只有少量的保存在元明清以来的南苑（海子）皇家猎苑中，到清末时数量为200～300只，这是世界上唯一的麋鹿种群，因而弥足珍贵。可惜1900年庚子事变，猎苑毁于战乱，麋鹿从此在中国绝迹，幸运的是它在国外却被保存下来。1865年法国大卫神父发现麋鹿，此后陆续运送到欧洲。20世纪初，被掠往欧洲一些国家动物园的中国南海子麋鹿，由于生态环境发生变化，濒临着灭绝的危机。英国有一位热心动物保护事业的贝德福特十一世公爵意识到这种珍贵的鹿科动物正处于濒临灭绝的危险境地，于是就出高价把散居在巴黎、柏林、科隆、安特卫普等地动物园内的18头麋鹿全部买下运往英国，放养在他家景色秀丽、水草丰茂的乌邦寺庄园内。到1948年，庄园里的麋鹿已经繁衍到255头。据1982年调查，全世界各国动物园中的麋鹿总计1100多头，都是乌邦寺庄园那18头麋鹿的后代。1984年英国乌邦寺公园塔维斯托克侯爵将20头麋鹿送给中国，麋鹿成功地引回故

---

① （清）乾隆：《白马篇》，《乐善堂全集》第一册卷十五。

讲武习勤的皇家苑囿

里——北京南海子。为了加快南海子麋鹿苑内麋鹿种群的繁殖和复壮，1987年9月8日，英国乌邦寺公园又赠送给南海子麋鹿苑18头雌麋鹿。国家为此在北京专门成立了麋鹿生态实验中心，并辟出近千亩土地，建成麋鹿苑，就在新建的南海子湿地公园内。经过精心研究和喂养，到1994年，繁殖总数已达300只。1986年，39只麋鹿被放养于江苏大丰县境内总面积15000亩的区域内，1993、1994年，又将64只麋鹿送至湖北石首天鹅洲。现在这三处麋鹿自然保护区内的麋鹿总数已相当可观。从一个物种的发现到在本土绝迹，再到"重引入"（Re-induction），其间历尽波折，最终实现了回归，这种"物种重引进"不但在世界动物学界而且在科学史上都创造了一个奇迹，从而也使得南苑在世界上闻名遐迩。如今，经过30多年的饲养、保护，南苑的麋鹿繁衍兴旺，已愈千头，全国40多个地方的麋鹿都是从这里输入的，均为北京南海子麋鹿的后裔。

南苑既不乏珍贵的麋鹿，"岁月与俱深，麋鹿相为友"[1]，也有野鸭和雉兔等普通动物，"红桥夹岸柳平分，雉兔年年不掩群"[2]。

历史上南苑湖泊一共有25处，经过清朝乾隆年间大规模地疏浚治理之后，苑里泉源畅达，清流潺潺，"五海子"再加上苇塘泡子、眼睛泡子等，水面达几千亩，这就是吴伟业写的"七十二泉长不竭，御沟春暖日涓涓"[3]。他描述南苑有七十二道泉，并且一年四季不会干涸，到了春天更是涓涓不止，水量充沛。因此这里水美鱼欢，清朝皇帝常常来此以观景捕鱼为乐。据《清实录》记载："顺治十年三月，丙戌，上于南苑苑中网鱼一

---

[1] （清）乾隆：《双柳树》，《乾隆御制诗文全集》第一册卷二十，中国人民大学出版社，2013。

[2] （清）纳兰性德：《南海子之三》，《通志堂集》卷五，清康熙三十年徐乾学刻本。

[3] （清）吴伟业：《海户曲》，《梅村家藏稿》卷一一《后集·三七言古诗》，四部丛刊影宣统武进董氏本。

日。"乾隆皇帝也曾多次来此捕鱼，他在《南红门捕鱼》诗中详细描述了当时捕鱼的情景："烟蓼亚寒汀，澄波漾秋浦。垂纶玉镜明，潜鳞看指数。萧然秋意深，数声离岸橹。渔笛横西风，云山入新谱。"① 入秋水边的蓼花正在盛开，富有层次的红红白白染上了清寒孤寂的小洲，碧波荡漾，晕染出一派迷人的水滨秋景。在澄澈如明镜一样的水面上垂钓，能清清楚楚地看到水里鱼儿游动的身影，大小、颜色一览无余。

南苑水质好的时候环境极佳，动物品种也十分丰富，正如明代大学士李时勉于《北都赋》中所描述的："泽渚川汇，若大湖瀛海，渺弥而相属。其中则有奇花异果，嘉树甘木，禽兽鱼鳖，丰殖繁育。爮爮籍籍，不可得而尽录。"②

（三）美丽夜景

纳兰性德（1655～1685），字容若，号楞伽山人，满洲正黄旗人，是清代初期最杰出的词坛代表人物。作为康熙皇帝十分赏识的御前侍卫，父亲又是朝廷重臣纳兰明珠，纳兰性德曾经跟随康熙皇帝多次来到南苑，亲眼目睹了南苑的绚丽风光，也留下了吟咏南苑的诗歌，虽然数量不多，但是他作为清代最著名的诗词大家，其作品在众多吟颂南苑的诗歌中无疑是上乘之作。在纳兰性德的心目中，南苑无疑是远离俗世生活的一片圣地，"自是软红惊十丈，天教到此洗尘埃"③。"软红惊十丈"是形容远离红尘俗事之远，"洗尘埃"是说此地得天独厚，能够把俗世的尘埃都洗得干干净净。这里的尘埃不仅指的是身上的脏物，更是喻指思想上、灵魂上的污垢，总之身心都能在这里得以净化，从而使精神自由自在，超脱世外。

---

① （清）乾隆：《南红门捕鱼》，《乾隆御制诗文全集》第一册卷二一，中国人民大学出版社，2013。
② （明）李时勉：《北都赋》，《畿辅通志》第七册，第626页。
③ （清）纳兰性德：《南海子之一》，《通志堂集》卷五，清康熙三十年徐乾学刻本。

讲武习勤的皇家苑囿

他的长篇力作《南苑杂咏》一诗长达 40 句,共 560 字,可谓是诗中的鸿篇巨制,这首诗突出描绘了南苑不同寻常的美景。① "宫花半落雨初停,早是新凉彻画屏。何必醴泉堪避暑,藕丝风好水西亭。离宫近绕绿萍洲,冰簟银床到处幽。……重帘那得微风入,叶叶荷声急雨来。"诗句描绘了一幅夏天月夜的美图:夏季的一场阵雨打落了不少宫花,雨停了,凉意也沁满了宫殿里美丽的画屏。不用想着去挖醴泉来消暑避夏,荷花旁边的亭子里清风徐来,就是纳凉的好地方。壮观的离宫靠近水中的小岛,被一片绿色环绕,无论是清凉的竹席还是洒满月光的银床,都生发出丝丝凉意。微风徐来,吹不动厚重的窗帘,只听到骤急的雨点打在荷叶上发出噼噼啪啪的声响。在这样美丽清新的夜晚,盛大的皇家晚宴就要开始了:"黄幄临池白鸟飞,金盘初进鲙鱼肥。太平时节多欢赏,丝络雕鞍半醉归。"在靠近池边的地方搭起了黄色的天子帐幕,这样的举动惊起了水里的飞鸟,华美的金盘盛着刚刚打捞的肥美的鲙鱼美食贡献给天子品尝。在这太平盛世,皇帝心情很好,于是对大家多加赏赐,人们在皇帝的恩宠下一个个吃得酒足饭饱,心满意足,骑着骏马半醉而归。这时外边景色美的仿佛是飘缈的仙境:"月上南湖波似练,几星灯火是龙船。青丝蜀锦护银塘,谁许延秋报早凉。缥缈蓬山应似此,不知何处白云乡。"柔美的月色映得水波如练,龙船上星星点点的灯火点缀在水面。岸边的柳丝如墨和水边的繁花似锦,环绕着月色照耀下的发着银光的水塘,让人恍然生出此地不知是何处、仙境也不过如此的感慨。这首诗把南苑的夜景刻画得如梦如幻,可以说是描写南苑夜景最贴切的一首:"烟柳千行宿乌多,虹梁曲曲水萤过。新凉却爱中元节,万点荷灯散玉河。"柳树成荫,上面栖息着成群的乌鸦,无数的流萤星星点点地飘过美丽的虹桥。现在虽然已经很清凉了,可还

---

① (清)纳兰性德:《南苑杂咏》,《雪桥诗话续集》卷三,民国求恕斋丛书本。

是最爱中元时节,因为成千上万的荷花灯飘散在美丽的河面上,寄托了人们美好的心愿和无尽的哀思。

(四) 围猎

南苑作为五朝皇家猎场,围猎当然是一项最重要的活动。清代为了推行"肄武绥藩"的国策,培养八旗军队骁勇善战的剽悍性格和势不可当的作战能力,几乎每年都要在这里以行围狩猎的方式演练军旅。乾隆十分赞赏并遵循这个原则,他说:"予十二岁时,恭侍皇祖于南苑习围,盖我朝家法,最重骑射,无不自幼习劳。今每岁春间,仍命皇子、皇孙、皇曾孙辈于此学习行围,所宜万年遵守也。"[1] 乾隆直到已届85岁还带着12岁的五世元孙来此小猎,真是令人钦佩不已。

皇帝率领王公贵族、文臣武将、太监宫女等人奔向南苑,一路声势浩大,有诗为证,如吴伟业的《南苑》:"六龙初驻晾鹰台,千骑从宫帐殿开。南苑车声穿碧柳,西山驰道夹青槐。"[2] 南苑古道上皇帝端坐玉辇,几千骑兵从宫廷出来就一直开路,浩浩荡荡的队伍穿过碧柳成荫、青槐夹道的西山小路奔向雄伟的晾鹰台。同时这一路的景色也十分宜人,令人心醉。明代礼部尚书、大学士金幼孜《随驾猎南海子》一诗就把这个行程写得无比温馨美好:"暖日融融静鼓鼙,条风拂拂动旌旗。柳间饮马春泉细,花里闻莺昼漏迟。"[3] 在暖暖春日里,队伍庞大却井然有序地行进在南苑路上,只有微风吹动旌旗轻轻招展的声音。一望无际的柳色青青,不时地有马儿驻足饮着涓涓的泉水,看着两边盛开的鲜花,听着黄莺的婉转啼叫,白天的时间开始变长,炎热的夏天就要来临。

---

[1] (清) 乾隆:《南苑即事杂谈》,《日下旧闻考》卷七四《国朝苑囿》,清文渊阁四库全书本。
[2] (清) 吴伟业:《南苑》,《梅村家藏稿》卷一五《后集·七七言律诗》,四部丛刊影宣统武进董氏本。
[3] (明) 金幼孜:《随驾猎南海子》,《天府广记》卷四三《诗》,清抄本。

讲武习勤的皇家苑囿

经过一番行程后大批队伍终于到了南苑，精彩的打猎活动就要开始了。古代皇帝打猎有两种形式，第一种是大家所熟悉的骑马猎杀各种动物。熊和老虎作为猛兽，无疑是大家争相捕猎的重要对象："诏幸芙蓉苑，传言羽猎行。三驱陪上将，四校出神兵。列戟围熊馆，分弓射虎城。风云日暮起，偏绕汉皇营。"① 文臣武将们声势浩大，威风凛凛地摆好仪仗，一起围攻熊和老虎，纷纷拉弓射击，显示自己的英勇雄伟。明代著名诗人王廷陈的《驾幸南海子》诗也是写众人一起群围打猎的情景："虎兕先声伏，车徒翼辇趋。网罗张一面，部曲用三驱。"② 这是具体描写猎获虎兕的过程：先是用吼声进行威吓降服，然后再用车马展开围攻，最后再驱赶猛兽，只留一个出口用来捕获。

第二种打猎方式是在高台上纵放猛禽海东青捕捉天鹅、大雁，这是金、元时女真、蒙古贵族一直保持的传统。明代叶子奇《草木子》记载元朝一度饲养猎鹰的"打捕鹰房"，"岁用肉"即达"三十余万斤"，平均每天用肉千斤左右。由此可见，元代鹰房的规模很大。南苑自从元代起就开始建立晾鹰台，这是历代帝王纵放海东青的重要场所。晾鹰台附近水泊很多，水草丰茂，远远望去七十二座桥如同七十二道彩虹一样，美丽的影子倒映在水中，波光粼粼，众人纷纷放飞海东青，精心饲养的海东青数量众多又极为凶猛，浩浩荡荡，遮天蔽日，掩过了浩瀚的水面和壮观的桥梁。

晾鹰台也是打猎、阅兵的地方，每次举行这些活动时都要举行隆重的仪式，皇帝率亲王、大臣、皇子皇孙、八旗官兵等上万人参加，气势磅礴，盛况惊人，热闹非凡。康熙《晾鹰台》一诗则是写在晾鹰台上观看激动人心的阅兵情景，皇帝和王公大臣登上晾鹰台进行观看，只见骏马奔腾卷起烟尘滚滚，远远

---

① （明）薛蕙：《驾幸南海子》，《日下旧闻考》卷七五《国朝苑囿》，清文渊阁四库全书本。

② （明）王廷陈：《驾幸南海子》，《王忠端公文集》卷十，清顺治十六年刻本。

第六章　南苑与京城生态文化

望去好像在九重云雾里，大臣们看得热血沸腾，纷纷写出动人诗篇呈献给皇帝。作为康熙皇帝的御前侍卫，纳兰性德多次来到南苑，同样也见证了这样雄伟壮观的时刻："分弓列戟四门开，游豫长陪万乘来。七十二桥天汉上，彩虹飞下晾鹰台。"①"草色横粘下马泊，水光平占晾鹰台。锦鞯欲射波间去，玉辇疑从岛上回。"② 宫门依次打开，手持兵器的士兵迎接玉辇万乘来此围猎，人们纵马追逐着成群的禽兽，飞马的影子如射入湖中一般，皇帝乘坐的辇车宛如从仙岛归来一样梦幻美丽。

南苑不仅可以陆猎，还可以进行水围，这是它不同于木兰围场的地方。据《乾隆起居注》记载，清代举行"水围"的地方仅有两处，一处为南海子，另一处是白洋淀。乾隆皇帝多次进行过水围，如"乾隆十五年（1750）三月初二日，驾至……红门内水围，晚刻幸宁佑庙行围"（《乾隆起居注》）。水围通常都声势浩大，震撼四方，一般都在每年的二、三月间进行，因为这个时候恰好候鸟北返，凫雁也成群地嬉戏在浩瀚的水面，官兵们乘舟悄悄地从四面八方向事先设定好的地方围合，他们一起把附近的水鸟水禽都赶上天空，成千上万的凫雁、水鸟纷纷飞起，它们的身影遮天蔽日。趁此混乱时机，打猎的人们立即搭弓放箭，鸣枪放炮，霎时间硝烟滚滚，漫天箭雨，中箭的飞禽都纷纷坠落下来，水面上如同白雪一般。

（五）读书之乐

南苑地处郊外，幽静闲适，适宜读书学习。康熙皇帝巡幸南苑达一百多次，每次都自己亲自讲经或者下令手下大臣讲学，地点就设在南苑的东宫（即旧衙门行宫）前殿。此外，南苑四座行宫内均有御书房，皇子皇孙们按照惯例每年都要在这里学

---

① （清）纳兰性德：《南海子之二》，《通志堂集》卷五，清康熙三十年徐乾学刻本。
② （清）纳兰性德：《南海子之一》，《通志堂集》卷五，清康熙三十年徐乾学刻本。

197

讲武习勤的皇家苑囿

习一个月。

旧衙门行宫（简称旧宫）后殿的书房"荫榆书屋"是乾隆12岁起就经常读书学习的地方，也是他在南苑四个行宫中最喜欢的书房，里面的额匾、楹联均为他的题词。他在《荫榆书屋》诗序中极为留恋这里"佳荫满庭，绿窗半榻，邈然有怀，率尔成章"[1]，自在闲适的休养生活。在他的笔下，旧宫苍松翠柏，古木参天，芳草如茵，翠竹千竿，玉兰怒放，梅花盛开，一切都美不胜收："别馆驻旌旗，森然古树稠"[2]，"朴斫轩楹翰墨筵，老榆晚菊景清妍"[3]。处处彰显皇家园林的秀美与精致。

新衙门行宫（简称新宫）"几清无俗氛，树古过乔枝"的清雅氛围也深深地吸引着乾隆，他也时常在此赏花、读书。在他看来，连花木、飞鸟都有情，仿佛都在欢迎他的到来："花笑迎人夸得意，鸟吟为我话相思。流连不是耽风景，却惜年华暗转移。"[4] 诗歌里洋溢的是他到此地的喜悦之情，将花草飞鸟拟人化，分明是自己对南苑感情深厚。由于南苑是湿地，草木又兴盛，因此这里也是极佳的避暑胜地。炎热的夏季下过一场雨后，湿润的泥土散发着芬芳，苔藓被雨水冲刷得干干净净，雨水把衣服都打湿了，诗人感受着夏夜万籁俱寂的清凉。在这样优美的环境里无论是弹琴、吹管还是阅读，都是陶冶情操的文雅之事，令人赏心悦目，自得其乐，忘记一切俗世的烦恼。

（六）寺庙道观

为了满足在南苑的祭祀需要，明清两代在南苑内相继修建

---

[1] （清）乾隆：《荫榆书屋》诗序（乾隆九年），《日下旧闻考》卷七四《国朝苑囿》，清文渊阁四库全书本。

[2] （清）乾隆：《旧衙门行宫即事》（乾隆二十八年），《乾隆御制诗文全集》第四册卷二十八，中国人民大学出版社，2013。

[3] （清）乾隆：《旧衙门行宫即事》（乾隆二十二年），《乾隆御制诗文全集》第三册卷二十四，中国人民大学出版社，2013。

[4] （清）乾隆：《南苑新衙门行宫即事》（乾隆四年），于敏中等《日下旧闻考》卷七四《国朝苑囿》，清文渊阁四库全书本。

第六章 南苑与京城生态文化

了20多所寺庙道观,主要有德寿寺、元灵宫、永慕寺、宁佑庙、永佑庙、关帝庙、龙王庙、七圣庙等,其中德寿寺和元灵宫最为出名,也最具有代表性。

据《日下旧闻考》记载,顺治十四年(1657),顺治帝在小红门内偏西之处,模仿京城明代光明殿的样式修建了元灵宫,乾隆二十八年(1763)又重新进行修葺。每年的正月十五、七月十五、十月十五为神诞日,清代帝王均来此设道场进行祈福消灾活动,尤其是顺治、康熙、乾隆,他们多次到元灵宫瞻礼参谒,留下许多诗篇。如康熙皇帝曾为元灵宫作过一首《南苑元灵宫》诗,并在宫前恭立石碑,将御笔诗文镌刻在碑上。可惜原碑早已无存,现在仅有一块螭首龟趺碑座。他在诗中将这座道观写得很有气势:

> 杰阁横霄峻,清都与汉翔。规模开壮丽,星宿灿辉光。
> 碧瓦浮空翠,金铺映日黄。门当啼鸟静,户有异花香。
> 细草沿阶发,新槐拂槛凉。纡回疏辇路,藻彩绘雕梁。
> 警跸临仙境,瞻依问谷王。敬钦崇太昊,继述忆先皇。
> 岁月碑文古,乾坤事业昌。茫茫扶大造,暭暭体穹苍。
> 恭己身无倦,斋心念不忘。时巡非逸豫,几暇岂游荒?
> 卫骑骎骎列,华旍宛转扬。南熏披万物,北斗起千祥。
> 瑞气庭前见,佳辰昼正长。休歌白云曲,吾道在惟康。[①]

这首诗在康熙皇帝所作诗中属于上乘作品之一,不仅充满了恢宏威武的王者之气,而且摹景细腻,如同工笔画一样精细生动,绘声绘色。

乾隆皇帝后来至南苑大阅,拜谒元灵宫,依康熙皇帝此首诗的韵律也作诗一首,以抒发他的敬仰之情。诗曰:

[①] (清)康熙:《康熙皇帝有谒元灵宫诗》,《圣祖仁皇帝御制文集》卷三七。

讲武习勤的皇家苑囿

阅狩金舆驾，鸣驺赤羽翔。千官分鹭序，万姓仰龙光。
雪积平原白，泥铺御道黄。翠华来别苑，初地散天香。
杳霭云生路，萧森松泛凉。星辰围斗宿，丁甲护虹梁。
屏念瞻瑶殿，虔心礼素王。若临钦在上，作极愧惟皇。
祇以绍庭切，何能与物昌？律身怀监史，敷化体穹苍。
文德犹惭未，武功不敢忘。搜苗遵古制，逸豫戒禽荒。
簇簇云屯盛，悠悠雾斾扬。一阳初应律，三白已呈祥。
渐觉条风扇，新添丽日长。觐扬吾未逮，布治愿平康。[①]

乾隆确实是在模仿，亦步亦趋，没有灵气，比较平直，只是工整而已，仅这一首诗的水平而言，确实没有超过康熙。此后，乾隆皇帝又十余次谒元灵宫，几乎每次都作诗记之，如乾隆六十年（1795）的《入南海子瞻元灵宫有作》写道："向西归自东，路便谒穹宫。六十满年帝，八旬有五躬。砭孜虽已切，安阜念民穷。祖爱天恩厚，钦承愧一衷。（予十二岁即随侍皇祖于此行围，今八十五岁，计已七十三年矣，是诚史册之所少见者。）"[②]诗里充满了感恩和怀念，他说蒙受祖上的恩德和神仙的佑护，不仅健康长寿，而且为了民生勤勤恳恳地努力了一生。这是乾隆帝诗歌的典型特征，一般都爱在作品的结尾进行自夸，宣扬自己一心为民、勤恳一生的功绩。

雍正八年（1730），雍正皇帝为了向天下宣示重视农功，除了坚持每年驾临先农坛隆重举行"耕耤礼"外，还在南苑皇家苑囿中心位置择址修建了一座占地百亩的皇家神社土地祠——宁佑庙。据《钦定日下旧闻考》记载："宁佑庙山门三楹、大殿三楹、后殿五楹，东西御书房各三楹。宁佑庙在晾鹰台北六里许，雍正八

[①] （清）乾隆：《南苑大阅谒元灵宫》，《乾隆御制诗文全集》第一册卷二，中国人民大学出版社，2013。

[②] （清）乾隆：《入南海子瞻元灵宫有作》（乾隆六十年），《乾隆御制诗文全集》第五册卷九五，中国人民大学出版社，2013。

年建。大殿奉南苑安禧司土神像,恭悬世宗御题额曰'薰风布泽'。"皇上御题额曰:"福疆蕃育"。山门内碑亭一,恭勒御制海子行诗,诗载前卷。乾隆四十一年(1776)写下《御制宁佑庙瞻礼诗》:"海子居中地,灵祠奉祀虔。来瞻仲春月,建置卅余年。松已龙鳞作,碑新虬篆镌。安舆频奉豫,益寿祝绵绵。"[①] 宁佑庙距当时已经存在30多年了,雍正时期栽种的松树已经很老了,树的表皮都像龙鳞一样,但是香火还是十分兴盛的。

顺治十五年(1658),顺治帝在旧衙门行宫旁建德寿寺,后来被大火烧毁,乾隆二十年(1755)又重新加以修建,乾隆四十五年(1780)又进行了一次大规模扩建。当时,德寿寺宏伟富丽,为南海子众多寺庙之冠:"规制崇丽,庭中金鼎,范治精致。"乾隆皇帝很喜欢这个地方,每次来旧衙门行宫,几乎每天必至德寿寺瞻礼敬佛,赏花揽景。他尤其喜欢到德寿寺禅房修心养性,先后写下关于德寿寺的诗文不下20首。如《题德寿寺禅房》《德寿寺》等诗都渲染了这里清幽的环境,适合养心休憩。

德寿寺作为一座皇家寺庙,不仅环境清幽,适宜静心修行,而且还是清帝进行重要宗教活动和政治活动的场所,它是满藏友好的历史见证。顺治九年(1652)冬,西藏五世达赖经过长途跋涉来京朝觐,顺治帝就在此接见了他。128年过去了,到了乾隆四十五年(1780),六世班禅又跋山涉水进京为乾隆祝寿,双方友好地在此会见。为避免火灾,自清乾隆二十一年(1756)德寿寺重修后,寺内就没有居住过喇嘛僧。此次六世班禅喇嘛来京朝觐,与乾隆帝十分投契,"相看如旧识,会意亦通辞"。乾隆破例允许六世班禅喇嘛在德寿寺驻锡讲经,可见其对六世班禅喇嘛来京朝觐的高度重视,乾隆在《德寿寺诗》中忠实地记述了这一重大事件。因此,德寿寺不仅在中国佛教史上地位

---

① (清)乾隆:《御制宁佑庙瞻礼诗》(乾隆四十一年),于敏中等:《日下旧闻考》卷七五《国朝苑囿》,清文渊阁四库全书本。

讲武习勤的皇家苑囿

卓然,具有重要意义,而且在中国政治史、民族史上也占有不可或缺的一席之地。

(七)走向衰落

南苑的繁荣是需要严格管理和精心维护的,如果这些缺失无疑就会陷入衰败不堪的境地。因此,历史上的南苑也并不一直都是赏心悦目、令人心旷神怡之处。据《明穆宗实录》记载,隆庆二年(1568)三月,明穆宗以"左右盛称南海子,欲幸驾南海子"。其实南海子这时因疏于管理已经破败不堪,所以大学士徐阶等人劝谏穆宗不要去。穆宗不听非要坚持,结果乘兴而来,败兴而归。这表明到了明代中后期,由于帝王沉湎酒色、不理朝政、宦官专权,致使南海子趋于衰落荒废。到了万历年间,情况更加糟糕。当时在督察院任职的戴九玄写的《南海子》诗,具体描绘了南海子破败不堪的景象。由于缺少有效管理,这里的官员监守自盗,一片混乱,盗贼嚣张得白天也可以随便出没,在这种失控状况下不仅城墙崩塌,而且禽兽也都跑掉了,树木也被砍伐殆尽,连繁殖能力十分强大的野兔都失去了踪影,可见环境衰败得多么严重。

除了人为原因,自然灾害也对南苑破坏严重。康乾盛世不提,史料记载,仅嘉庆年间,永定河曾于嘉庆六年(1801)、嘉庆十年(1805)、嘉庆十五年(1810)和嘉庆二十四年(1819)先后四次决口泛滥,给包括南苑在内的永定河下游地区造成了严重的水灾。嘉庆皇帝的《海子行》一诗写出了南苑河水泛滥成灾的可怕情景:"永定门外南海子,地势沮洳众流委。辛酉季夏被涝灾,大堤溃决泛洪水。东下直灌北红门,浩瀚奔腾巨波弥。近来触目倍惊心,旧河淤垫新河徙。"[①] 由于地势低下,加

---

① 据《大兴县志》记载:"永定河北二工漫溢。二十二日,北上头工又漫口三百余丈⋯⋯漫水东流至南苑西红门,黄village门,冲坏墙垣,进入苑内六七里,深三四尺。难民逃奔,寻栖身之地。广储司拨银万两赈济。"

第六章　南苑与京城生态文化

上夏季过多的雨水,使得永定河洪水泛滥,来势凶猛地冲垮了南苑的围墙,直接灌到北红门内,使得美丽的皇家猎苑成为一片泽国。朝廷虽然勉强拿出少量的帑银进行修补,但是已经很难恢复原有的模样了。光绪十六年(1890)永定河再次泛滥,河水从海子北墙九孔闸(大红门东)涌入南苑,瞬间南海子地区变成了一片汪洋,苑墙被冲毁了,野兽全逃跑了。① 由于苑墙崩圮大半,麋鹿、黄羊等从苑内逃出,多被饥民所捕食。这次洪水对南苑造成了不可估量的损失,以后的南苑再也无法恢复到乾隆时期的盛景,无可挽回地走向破败不堪。

辛亥年(1900)八国联军侵入北京,曾在南苑一带与义和团发生激战。洋兵在小红门架起大炮几十门,轰击槐房村和新宫村,炸死炸伤义和团和无辜村民3000余人,两村被炸成一片焦土。后又偷袭南宫村,残杀无辜村民数千人,南宫宫殿和民房百余间变为一片废墟。与此同时,八国联军还烧毁了旧衙门行宫和宁佑庙,抢走了德寿寺的斤鼎和大量古籍法帖。日本士兵闯入团河行宫,抢走大量珠宝玉器、古画、古籍,不能带走的则全部砸碎。俄国士兵将团河行宫里1000多头鹿和麋鹿驱散。经此浩劫,行宫寺庙多被焚毁,鸟兽尽被射杀;苑围中养的最后一群麋鹿也被抢掠一空,并从此绝迹。清政府签订了卖国的《辛丑条约》,大量赔款,使国库枯竭、朝不保夕,更是无力重修南苑了。光绪二十八年(1902)六月二十三日,慈禧太后下令成立"南苑都办垦务局"(地点设在团河宫),出售"龙票"拍卖南海子的荒地。历代帝王的猎场,几百年的皇家禁地,从此被垦荒种田了。

综上所述,经过清代顺治、康熙、乾隆时期的不懈努力和大力经营,南苑得到了充分有效的治理,使这里成为北京城南

---

① 据《丰台区志》记载:光绪十六年(1890)秋,"永定河决口,水势径趋南苑、丰台、黄村,永定门外一片汪洋,洪水从南海子北墙九孔闸进海子里,围墙被冲倒,苑内放养的麋鹿等珍贵动物多被冲出墙外,任人追猎捕食"。

203

讲武习勤的皇家苑囿

"陂隰广衍,草木丰美"的自然湿地景观,生态环境极佳。康熙皇帝赞美它"景湛清华",雍正皇帝赞美它"熏风布泽",乾隆皇帝赞美它"迤延野绿"。南苑是清代帝王最想驻跸临憩的离宫别苑。乾隆帝于乾隆五十三年(1788)写的《新衙门行宫作》集中概括了他钟爱南苑的原因,他觉得在南苑休憩趣处多多,不仅可以小猎,借此增强体质,培养尚武精神,而且可以赏花观景,读书吟诵,生活好不自在。这或许是众多帝王将相和文人才子如此青睐南苑的原因所在,并因此留下这么多动人的诗篇。

第七章 民国时期南苑与北京南部变迁

一 南苑阅兵、兵营和火车线

南苑除了是辽、金、元、明、清五朝的皇家猎场外,还有一个重要功能就是练兵和阅兵。南苑练兵和阅兵兴盛于康熙、乾隆朝,并持续到了民国时期。南苑是京南门户,历来地位重要,自清代神机营驻军以来,民国政府也一直在此布置重要军事力量拱卫京师。为了适应南苑驻军的需要,便于京城守卫和运输军需物资,光绪三十三年(1907)三月专门修成了京苑(从永定门至南苑)轻便铁路。近代以来随着铁路发展,很多火车线路都在此交集,有利地促进了南苑的发展。

1. 民国阅兵

民国期间,北洋军阀及国民政府都在南苑进行过多次阅兵活动。有时规模比较大,如民国五年(1916)的阅兵,邀请了国内外的贵宾参加,有时是当地驻军正常的阅兵练习,如冯玉祥部、二十九军等进行的训练演习。即使新中国成立后,每次举行大阅兵,空军受阅部队的飞机还是从南苑机场进行起飞。

(1) 1916年阅兵式。1916年10月10日,为了纪念中华民国建立五周年,北洋政府大总统黎元洪专门在南苑营盘举行大阅兵,这是中华民国自1912年成立以来举行的首次大规模的阅兵仪式,黎元洪想借阅兵来巩固自身的政治地位,所以当时北

讲武习勤的皇家苑囿

洋政府对此高度重视，大总统黎元洪和国务总理段祺瑞及其他北洋高官一起于南苑演武厅观看。

10日早上6点多，北京正阳门大街上站满了军警，社会各界人士早已挤到道路两旁，等着看阅兵队伍。这次阅兵主要包括检阅、阅操与航空表演三大部分。黎元洪大总统亲自骑马行于受阅军队前进行检阅。陆军骑、步、炮兵大约5000人参加检阅与操练，受阅步兵方阵，均装备自德国或日本进口的步枪，轻武器水平达到欧洲军队一般水平。受阅炮兵方阵，主要装备进口于德国的野炮。当时的航空校长秦国镛亲自驾驶飞机进行航空表演，供大总统、政府官员乃至普通老百姓观赏，飞机从南苑起飞，在先农坛上空绕飞数周，这是中国军事史上首次有飞机参与的阅兵。并且，当时还用京苑专线列车接送应邀观看阅兵的嘉宾，这些嘉宾除了政府要员外，还有各国公使。

当时的政府为了这次阅兵的顺利进行，发布了专门公告，主要内容如下：

一、各参观员上午10点半钟到场。自11点起，前往南苑之马车及小火车，一律暂止交通。二、南苑火车准于10日上午8点、9点，分两次由永定门外车站开赴南苑。凡持有入场券者，均可乘坐，不取车资。三、各参观员无论乘火车乘马车，下车下马后，均应按一定线路，步入操场彩门。所乘汽车马车马匹或人力车，均应驶入制定之停车场内（下车马处及停车马处均有标识）。四、在场内参观地点，树有标识，各有一定范围，幸勿任意移动，免致哨兵干涉。惟特任官员及陪观员，于演排时得入演武厅陪视（入场券有准入演武厅戳记），由陆军部派员在演武厅各道口招待。五、场内餐棚，备有茶点。在大总统阅兵或休息时，及大总统离去操场后，各参观员得随便入棚息食。六、餐棚后设有厕所，不得任意在外便溺。七、参观员之仆从，一律在停车厂静候，不

第七章　民国时期南苑与北京南部变迁

得随便移动及喧哗。八、其余各项规则，均载在入场卷内。

从这些详细的条款可以看出，当年为了这次阅兵做的准备工作已经非常细致了，方方面面都考虑到了，甚至连"停车位置""不得任意在外便溺"都有明确规定。举行阅兵时第一次世界大战已经爆发了，不过中国还没有决定对德宣战。综合考虑当时我国的立场，推测这次阅兵可能目的并不简单，大概也有借检阅军队来展示我国军事力量，对外宣示安全诉求的考虑。

（2）冯玉祥举行的阅兵式。1922年12月25日，冯玉祥在南苑举行大阅兵。大总统黎元洪及陆军部参军人员、将领百余人受邀到场参观。在冯玉祥的带领下全军军容壮盛、步伐整齐、精神焕发、技术纯熟，在当时的北洋诸军中可谓是首屈一指，震撼了当时的大总统和陆军部人员。阅兵时有个小插曲。正当操演教练时，黎元洪突然叫出一名士兵询问："假定此时我军为攻军，已受敌人甚大损害，应如何处置？"兵答："前进。"黎又问："前进困难时怎么样？"答："我困难敌也困难。"黎元洪很赞许，又说："愈前进，则困难愈加，又怎样？"兵答："最后五分钟。"黎氏为之折服，说："最后五分钟，实胜败之所系。"随便一个普通士兵都能给出这样的答复，足见全军的教育程度、军队的精神面貌，的确非同一般。

1924年5月9日是"二十一条"国耻日，为进行爱国主义教育，冯玉祥特意于5月7日在南苑兵营举行了阅兵式，曹锟、吴佩孚等人坐在阅兵台上观看。七点一刻，演分列式。冯玉祥命鹿钟麟率部操练大刀，以发泄本部被克扣粮饷的不满。[①] 九点

---

① 李彦青在拨给冯玉祥的军饷中，私自扣下三个月的，并从北京请了著名的建筑师，在老家李元寨大兴土木，修起了宫殿式的大宅院。阅兵之后，冯玉祥曾派人前去领取枪械，李彦青再三推诿。冯玉祥为了装备部队，只好忍痛向李彦青缴纳10万大洋才将枪械领回。1924年10月23日，第二次直奉战争时冯玉祥发动北京政变，回京后的冯玉祥将李彦青绑缚至天桥执行枪决，并抄没其家。

讲武习勤的皇家苑囿

一刻由冯玉祥讲话,他以日军为假设敌,提醒人们"勿忘国耻",并带领全军连呼四声:"勿忘国耻!"十点半进行实战演习,有受伤者,由官佐眷属为其包扎。

(3)奉天军阅兵。1926年10月10日奉天军在南苑进行阅兵,当时的国务总理顾维钧、杜锡珪、韩麟春及夫人、东北军军团长张学良及夫人等众多要员到场观看,飞虎队12架飞机参加了演习。

(4)二十军阅兵式。1936年10月10日,面对咄咄逼人的日本驻屯军,二十军(冯玉祥西北军旧部)在南苑举行了万人国庆阅兵大典,邀请中外贵宾数百人参加。破格委任只有上校军衔的吉星文团长为阅兵指挥官。在日后的七七事变中,吉星文率部打响了全面抗战的第一枪。阅兵由阅兵式、分列式和集合训话(爱国教育)三部分组成。

二十九军源于西北军,所以继承了西北军的一些传统,如每年5月大规模的阅兵,借以检阅部队战斗力,教育官兵勿忘国耻。1936年4月,日本内阁决定向华北增兵,强化华北驻屯军,这给宋哲元及其二十九军带来严峻挑战。宋哲元决定于1937年5月7日在南苑军部举行声势浩大的阅兵活动,以此鼓舞士气,激扬斗志。当时阅兵台上站着日本驻华大使川越以及日本军事顾问樱井和笠原,他们高度关注宋哲元的一言一行。于是宋哲元只能向士兵们高喊:"一头撞进南墙不回头!"士兵们也随之情绪高亢地回应道:"不回头,不回头!"身为军长的宋哲元压抑自己心中的苦闷,不得已才喊出这个日本人不懂但中国士兵们都能理解的口号,借以表达誓死抵抗外来侵略的决心。而士兵们竟然也心领神会,同仇敌忾地予以回应,足见宋哲元和将士在平时的训练与相处中十分默契。

2. 南苑兵营

南苑为北京的南大门,自古以来就是兵家必争之地,清代以来一直是驻军重地。随着西方列强的入侵,清政府节节溃败,后来南苑一度管理松懈。但南苑的重要位置一直没有被忽

第七章　民国时期南苑与北京南部变迁

视,民国建立后,袁世凯及国民政府都把重要部队驻扎在这里。

(1)民国初年南苑驻军情况及发生的战事

1912年9月15日,袁世凯以大总统名义发布命令对军队进行整编,从中可以看出南苑的重要军事地位。他把北洋新军的六镇改为六师:陆军第一师(由原清末陆军第一镇改编,驻保定、张垣及多伦、归化一带)、陆军第二师(由原清末陆军第二镇改编,驻保定、迁安及卢龙一带)、陆军第三师(由原清末陆军第三镇改编,驻南苑一带)、陆军第四师(由原清末陆军第四镇改编,驻天津小站一带)、陆军第五师(由原清末陆军第五镇改编,驻山东青州、潍县一带)、陆军第六师(由原清末陆军第六镇改编,驻南苑一带)。[①] 其中驻军南苑的是陆军第三师和第六师,袁世凯把他最看重的六镇中的两镇驻扎在这里,可见他对南苑的重视程度。

随着北洋军的不断扩充,重兵在握的段祺瑞已展露锋芒,北洋集团内逐渐形成"只知段总长,不知袁总统"的局面。袁世凯本人依靠军事起家,视军权如命,明白军权旁落的意味,于是他决心重新组建一支只效忠于自己的嫡系新式军队,为以后复辟帝制创造有利条件。首先,袁世凯采取措施拆分陆军部的职权。1914年5月9日,在总统府设陆海军大元帅办事处,请回退隐的王士珍任筹备处处长。北洋军海陆军要员归入大元帅办事处,以分实权。其次,为了进一步控制军权而设立北洋军官训练班——陆军模范团。1914年10月23日,中央陆军混成模范团成立,简称模范团,旨在"培育将才,编练亲军"。袁世凯亲自兼任团长,赤峰镇守使陈光远为副团长,王士珍、袁

[①] 根据中国第二历史档案馆研究室编《北洋时期中央军队序列及职官表》、来新夏主编《北洋陆军史料(1912~1916)》及《北洋军阀史稿》总结而成。

讲武习勤的皇家苑囿

克定、张敬尧、李奎元为办事员。模范团住在旃檀寺、海甸、南苑等地。第二期,袁世凯的长子袁克定任团长,陆锦为副团长。这时不少官宦子弟托关系进入模范团,使得兵员素质大不如前。模范团的军官第一次代表中国前往欧洲,同陆军强国德国作战!模范团在南苑军营的教练场进行"五大技术"的军事训练,主要是射击、投弹、刺杀、爆破和土木作业,这是每个步兵最基本的五大技能。1916年6月6日,袁世凯亡故,模范团停办。模范团共培训了两期,第一期毕业生成为陆军第十一、第十二两个师,师长分别为李奎元和陈光远,继续驻扎在南苑。第二期毕业的改编为陆军第九师,师长为陆锦。后来国民党军队的许多将领都出自模范团,在一定意义上,模范团的建立对中国现代军队建设做出了一定贡献。

袁世凯去世后,北洋军阀群龙无首,张勋妄想复辟。讨逆的军事行动于1917年7月7日开始,12日即告结束,前后一共不过六天,中间还有四天顿兵不进,真刀真枪的战事只有两天。6日,讨逆军西路集中卢沟桥,东路由廊坊开进到黄村,在丰台的辫子军陷于腹背受敌的情势。张勋只带了辫子军5000人北上,这个兵力仅具象征性和威慑性。7日张勋派吴长植的一旅和田有望的一团开赴丰台驰援,由辫子军二营押后。结果吴、田的部队还没有到达目的地,就倒戈相向,驻南苑的第十一师李奎元旅和第十二师刘佩荣旅乘势将枪口对向辫子军,南苑飞机又飞往丰台向辫子军的阵地投炸弹,同时向清宫的乾清殿和中正殿也投炸弹,辫子军在这种情形下就逃之夭夭了。第十二师师长陈光远由南苑赶到丰台,东西两路讨逆军便在丰台会师。这就是讨逆军的第一次作战,但根本没有大战,且在炮火中,火车仍然照开。这次战争北洋军对辫子军倒戈相向,所以还没有正式交手辫子军就败下阵来。12日,冯玉祥率北洋军第十六混成旅由丰台出发,当夜抵北京城下,黎明宋哲元部奋勇椽梯

第七章　民国时期南苑与北京南部变迁

攀城，率前先攻入右安门，直扑先农坛、天坛。① 冯部炮兵首先开火，掩护部队前进。后来驻南苑的第十二师及第八师之一部登永定门城垣，向天坛俯击。同时，前门以内也发生激战。天坛的"辫子兵"支撑不住，挂出白旗请降。张勋见大势已去，乘汽车逃入东交民巷荷兰使馆。其残部被包围缴械，位于南池子的住宅也被焚毁。至下午三时，全城肃清，一出张勋复辟的丑剧到此收场。

（2）冯玉祥将军与南苑兵营

冯玉祥将军与南苑有着密切的关系，他曾三度往返南苑，特别是第三次驻军两年期间，在此策划了"北京政变"等重大事件。冯玉祥所部一师三混成旅3万余人驻军期间，纪律严明，训练刻苦，在保护地方、维持治安方面不遗余力，故与南苑人民相处极为融洽，成为一支颇受各方瞩目的重要武装力量。

光绪三十一年（1905），保定武卫军移师南苑，其军改称北洋军第六镇，冯玉祥所在的第三营分为前后两队。他由哨长升为司务长后来又升任后队排长。两年后，邮政大臣徐世昌升东北三省总督。北洋第六镇奉命随徐世昌开赴东北，冯玉祥于是随军离开南苑。1911年武昌起义后，冯玉祥发动并参与了滦州起义，起义夭折，50多人被杀，冯玉祥因陆建章的关系幸免于难，只是被递解回原籍。1912年，冯玉祥又回到陆建章的部队，

---

① 1916年3月，北京政府陆军次长傅良佐调北洋军第十六混成旅的一个团去甘肃驻防。当时，第十六混成旅驻直隶廊坊，旅长冯玉祥以冀、陇两地相距甚远，势难兼顾，恐军纪松懈，教育退化，提出调全旅同往甘肃。傅良佐大怒，说冯玉祥抗命。一个月后，陆军部下令免冯玉祥旅长职，调为第六路巡防营统领，将杨桂堂升任第十六混成旅旅长。陆军部调令下达后，第十六混成旅官兵一片哗然。段祺瑞恐激起兵变，就请陆建章出面，亲赴廊坊调人。冯玉祥为避"抗命"之嫌，两次电催杨桂堂来廊坊接任旅长职，并派参谋长赴京迎接。冯玉祥则请了长假，到北京西郊天台山"休养"去了。张勋复辟之后，段芝贵为解决兵源不足的问题，决定重新起用冯玉祥，让冯率第十六混成旅加入东路"讨逆军"战斗序列。冯玉祥不计前嫌，带着全旅去攻打辫子军。

讲武习勤的皇家苑囿

在他所任左路备补军中任前营营长,重新回到南苑。1914年春,白朗率河南起义军入陕,冯玉祥所在的陆建章部被编为陆军第七师,陆任师长兼西路"剿匪"督办。同年夏,率部由潼关入陕镇压白朗起义军。由于他在镇压起义中"立功",职位得以迅速提升。1914年10月,冯玉祥任北洋军第十六混成旅旅长,当时才33岁,已是北洋系一位少将军官。1922年10月31日,总统黎元洪下令免去冯玉祥的河南督军职务,调任陆军检阅使。冯玉祥于11月3日率部第三次抵达南苑,在南苑航空署旧址组建了陆军检阅使署。冯玉祥这次驻军期间做了许多有益于南苑乃至全国的大事,在历史上影响深远。

第一,加强训练。在驻军南苑近两年的时间里,冯部官兵的实力有了一个质的飞跃。冯玉祥完善了一整套练兵方法,练就了3万精兵。他平时生活是"两杯开水三千步,一盘咸菜两碗粥"。在兵营里冯玉祥经常穿着和士兵一样的布军服,同士兵在一起蹲着吃贴饼子、喝白菜汤,不许剩菜剩饭。在他以身作则、严格管理下,经过两年的南苑练兵,冯部成为一支纪律严明、骁勇善战的军队,为日后西北军的发展壮大打下了基础。

南苑练兵的内容主要分学科和术科两大方面,按不同等级进行训练。在学科方面,冯玉祥特别注重精神教育,包括爱国精神、舍己救人精神、为社会服务精神、刻苦耐劳精神等。冯玉祥在爱国教育方面下了很大的功夫,他专门印发了"国耻地图",发给官兵每人一张。凡是被列强抢去的中国领地都在地图上用红色标明,并标注哪一块领土是何年何月何日,通过哪些战争,根据什么条约,被哪个列强侵占的。每个士兵的床头贴着志愿书,有六条的、有八条的,如爱国的、勤学的,每天对照检查做得怎么样。有人说:"冯玉祥的军队不得了,当过三年兵以后,土匪也变成大姑娘了。"这是因为冯军士兵走路时保持军姿,对群众不干扰,不进民房,同时也识字了,有文化了,变得文明了。并且在冯部,每人所学的内容也不同。官佐所学

第七章　民国时期南苑与北京南部变迁

内容有：正副目学《军人教科书》《八百字课本》《各种兵教科书》《简明军纪》《军人教育》《军歌》《军士战术》《军事勤务》等。初级军官所学的内容增加《初级战术》《军人宝鉴》《军人读本》《典范令》《曾胡治兵语录》《左传摘要》等；中级军官所学的内容增加《高级战术》（聘请法、日教官讲授）、《兵器学》、《欧洲战史》、《国文》、《易经》及《子书》一两种。

在术科方面，主要的训练项目是：刺枪、劈刀、器械体操、应用体操、八道拦阻、沟垒比赛、挖掘起伏地等项。其中特别重视体力锻炼、射击训练和夜战训练。冯玉祥练兵历来亲自督练，从不懈怠。每次出操前，他要求士兵端"枪架子"，练臂力，练瞄准，营房里处处设有人头靶，供士兵随时练习。为适应夜战，士兵一入伍就要先学会识星辰辨方向，还要熟练夜间集合的动作要领，就寝前衣物和装备按规定摆放，紧急集合时穿戴服装、佩带装备也有一定秩序。他认为夜间战斗是对装备占优势的敌人作战的重要手段。他要求班、排、连都进行刺枪、劈刀的练习。每个士兵都有一把特制的中国式大刀，背在身上寒光闪闪，刀把上的红绸迎风飘动，显得格外威武。冯玉祥还教士兵光着膀子演练冲锋、肉搏。尤其强调注重耐热、耐寒、耐风雪等适应恶劣自然环境的训练，常在冬季大风雪或酷夏暴雨时举行全军行军、战斗演习。曾经有一次在最冷的天气，举行全军夜间挖战壕比赛，土冻半尺，不准用火烤，只能用大铁杠子一寸一寸地凿。部队干了一夜加半个白天，才完成了各自划分的地段，数百人受伤。事后总结时，有的长官说："这次比赛的激烈程度，真不亚于实际战斗呀！"冯玉祥说："军队如果不养成耐寒的精神，没有吃苦的锻炼，没有硬地挖战壕的本领，一旦对敌作战，遇到恶劣的天气和环境，怎么能顶得住？顶不住，怎么能进攻？不进攻，怎么能打胜仗？"

体育运动方面，冯玉祥要求官兵们练单杠、木马、打拳、跳高、跳远，特别是单杠，要求每个人必须学会"屈身上""摇

讲武习勤的皇家苑囿

动转回""倒立"等动作,还要官兵学会游泳。通过这些训练,提高官兵的身体素质,锻炼他们的意志和耐力。有时,他让部队全副武装,携带武器、弹药、背包、水壶、饭盒等全套装备,进行逾越障碍竞赛。

冯军素有"静似泰山,动如奔潮"之誉,殊不知这完全是苦练出来的。周恩来曾评价冯玉祥说:"先生善练兵,至今谈兵的人多推崇先生。"

第二,严军纪肃,杜绝扰民。当时很多军阀部队,一出动就要祸害黎民百姓,闹得鸡犬不宁,这种情况在冯部几乎没有发生过。一次严冬天气野营训练,风非常大,气温极低,演习部队冻死六个人,冯玉祥马上下令停止演习,统统回营。途经宛平县休息时,在那样恶劣的条件下,部队仍然坚持"不扰民",不进民房。饭盒里的大米饭和咸菜都冻得硬邦邦的没法吃,又冷又饿,也没人到老百姓家找口热水喝。冯玉祥规定军人一律不准坐洋车,不准拿百姓一针一线,公平买卖,不准赊欠。他还时常派指挥官到镇上的各家店铺去查账,看有没有军人买东西不给钱或者欠账不还的。冯玉祥率军在北京驻扎将近两年,有人著文称他"率重兵镇于此者垂一年,京畿治安秩序之佳,为民国以来所仅见",赞誉甚高。

第三,热心公益事业。冯玉祥率部驻扎南苑后,为当地群众解决了很多实际存在的困难和问题。例如,他坚决取缔了南苑地区的妓院、烟馆;驻军经常整理镇内的环境卫生,定期检查,使得镇容大加改观;还在南苑大搞绿化,自南苑经大红门乃至永定门的大路两侧全都种上树木。

冯玉祥还积极发展地方文化教育事业,教育官佐眷属学习文化、技术。冯玉祥在任陆军第十六混成旅旅长时,曾经在湖南常德创办了一所官佐子弟学校,专门为其所属部队的军官子弟提供就学机会。1922年,随着冯玉祥进驻南苑后,先是把学校从常德迁到北京西直门内南小街井儿胡同,后来又把学校迁

第七章 民国时期南苑与北京南部变迁

到南苑团河行宫内,并将学校更名为"北京育德中学"。当年15岁的彭雪枫投奔冯玉祥部下的族叔彭禹廷,得以进入育德中学学习。[①] 在学习期间,彭雪枫成绩优异,被特聘为学校小学部国文老师,他还阅读了大量进步书刊,并加入了中国共产主义青年团,从此走上革命的道路。在校期间彭雪枫还结交了不少好友,如过家和、过家芳、赵蓬如、郭武林、赵子众、王志远、路庭训、吴青海、王耀德等同学,受彭雪枫影响,后来他们很多人都投身到抗日救国的伟大事业中,成为革命队伍中的骨干力量。上面提到的过家芳同学,是彭雪枫在育德中学最好的朋友和最得力的助手,在彭的帮助鼓励下,过家芳走出育德中学后进入张家口陆军军官学校,毕业后长期在西北军中任职。过家芳曾参加过长城抗战、徐州会战、枣宜会战等著名战役,并在彭雪枫的介绍下秘密加入中国共产党。在解放战争中,过家芳于徐州北运河率部起义,先后任解放军第77军、第34军副军长和南京警备司令部参谋等重要职务,成为中国人民解放军的一名重要将领。除此之外,冯玉祥还兴办了女学,让女学生穿衬衣、裙子,实行文明、开放、公平教育。

1924年夏,北京连降大雨,永定河水骤然猛涨,丰台镇南的黄土坡堤岸被洪水冲开缺口100多丈,严重威胁着京奉铁道和沿途数百个村庄的安全,北京永定门一带的居民惊慌失措。冯玉祥听说后,立即派鹿钟麟率两旅士兵前往大堤,连夜抢修,协助永定河河务局防汛抗洪,最后将决口堵住。与此同时,冯玉祥向当地居民发出通告,如果一旦决口,百姓可以迁入营区,并由军队负责供给饮食,这样一来就打消了百姓的顾虑,稳定

[①] 彭雪枫(1907~1944),生于河南省南阳市镇平县,中国工农红军和新四军杰出指挥员、军事家。参加过第三、第四、第五次反"围剿",二万五千里长征,组织过土成岭战役,两次率军攻占娄山关,直取遵义城,横渡金沙江,飞越大渡河,进军天全城,通过大草原,是抗日战争中牺牲的新四军最高将领之一。他投身革命20年,被毛泽东、朱德誉为"共产党人的好榜样"。

讲武习勤的皇家苑囿

了民心。为了彻底解决后患,冯玉祥又决定加宽、加深河道,根治永定河水患。为使工程务必赶在春天水涨以前完工,他一团一团地将人开上去,五天一倒班,在风狂沙暴的天气里施工,苦干了几个月最终完成,冯军此举得到老百姓极大的尊敬和称赞。

第四,建立昭忠祠。为了旌表在反对袁世凯称帝的护国战争、讨伐张勋辫子军和第一次直奉战争郑州战役中阵亡的官兵,使他们的灵魂得以安息,1922年冬,冯玉祥经请大总统曹锟批准,发洋5000元,在南苑镇西南嘉则庄一处义地上,筹建纪念阵亡官兵的祠堂。1924年9月10日,南苑昭忠祠举行落成典礼。冯玉祥对参加落成典礼的部队官兵说,民国以来十几年间,有这么多忠勇将士为国捐躯,他们的精神是不朽的。激励部队官兵要以英烈为楷模,常怀报国之心,不做"一姓私奴"和"军阀走狗"。当时北京军政各界及大名镇守使兼第十五旅旅长孙岳等都派人员出席了南苑昭忠祠的落成典礼仪式,并祭奠阵亡官兵忠魂。昭忠祠的门额是冯玉祥将军亲笔书写的"气壮山河",碑文由冯玉祥礼聘的清朝状元——山东潍县王寿彭亲笔撰写。门口有一对从团河行宫大宫门前搬运来的铁狮子,整座祠堂占地面积约十公顷。当年祠堂建成后,冯玉祥曾派专人守护,晚上点上灯火,并定期打扫墓地。每到清明时节,冯玉祥将军还会亲自到义地为阵亡官兵祭扫墓地。由于祠堂是冯玉祥所建,所以民间又把这里称为"冯玉祥将军义地"。

第五,草亭秘议与"北京政变"。1924年9月冯玉祥与孙岳在南苑昭忠祠草亭秘商"讨直秘议",随后发动了"北京政变",推翻了反动的北洋政府,把清朝末代皇帝驱逐出宫。南苑兵营是当时的指挥中心,当时各方要员都往来于此。

第一次直奉战争后,冯玉祥受革命影响,暗中与南方革命党联络,国民党人徐谦、钮永建、王法勤、丁惟汾、李石曾等奉孙中山之命,时常同冯玉祥联系,劝冯联合奉、皖,将直系

第七章 民国时期南苑与北京南部变迁

军阀吴佩孚推翻。奉系首领张作霖也派来马炳南、郭瀛洲与冯玉祥取得联系,奉军又秘密接济了冯军一些补给。双方约定,以奉军不入关为主要条件,共同反直。冯玉祥派遣参议刘之龙赴天津与段祺瑞洽谈,约定将来由孙中山主政,段祺瑞主军。同时,冯玉祥积极争取北方将领孙岳、胡景翼,并与之秘密结盟。第十五混成旅旅长孙岳,早年曾加入同盟会,在滦州起义前就与冯玉祥结交,两人长期往来无间。冯和孙不但在遭受吴佩孚的排挤方面有共同境况,又是志同道合的好友。1924年9月10日,孙岳趁南苑昭忠祠建成之际,专程前往祭奠,他们在昭忠祠一个草亭内秘议倒戈讨直,制订了推翻直系政权的计划,历史上称之为"草亭协议"。胡景翼原是同盟会会员,在冯玉祥督陕时与冯建立起友谊。胡素有革命思想,不愿对南方作战,迟迟不开拔,引起吴佩孚不满。恰巧孙岳来与他晤面,胡大喜,遂派部属岳维峻赴京见冯,表示绝对服从冯的命令。数日后,胡景翼借口到北京就医,亲自与冯密谈,表达与冯合作的决心。至此,冯、胡、孙三角同盟形成。冯玉祥同时与黄郛建立联系。黄郛是同盟会会员,在辛亥革命时曾参与上海光复,与陈其美、蒋介石订为结义兄弟。黄郛是1923年入北洋政府内阁的,先后任外交总长、教育总长。冯玉祥经张绍曾介绍认识黄郛,两人一见如故,于是冯每星期都请黄到南苑兵营讲述军事政治学及救国救民之道,为冯部参谋将士讲解国际及国家大势,每次演讲约两个小时,冯亲自与全军营长以上官佐一同听讲。黄郛则利用职务之便为冯探听政界消息,并为他出谋划策。

1924年9月,爆发了江浙战争。9月3日,张作霖通电谴责曹、吴攻浙,并以援助卢永祥为名,组织"镇威军",自任总司令,将奉军编为6个军,总兵力约15万人,于9月15日分路向榆关(山海关)、赤峰、承德方向进发,第二次直奉战争爆发。冯玉祥乘吴佩孚在长城山海关一线与奉军激战之时,率部从古北口、密云前线秘密回师北京,在北京警备副司令孙岳配合下,

讲武习勤的皇家苑囿

于10月23日晨占领北京城，囚禁了曹锟，发动"北京政变"。冯玉祥一贯痛恨封建帝制，"北京政变"后，决心以全力，行其素志，把宣统皇帝溥仪逐出宫去。11月5日，摄政内阁作出修正优待清室条件，永远废除皇帝专号，将故宫一律开放，备充国立图书馆、博物馆之用。冯玉祥当天就令北京警备总司令鹿钟麟和警察总监张璧执行，将宫内太监470余人、宫女百余人分别付资遣散，又用汽车5辆，送溥仪及清室"后妃"移居什刹海"醇王府"。11月29日，溥仪偕同郑孝胥、陈宝琛两人，由"醇王府"逃往日本公使馆，不久，又从日本公使馆逃往天津日租界。

3. 南苑火车线

清政府修筑了以北京为中心的铁路网，主要由京奉铁路（北京—奉天）、京汉铁路（北京—汉口）、京张铁路（北京—张家口）和津浦铁路（天津—浦口）四条主干线组成。津浦铁路虽然不是以北京为起点，但它在天津与京奉铁路相衔接，成为北京联系东南沿海最重要的交通干线，因此也算是北京铁路网的一部分。除了这些干线外，还有一些支线或短程铁路，如北京至通州的京通支线、永定门至南苑的京苑轻便铁道等支线，它们与干线一起共同构成了北京铁路网。南苑作为京南门户，自古以来地位就十分重要，到了中国近现代，随着铁路的开通，地位也愈加凸显，有多条线路经过这里，促进了南苑的经济和社会发展。

（1）马家堡火车站——北京最早的火车总站。马家堡在历史上曾是京南著名的村庄，现在为南苑乡一个行政村。马家堡火车站（现今的南站货场的南侧）旧址在马家堡村北，马草河北边，铁路呈东西方向。马家堡站是北京城最早的火车总站，也是最早开通有轨电车的地方。

李鸿章于光绪十一年（1885）奏请修建津通铁路，计划从天津修到通州，但此建议被搁置。光绪二十年（1894），清朝朝

第七章　民国时期南苑与北京南部变迁

廷议定修建天津到北京的铁路，只是路线改为从天津到卢汉铁路（卢沟桥到汉口）的起点卢沟桥，名为津卢铁路。光绪二十三年（1897），津卢铁路由丰台向北京城延伸至马家堡，在距离永定门3公里的马家堡建设客货混运车站。后来津卢铁路被称为津京铁路，成为京奉铁路的一段。京奉铁路上最早建成的路段是1881年建成通车的唐胥铁路（唐山至胥各庄），这一段铁路最早于光绪三年（1877）开始修建，最初以骡马作为牵引动力。光绪十四年（1888）延长至天津东站，本有延长至通州的计划，后因清政府顽固势力的阻挠最终搁置，后来经过廊坊、丰台延长至北京。

这里有几点要注意，一是北京建设最早的车站虽是丰台火车站，但是丰台站是途经站，不是始发站和终点站，所以北京最早的火车总站应该是马家堡站。二是同治四年（1865）英国人在宣武门外及后来在北海、南海建过火车站，但这些只是供小部分人娱乐，不能算作真正意义上的公共交通设施，不是真正意义上的火车站。津卢铁路建成通车后，这是以天津作为起点的我国最早的一条复线铁路。100多年来，这段铁路维系着京、津两大城市，联结着京（津）山、津浦两大铁路干线。三是马家堡火车站是按照客货两用标准而建，它作为津卢铁路的一站，与卢汉（后来称平汉、京汉）铁路连轨。京汉铁路在北京地区的车站有前门、西便门、跑马场、卢沟桥、长辛店、南岗洼、良乡县、窦店、琉璃河等。其中长辛店站至丰台的丰台支线，长10公里，与京奉铁路衔接。京奉铁路在北京地区的车站有：正阳门东站、东便门、永定门、丰台、黄村、安定、万庄。其中的永定门站即是马家堡站①。支线有：丰台至卢沟桥与京汉铁路衔接，长19公里；正阳门至通州的京通支线，长21公

---

① 1902年5月，马家堡站向北迁移1公里，在新修的京汉、京沈宽轨铁路旁边建立了马家堡临时停车站，更名为永定门火车站，后来永定门站一直作为去往上海和去往广州列车的始发站。

讲武习勤的皇家苑囿

里。四是马家堡站虽然不是京张铁路的站点，但它作为京奉铁路的站点，也等于和京张铁路相连通。京张铁路在北京地区的车站有丰台、广安门、西直门、清华园、清河、沙河、昌平县、南口、东园、居庸关等。它在北京地区的支线有：西南门站经德胜门、安定门、东直门、朝阳门、东便门至正阳门东站的环城支线，长 15.38 公里，与京奉铁路衔接。京张铁路打开了天津与华北、西北的通道，进一步完善了以天津为中心的北方物流体系。

车站选定了马家堡是出于多方面考虑：既不能震动大清国都的"龙脉"，让顽固派找借口反对，又要达到便利交通的目的，以满足各方面的需要。首先，它距离城墙的直线距离只有 2 公里，而且距离南城两个重要的城门右安门和永定门很近，旅客在这里下车很方便就可以进城。其次，马家堡古时就是进京的交通要道，地势平坦，人口众多，是南城居民集中的地区，商业、会馆发达，客流物流多。最后，经商的货物进京需要纳税，"税务部门"就在崇文门，也是南部，所以选择在城南建站是为了方便人员流动和货物流通。

马家堡不只是北京最古老的火车站，还是北京最早的有轨电车站。火车站建成后，带动了周边地区商业和交通的不断发展。为了方便京城人员上下火车，英国人推出了"最后一公里"方案：他们从德国西门子公司直接进口了若干辆当时最先进的有轨电车，兴建了"马永线"（马家堡至永定门）电车线路，更加促进了南苑地区的繁荣。这样一来下了火车的旅客就直接换乘有轨电车，可以方便地进城了，因此这条线路一建成就受到了旅客们的欢迎。它比北京城内的有轨电车要早 20 多年，是中国第一条有轨电车线路，老百姓当时称为"铛铛车"。后来北京城内要通有轨电车时，1918 年 9 月 1 日《群强报》向市民介绍电车"是光绪二十六年（1900）以前永定门到马家堡安过的电车。这种电车，是在当街马路上铺上铁轨，旁边竖上铁柱，柱上安横梁，梁上悬电线，电车在铁轨上行走，借上边电线的电力，要开就开，要住就住，要快就快，要慢就慢"。看来当时很多人对这条有轨电车线路都十分熟悉了。总之，正是诸多原因综合，使得马家堡最早幸运地拥有了当时世界上最为先进的两种轨道交通方式——有轨电车和火车。

火车站的投入运营带动了附近的交通十分便捷。光绪二十四年（1898）为便于人们乘车，英国人在车站之北一里的凉水河上修建了一座水泥桥，取代了原来的土桥。因桥是用洋水泥且又是洋人所修，故当地百姓俗称之为"洋桥"。后来在此桥南边形成一个自然村，取名洋桥村。自此，桥名为地名，沿用至今。

光绪二十六年（1900）义和团运动扩大到北京，6月12日马家堡车站被夷为平地，当地人称之为"火烧洋楼台"[1]事件。八国联军占领北京后，英国人擅自将铁路从马家堡延长到了永定门，紧接着又修到了天坛。光绪二十七年（1901），英国人拆除了永定门至天坛段，直接从永定门修建了通向正阳门的铁路。光绪二十八年（1902），老佛爷慈禧返京时因卢汉铁路尚未通车，皇室人员于10月28日10时在保定改乘专列，12时在马家堡车站下火车。当时为了迎接太后归来，官员们还在车站搭建了一个彩牌楼。也正是光绪二十八年，马家堡站向北迁移1公里，在新修的京汉、京沈宽轨铁路旁建立了马家堡临时停车站，后来更名为永定门火车站。此后的50多年时间里，永定门站一直作为去往上海和去往广州列车的始发站。

马家堡火车站在历史上只存在了短暂的不到10年的时间，[2]

---

[1] 马家堡火车站为英国人监制，外形具有典型的西洋风格，车站有三层楼高，气势恢宏，建成后成为当地的地标式建筑，被当地人称为"洋楼台"。
[2] 光绪二十三年（1897）马家堡建成客货混运车站，如果到光绪二十八年（1902）改成永定门的名字算起，就是将近7年的历史，如果算到光绪三十二年（1906），铁路经永定门延伸到前门，马家堡车站被撤销，那就是将近10年的历史。

讲武习勤的皇家苑囿

后来随着前门东西车站的相继建成，马家堡火车站也就风光不再，渐渐荒芜，从人们的视野中消失。虽然它存在的时间不长，但是它对带动周围地区的商业、市政、交通以及促进中国铁路事业的发展起了重要作用。火车站建成并投入使用，经济的发展，很多新兴的店铺，例如茶棚、缸店、旅店、澡堂子、落子馆等在车站周围出现，其中王记茶棚和福是楼（音）在整个城南近郊都小有名气。车站周围还建有一些大栈房，用于商人存货，搬运工人也聚集于此成立"脚行"，这一行业得以兴盛。可以说，马家堡已经成为当时永定门外最繁华的地点了，其繁华程度甚至大大超出了北京城内的一些地方。

（2）京苑轻便铁路。为了适应南苑驻军的需要，便于京城守卫和运输军需物资，清朝专门为此修筑了京苑（从京奉线的永定门至南苑万字地）轻便铁路。① 光绪三十一年（1905）冬由练兵处奏设，光绪三十二年（1906）铺设，光绪三十三（1907）正式通车，只是用于军事运输。② 京奉铁路开通之后，这条线路又被称为京奉铁路南苑支线，是连接南苑机场的铁路支线。

京苑铁路为窄轨铁道，轨距1米，设有永定门、大红门、营市街等站。铁路归属军队管理，永定门站为军用车站，其他站办理客运业务。这条线路曾有4台机车、10辆货车、2辆花车。原来本是一条轻便铁路，1941年9月开始改建为标准轨距，并且北与永定门站接轨、南延至南苑军用机场，正线终点向东延长至10公里。虽然只延伸了几里路，但是方便许多，直接与京城相通，使南苑的战略地位日益凸显，并成为北京城南的重

---

① 辛亥革命以后，随着南苑镇的发展，原来的"万字地"旧名逐渐被"南苑"取代，"南苑"才不再是清朝皇家苑囿的专称，而是作为一个村镇名称出现在北京的地图上。

② 肯德（Percy Horace Kent）：《中国铁路发展史》三联书店，1958，第65页；宓汝成编《中国近代铁路史资料》第二册，中华书局，1963，第806页；辜鸿铭、孟森：《清代野史》，巴蜀书社，1998。

第七章　民国时期南苑与北京南部变迁

要门户。

清代兰陵忧患生写有《京华百二竹枝词》，其中《南苑驻军》一诗是赞颂京苑轻便火车的："一六森严两镇兵，分屯两苑卫神京。来往南苑尤称便，军用火车已畅行。学堂各省一齐开，都为中华养人才。今日指挥试兵法，调他南苑陆军来。"其中"一六"两句指清代的陆军第一镇驻北苑，第六镇驻南苑；"学堂"指各省都可办军校，但毕业生必须送到陆军部参加考试，并且调他们到南苑陆军部，检验其指挥各法，看来当时的南苑是军校学生的练习场。

综上所述，民国时期南苑地位十分重要，不仅一直有驻军，而且多次在此举行阅兵活动，还修建了火车站，与多条线路相通，加强了南苑和北京以及全国的联系，有力地促进了南苑的经济、文化、社会等各方面繁荣发展。

二　南苑航空学校与南苑机场

北京南苑机场位于北京市丰台区，距离天安门广场13公里，距首都机场约40公里。它是中国第一个军用机场，也是第一个民用航空机场。南苑机场大约走过了100多年的发展历程，见证了国运的百年兴衰在中国航空事业史上留下不可磨灭的印记。

1. 南苑航空学校

随着飞机广泛运用于军事领域，各国逐渐意识到其在未来战争中的巨大作用。早在晚清时期，清政府就已经非常重视航空事业，多次选派留学生赴英、美、法等国学习先进的军事航空技术和飞机制造技术。这些留学生学成归国之后，大多投身航空建设中，为我国航空事业的发展做出了重要贡献。

（1）航空学校的建立

在清政府培养一批飞行人员的基础上，袁世凯进一步把中

223

讲武习勤的皇家苑囿

国的航空事业推向深入发展，建立了中国乃至亚洲第一所正规的航空学校——南苑航空学校。（1916年日本才有第一所民间飞行学校，1919年日本政府才创办了第一所正规航空学校。）1912年，当时作为陆军部首席参事的留法飞行家秦国镛，深虑国家无空军不能与列强抗衡，遂通过法国驻北京公使馆武官、总统府顾问白理索向临时大总统袁世凯建议购置飞机，将自制飞机模型向袁世凯进呈，请求开办航空学校，培养飞行员，为建设空军造就人才。同时，白理索（Balliso）也提出"飞潜计划"，建议成立航校培养飞行人员。袁世凯不仅同意而且将建议书批交到参谋本部办理，民国政府决定在南苑开办航空学校，向欧洲列强借款30万银圆，用其中的27万向法国高德隆飞机公司购买了三种40、50、80马力共12架高德隆G-4型双翼教练机，其中包括水上飞机1架以及维修器材和设备。并聘请法国飞行员、驾驶员、机械员、机身员各1名。同时，又拨款6万银圆对南苑机场进行扩建，并修建飞机修理厂、仓库、校舍和安装机器等。

1913年9月，袁世凯在南苑创建了航空学校，宗旨在培养造就空军人才，为组建空军做准备。1918年10月，首任校长秦国镛辞职，由厉汝燕继任校长。1919年底，新任国务总理的皖系军阀首领段祺瑞为了抓住航空大权，将航空学校更名为航空教练所，并在国务院内设置航空事务处，合并了原来属于交通部的航空处，专司航空事务。此时，陆军部与英商维克斯公司签订中英航空贷款合同，引进阿弗罗504K教练机60架、维梅式运输机40架、维梅式教练机35架。阿弗罗教练机安装有联动的两套操作设备，前后舱还有通话软管。如此设计在飞行过程中，教官可全程指导学员操作。虽有教官带飞，但该机速度快，因此机毁人亡的事故也时有发生。航空学校第三、四期学员均使用阿弗罗式教练机完成学业。1921年，航空事务处扩大为航空署，统管飞行练习、机械维修和航空邮运航线等。1923年5

第七章 民国时期南苑与北京南部变迁

月,直系军阀曹锟控制北京政权后,又将航空教练所更名为国立北京航空学校。由于连年军阀混战,时局动荡,航校的发展也深受影响,短短数年间,就五易校长,以致正常的教学和训练工作经常被打断,1925年第四期学员毕业后,南苑航空学校已经到了难以为继的地步,无力继续招生。1928年5月,随着北洋政府的垮台,南苑航空学校也一并被撤销。

南苑航空学校的学员都是从陆、海军各机关部队的现役军官中选拔,再由航空学校进行身体检查方能通过。从1923年开始,除从陆、海军军官中选拔外,还开始从中学生中招收学员。其挑选条件十分严苛,必须五脏健强,毫无宿疾,身长、体重适度,对目力要求尤其严格:远视、近视皆不得其选,色盲尤为所忌。身体合格者方可参加学科考试,体格、学科考试都合格,方予录取。学员的官阶以中尉和少校为限,年龄限于25~30岁,学习期间支给全薪,学校另给津贴10元,被服、伙食和医药,统由公给。虽然它只短暂存在15年,却先后四期共培养了100多名飞行员,在中国航空史上占有重要地位。它在传播航空军事知识、培养航空专业人才等方面,产生了深远的历史影响,有些学员日后成为中国航空事业的骨干,有的甚至还成为新中国航空事业的先驱。以下简单介绍与航校有关的重要人物。

秦国镛(1876~1940),湖北人,是我国最早的航空学校的创办人和民国空军的奠基人,他在航空界享有"中国航天之父"的美誉。光绪二十九年(1903)秦国镛先是以湖北官费留学法国,入三锡士官学校,习陆军马科,后转入比利时航空学院学飞行及机械科。于宣统三年(1911)春学成归国,并携回一架50匹马力的"高德隆式"单座教练机。由于他是第一个学成归国的飞行员,在当时影响很大,北京的《顺天时报》还为此特别关注,刊出其"试演重体航天器"的新闻广告。

厉汝燕(1888~1944),字翼之,浙江省定海人,是中国近

讲武习勤的皇家苑囿

代航空飞行家。他先是自费考入了英国伦敦纳生布敦工业学校，宣统元年（1909）毕业后又进入英国布里斯托尔飞行学校。宣统二年（1910），钱文选出任清政府驻英留学生监督后，了解到厉汝燕的才华，即电请清政府陆军部，请速拨给英币 200 镑（合中国银洋 2000 元）。经摄政王载沣批准，给予其陆军部公费生待遇。宣统三年厉汝燕毕业后经英国皇家航空俱乐部考试合格，取得飞行员执照，成为我国较早取得飞行执照的飞行员。同年他受革命军政府的委托，在奥地利选购两架"鸽式"单翼机回国，价款则系海外华侨集资捐献，当年 12 月运抵上海时，清廷已被推翻。1913 年 3 月，袁世凯大总统下令，将此二机调往北京划归驻南苑陆军第三师，并附设随营飞行教练班，厉汝燕任班主任兼修理厂厂长，1920 年航空学校改成航空教练所，厉汝燕改任所长。1924 年 4 月 21 日，中华民国北京政府授予厉汝燕陆军少将军衔。

潘世忠（1889～1930），江苏青浦赵巷乡人。光绪三十年（1904）留学法国，因为技术优秀曾获得法兰西国际航空联合会颁发的飞行证书。宣统三年回国后被任命为中华民国临时总统府顾问，管理飞艇事务。1913 年 9 月南苑航空学校开办后，他先后担任航空机械教官和修理厂厂长。

鲍丙辰（1889～?），直隶万县人，光绪三十三年（1907）被清廷选派法国留学，宣统三年改学飞机驾驶技术，1914 年学成回国，在南苑航空学校担任飞行教官。

姚锡九（1892～1946），江苏宿迁人，光绪三十四年（1908）左右进入清政府办的"陆军小学"，并由该校派往法国，开始学习骑兵，后改为学习航空。回国后，于 1916 年任南苑航空学校教官。

（2）航空学校的课程和表演

课程分学科和术科两大类。学科设有航空学、机械学、气象学、外语等课程；术科以飞行训练为主，装卸发动机和修理

第七章 民国时期南苑与北京南部变迁

飞机为辅。学制第一期为一年,从第二期开始改为两年,分初级班和高级班。初级班以能在飞机场安全起落,并能在空中旋转自如为合格;高级班要求按照规定的方向和指定的地点作长途飞行。当时的长途飞行路线是三角航线长途越野飞行,要从北京南苑起飞至河北保定降落加油,再起飞至马厂(今河北青县马厂镇),最后由马厂加油飞回南苑,安全降落,顺利完成这三角航线飞行才算合格。当时飞机发明问世还不到10年,并且引进的高德隆教练机中只有3架为双座飞机,又没有双套操纵系统,最大时速仅96公里,载油有限,仪表、导航设备简陋,因此飞行这条航线很不容易。校长秦国镛、飞行主任教官厉汝燕和学生章斌于1914年3月10日至11日,成功完成了北京至保定之间的航线试行,这是中国航空史上第一次长途飞行记录。经过刻苦训练,南苑航校的学生大部分都能完成航线起落与熟悉训练空域的各项基本操作的练习。

南苑航校的教官多具有在国外留学的教育背景,不仅具备高素质的理论修养,还掌握着先进的军事知识。在飞机维修厂厂长潘世忠的主持下,1914年在综合参考高德隆及法曼飞机技术数据的基础上,自行设计和制造出一架双翼飞机。该机采用推进式螺旋桨方案,动力采用汉阳兵工厂仿制的法国"格莱姆"80马力发动机,机首装有一挺汉阳兵工厂制造的机枪,该机机身标有"1"字标号,被称为"枪车"。这是已知中国第一架自己研制成功的军用飞机,在中国航空史上具有划时代的意义。此外,厉汝燕还设计制造了中国第一架水上飞机。相比发达工业国家,对于工业基础极端薄弱的中国来说,这个成就实属难得。不仅如此,他们还具有高超的飞行技术,多次在南苑完成高水平的飞行表演。

1911年4月6日,留法飞行员秦国镛驾驶高德隆单座教练机在南苑校阅场进行飞行表演,这是中国人在本国领空上首次驾机飞行,开中国飞行员在本国领空飞行之先河。(第一个驾机

227

讲武习勤的皇家苑囿

升空的中国人是广东华侨冯如,他于 1909 年 9 月 21 日,在美国奥克兰派拉蒙特山附近的空地上,成功地试飞了自己设计制造的飞机,飞行距离约 805 米,这也是中国人第一次实现了飞上天空的梦想。)因此,秦国镛也就成为中国本土航空第一人。表演当天非常热闹,不少清廷官员和外国记者都到场参观,秦国镛起飞后绕场三周向观众致敬,然后平安落地。

1913 年 7 月中旬,南苑机场进行了一场飞机展示及飞行表演会。机场跑道上,排列着 6 架崭新的法制高德隆 G-4 型双翼教练机,机身皆淡蓝色,机翼上下和垂直尾翼涂有象征着"五族共和"的红、黄、蓝、白、黑五角星机徽。参加展示会的除了民国政府的官员,还广邀各国驻华使节和侨民莅场助兴。展示会结束后,又进行了精彩的飞行表演,数架飞机在蓝天白云间盘旋穿梭,中、法两国的飞行教官在空中炫巧斗技,展示身手,一些大胆的中国官员和外国侨民还随机升空,体验在蓝天自由翱翔的乐趣。这是南苑航空学校在正式开办前的一次全面展示。

1916 年 8 月,南苑航校在校试验场进行飞行演习,还出售参观券让普通民众观看,共发售参观券 2 万多张,由永定门至南苑用轻便火车运送观众,每小时往返一次。(1906 年,为了适应南苑驻军的需要,修筑了窄轨铁道的京苑轻便铁路,起自永定门站至南苑万字地,全长 8 公里。)

(3) 航空学校的军事行动

由于有出色的教官,南苑航空学校建立不久师生就多次奉命参加军事行动,并且都完成得极为出色,当然囿于当时的条件,任务多是侦察行动,但这毕竟是中国军事史上的重大突破,意义非同寻常。

1913 年冬,内蒙古发生叛乱,北京政府指令南苑航校派出飞机,配合陆军第 10 师去内蒙古地区作战。这次军事行动由南苑航校修理厂厂长潘世忠驾驶高德隆式飞机 1 架,随机学员吴

第七章 民国时期南苑与北京南部变迁

经文负责侦察任务。此次飞行克服了因天寒发动机极难发动的困难，圆满完成两次侦察任务，为地面部队提供了空中侦察情报，这是中国军队第一次将飞机用于实战。其后，航校还参与了"追剿"白朗的军事行动。

1912年夏，河南宝丰白朗发生了农民武装暴动，他们趁着北洋军队南下去对付革命党的时机，在河南、安徽、湖北等地开始攻城略地。到1914年，白朗的起义军发展到2万多人。陆军总长段祺瑞奉命进行"清剿"后，指令南苑航空学校航空队到前线助阵，于是厉汝燕、秦国镛、潘世忠、章斌、关庚泉等及一名俄籍飞行员奉命驾驶4架飞机，由京汉路转陇海路运至渑池，又以人力运抵潼关装配。1914年4月6日由厉汝燕、关庚泉、章斌等驾驶飞机进入河南、陕西和甘肃地区，对白朗军分段进行侦察和轰炸，这是中国军队在本土上最早的轰炸行动。同年8月，白朗战死在河南鲁山石庄，起义逐渐被镇压，飞机队成员完成任务，先后返回了航校。

1917年7月1日，张勋在北京拥立逊帝溥仪复辟，5日，航空学校第一任校长秦国镛即致电讨逆军总司令段祺瑞，声言准备"率飞行人员与讨逆军各部取一致行动"。据台湾出版的《民国初的复辟派》一书的作者胡平生考证，当时南苑空军在讨逆行动中，一共出动了7次。7月5日一次，飞到永定门、丰台一带，侦察敌情。7月6日凌晨5时一次，飞到北京城里散发传单——以空军司令秦国镛名义写的警告书，内容是如果城内诸军，"倘执迷不悟，即以炸弹从事，玉石俱焚，后悔何及"。同日6时又一次，飞往黄村、卢沟桥和永定门一带侦察敌情。午后，连派飞机2架，先后飞往廊坊进行通讯联系。7日上午6时，派飞机一架飞往马厂，向段祺瑞汇报情况。7时，复派飞机一架，往丰台投掷炸弹，炸散了当地的辫子军。10时，派飞机一架，直接飞到皇宫上空，在天安门上空散发"打倒张勋，反对复辟"的传单，在紫禁城内投下三枚小炸弹，以示警告：第

讲武习勤的皇家苑囿

一枚落在隆宗门外,炸伤轿夫1名;第二枚落在御花园水池里,炸坏水池一角;第三枚落在西长安街隆福门的瓦檐上没有响,是臭弹。这次空袭主要是对清廷的震慑和威吓,并没有造成太大的人员伤亡,尽管如此,仍然令张勋及清廷惊慌失措,轰炸后不久,溥仪便宣布退位,张勋复辟宣告失败。1923年5月,土匪孙美瑶劫持津浦线列车,南苑航校教育长蒋逵、保定航空队教官沈德燮驾驶阿弗罗504K教练机飞临匪巢上空侦察、示威。

2. 南苑机场

1910年2月,清王朝军咨府大臣载涛奉命率团赴日本和欧美考察军事,回国后,载涛极力倡导发展航空事业。当时刘佐成和李宝焌在日本研制飞机,因飞行场地使用不便无法进行试验,当时的驻日公使胡惟德将此情况报告清政府,摄政王府电召他们二人回国制造飞机。1910年8月,由驻日公使随送他们返国。经"涛贝勒"大力倡导,1910年清政府拨款在北京南苑的庑甸毅军①操场修建了供飞机起降的简易跑道,建设了厂棚,委派刘佐成和李宝焌购买材料在此制造飞机,可惜未获成功。但自此,南苑机场却成为中国第一个军用机场。

(1) 南苑机场早期的民营事业

南苑机场不仅是中国第一个军用机场,也是中国第一个民用航空机场。1919年1月,北洋政府交通部成立"筹办航空事宜处"。此后北洋政府先后从英国、法国、美国购买了阿弗罗、高德隆、道济等型号飞机100多架,开始建立空军并发展民航事业。

1920年4月24日,第一条民用航线南苑至天津开通试航。当时的北洋政府使用自英国购买的汉德利·佩吉(Handley Page)

---

① 清末军队有按其将领名字的一个字为部队代号的,也有按军队将领祖籍或士兵家乡称呼的。毅军为清军主力陆军,为宋庆将领所部,因宋庆赐号毅勇巴图鲁,故称毅军。

第七章 民国时期南苑与北京南部变迁

亨式机"京汉"号,由英籍飞行员麦肯锡(Capt. Mccarthy)上尉驾驶,从北京起飞,成功开辟了中国第一条民用航线——京沪航线京津段。1920年5月7日,这条航线上午正式开始运行,搭乘英国驻华公使、交通部代表等乘客15人以及部分邮件、报刊,由南苑起飞,历时1小时安抵天津赛马场。这次由北京到天津的往返飞行,尽管只是邮局委托飞机试带邮件,却开启了中国民航和航空邮件的首航,中国商业航空由此开端,南苑机场成为中国最初的民航航线上的重要基地。可惜,此航线开航不久,直皖战争爆发,航班无法正常往来,8月时航时停,到了9月23日正式停航。

京津试航后,北洋航空机关还使用维梅式运输机开辟过北京至济南的航线、北京至北戴河的夏季临时航线,以及长城游览飞行。

一家名为"中国-英国公司"(Sino-British Company)的企业试图筹建中国最早的航空公司,并于1921年8月11日在北京南苑至北戴河之间开辟了一条新航线。北戴河是濒临渤海湾的一个著名避暑胜地,经常有各国使节和外交官光临这里。秉承了官员优先的传统,这一特别航线主要是为到北戴河避暑的北京政府官员及外国驻京使馆人员服务的。邮政总局也不敢怠慢,积极配合办理航空邮政业务,夏季凉爽的海风和官员、公文、国家大事,在北戴河一个都不能少。每周五下午3时由南苑起飞,飞行2个多小时,在北戴河赤土山机场降落,周六、周日在北戴河飞行游览海滨和长城,周一返回北京。但是,当旅游季节结束后,搭乘飞机的旅客随之锐减,航空公司也宣布停业。此线运行3年,至1924年停办。

1921年4月,南苑航校创办空中游览飞行,售票载客,每星期二、四、六下午2点飞航3次,分甲、乙种客票游览,甲种票游览京城30分钟,每位30元;乙种票游览飞行场10分钟,每位10元。京苑轻便铁道为京城达官贵人、普通百姓到南苑游览提供了方便的交通工具，也受到人们的欢迎。

1921年7月1日，北洋政府开设北京－济南航线，标志着中国航空邮政正式创办。当时所用班机只有两架，一名"舒雁"，一名"大鹏"。按规定：每星期三、五、日由北京飞济南，星期二、四、六由济南飞北京。但开航以后就因时局多变，班机不能按时往来，遂于同月10日停航。

由于人力物力的限制与时局的混乱，再加上外行管理和官员腐败，这些花费不菲的航线多半是虎头蛇尾，无力维持，甚至连航空主管机构也数度更名、撤并，每逢北京时局动荡，航空署长必然换人，短短七年时间竟然换了九任署长。在战争频繁、灾难不断的困境里，民营航空事业这些早期的尝试虽不成功，却是非常难得的经验积累。今人不能因为这些失败就简单否定北洋政府时期的航空事业发展，正是在这个时期，中国的机场建设、航站配置、人才培养、油料补给等方面出现了近代航空事业的端倪。

（2）中国航空公司和欧亚航空公司的航班起降地

南苑机场不仅是新中国成立前北京最大的机场，也是华北地区重要的机场之一。中国航空公司和欧亚航空公司的航班飞机都在南苑机场起降，它们总共开辟了经停北京的航线大约13条。

1927年国民政府定都南京，次年于名义上统一了中国，结束了军阀混战的局面，南京国民政府也获得了国际承认，成为中国唯一合法的政府。国民政府执政后开始致力于经济发展，直到1937年因日本发起全面侵华战争而中断，这期间称为国民政府"黄金十年"。尽管当时仍是战乱频繁，但与之前军阀混战时期相比毕竟是小规模的、小范围的，因此这十年间经济还是得到一定恢复和发展，社会变化巨大，商业航空运输也随之开始蓬勃发展。

中国航空公司（简称"中航"）是中华民国政府交通部与

美利坚合众国柯蒂斯-赖特飞机公司合资成立的航空公司。"中航"开办初期,依据合同获有沪蓉、京(南京)平(北平,今北京)、沪粤三大干线的飞航特权,公司先开辟沪蓉航线。京平航线为"中航"经营的第二条航线,此航线由南京起飞,经徐州、济南、天津至北平,于1931年4月开始试飞后,因航线与津浦铁路线平行,客货营业都比较清淡,亏蚀颇多,所以到12月即告停航。至翌年6月,"中航"将京平航线改为上海-天津航线。此线自上海起飞后,大部分航程为沿海飞行,中途经停海州(今连云港市)、青岛至天津。后来又决定在南段由上海起飞后,绕道南京再到海州,北段则由天津延伸到北平,改称沪平航线,1933年1月11日正式启航,其飞行班次为每星期上海和北平对飞各3次。

1931年2月,南京国民政府交通部与德国汉莎航空公司合营的欧亚航空邮运股份有限公司(简称欧亚,1943年3月改组为中央航空运输公司,简称"央航")在上海正式成立。依据中德合同,"欧亚"经营3条航线:从上海经南京、天津、北平、满洲里,经苏联亚洲城市至欧洲;从上海经南京、天津、北平及库伦(今蒙古乌兰巴托)、苏联亚洲城市至欧洲;从上海经南京、甘肃、新疆之中国边境,经苏联亚洲城市至欧洲。此时苏联已开始警惕德国利用"欧亚"飞机进行军事侦察,不同意飞越苏联。经过交涉,苏联提出一个变通的办法,即"欧亚"可将邮件、旅客运载到满洲里,改由铁路运输到苏联的亚洲城市伊尔库茨克,然后再由苏联民航飞机运往莫斯科,衔接德国"汉莎"航班转运欧洲各国。其他两条航线亦可照此办法。于是,"欧亚"在1931年5月31日先开通上海-满洲里航线,自上海起飞,经南京、济南、北平、林西(内蒙古境内)到达满洲里,全程总长2350公里。至6月底,此航线运载邮件收入为国币2350余元,客票收入6600元,乘客为25人次,实际飞行仅8次,公司亏损国币24.7万余元。不久爆发"九一八"事

讲武习勤的皇家苑囿

变,日本军国主义者侵占了东北地区,此航线的北平至满洲里段,被迫宣告停航。至1932年,上海又发生"一·二八"事变,虹桥机场被日军炸毁,沪满航线仅能在南京、北平间飞行,直至9月,上海至南京航段才得到恢复。"欧亚"在开办通往欧洲的航线失败后,为谋取日后扩充中国南部的航线,便呈请交通部准其开辟北平-西安、广州-西安两条新航线,并于同年12月试航成功,而且准备在新疆局势好转时,使它与上海-新疆航线交会于西安,以便北平、天津、上海、汉口、广州、香港等地的邮件,可以在西安转上海-新疆航线而运往欧洲。但后来因广州机场发生纠纷等原因,当时没有能正式通航。

(3) 日伪时期的南苑机场

为控制华北地区的航空业,1936年10月17日,日方逼迫中方签订《中日通航协定》。1936年11月7日,惠通航空公司在天津成立。名义上是中、日合办,但中方只出土地使用权,日方出飞机、飞行员及其他一切技术人员,资本讲的是中、日各半,实际上是日本独资。惠通航空公司成立后立即开辟了五条航线:天津-大连线、天津-北平(今北京)-承德线、天津-北平-张家口线、北平-天津-锦州线及北平-沈阳线。惠通航空在冀察政权范围内共建设了天津东局子、北仓、塘沽、北平南苑、北平丰台赵家村和通县六个机场。这几个机场为"七七事变"时期的空中轰炸做好了准备,使华北的上空完全暴露在日军武力之下。

1937年卢沟桥事变后,南苑机场成为日军的进攻目标。1937年7月28日,大批日军进攻南苑军部,为了保卫南苑机场,二十九军副军长赵登禹、师长佟麟阁阵亡,5000多名守军殉国,南苑机场被日军占领。之后日军扩建了机场,把南苑机场变为侵略中国国土的重要军事基地和大型机场。

日军在机场东北庑殿村南建了日军营房,大约有100间红砖红瓦的房子,由南苑机场至庑殿修了4公里长的铁路。在庑殿村、南苑镇还建了多处半地下小地堡。1939年夏,中国抗日志士放火烧了南苑机场,多架日机葬于火海之中,日军损失惨重。之后,日军对南苑机场进行了修建、扩建,完善了航空指挥设施,更名为南苑兵营。为了预防飞机被炸,1941年日军在南苑机场周围修建了许多飞机窝。约1公里建一个,全部为圆顶形式的钢筋水泥建筑,在飞机窝顶部覆盖着30多厘米厚的黄土,上面长满杂草,成为掩蔽物。在飞机窝顶上建有一个木结构的岗楼,有士兵站岗放哨。在飞机窝附近建有半地下的水泥小碉堡,约有一间房子大,存放汽油等。日军平时把飞机开进窝内隐藏起来。据《北京抗战遗存》记载,在南苑机场附近建有20多个飞机窝。1949年以后,因南苑机场周边改造,很多飞机窝陆续被拆除。现今在南苑机场周围还有6个飞机窝,分别在南苑乡北京国际露营公园内、南苑乡南苑村一分地西侧、团河路东侧、南苑街道警备中路路边、南苑街道警备中路东侧、警备中路北段路口东侧,这些飞机窝大多被改作存放物品的仓库。

(4)抗战胜利后的南苑机场

抗日战争胜利后,陆续集聚到西南大后方的政府机关、企事业单位、军队、避难者等数百万人员都面临着东归的需要,给国家交通运输分流功能带来严峻挑战。刚刚遭受持久战争的破坏,其他交通工具滞缓且缺乏,于是只能依靠航空运输担此重任。"中航""央航"两家航空公司抓住了这一良好契机,急剧发展壮大。它们都开辟了还都复员航线,并调用一部分原中印空运飞机及美军在华剩余运输飞机,参加还都运输。

中国航空公司依靠在抗战后期执行"驼峰飞行"任务积累的技术、物质和人才力量,全力配合国民政府"还都复员"运输,全面展示了航空运输的优越性,成为复员运输的主力。在抗战胜利后6个月内,"中航"除恢复原经营的航线外,还增辟重庆-柳州、重庆-北平、重庆-广州-香港、昆明-河内、上海－台北等航线。此后，公司又陆续拓展多条航线，1946年开通了北平－太原航线，1947年增辟北平－沈阳航线，1948年继续开辟北平－宁夏－兰州等航线。至1948年底，航线总长52389公里，"中航"的飞航里程达到极值，运输总周转量在国际民航运输协会排名第8位。1945年"央航"增辟沪昆（上海－汉口－南京－昆明）、沪渝（上海－汉口－南京－重庆）、沪平（上海－南京－济南－青岛－北平）等线，恢复重庆－迪化、成都－雅安、重庆－桂林3条航线，航线总长5258公里，尽最大努力先后恢复上海、广州、北平、柳州等航站的工作。复员运输期间，"央航"载运乘客1.67万人次、货物1690余吨。

1947年随着解放战争的推进，有些战区内的国民党军队已被解放军分割和围困在交通断绝的城市中。国民党为挽救其失败的命运，除出动空军运送物资支援外，尚嫌不足，便下令各民用航空公司也必须参加军事运输。1948年1月至1949年4月，"中航"奉令参加内战军事运输，由北平等地空运至沈阳等处军用物资8858吨，南京送至徐州、蚌埠的军用物资2376吨，北平、青岛送至太原的军用物资15053吨，为协助国民党打内战出了大力。在1947年以前，"央航"虽然也有配合国民党政治、军事的运输任务，但数量有限；然而从是年开始，其承运的这类特殊任务，在总运量中的比重逐渐增大。1948年整个业务的大半是参与紧急军运，而非经常性的民用业务。5月起该公司与国民党联勤总司令部签约，由北平运输军粮至沈阳，首次即1800吨，回程机则载运伤兵。以后又有续约，直至辽沈战役结束才停止。

3. 新中国成立后的南苑机场

1948年12月16日夜，北平解放前夕，担负主攻任务的三纵七师二十一团秘密行进到南苑机场附近待命。17日清晨，早已准备好的二十一团三营向机场发起突袭，战斗仅进行了一个多小时，就占领了整个机场，缴获多种飞机及大量军用物资，如此一来，解放军可使用的 P-51 战斗机就达到 39 架。19 日早，国民党动用了两个多团的兵力，在 16 辆坦克和 20 门大炮掩护下，向机场实施疯狂反扑。这是一场激烈的交战，从上午直到下午共激战了 5 个小时。二十一团勇士们接连打垮敌人 3 次冲锋，彻底粉碎了傅作义试图夺回南苑机场的幻想。这对国民党军队是个沉重打击，对我军拔除京郊敌军据点，促进北平和平解放起了重要作用。但是国民党并不甘心自己的失败，试图寻机报复，妄图阻止人民解放军建立空中力量。经过精心策划，1949 年 5 月 4 日上午，国民党空军从青岛基地起飞，6 架 B-24 型轰炸机由天津方向飞抵南苑机场上空，投下 30 枚重磅炸弹对机场进行轰炸。这次轰炸炸毁飞机 2 架，炸伤 C-46、B-25 飞机各 1 架，烧毁房屋近 200 间，还破坏机库 1 座，死伤 24 人。国民党空军飞机空袭南苑机场是北平解放后遭轰炸损失最大的，也是唯一的一次。这次轰炸给刚刚和平解放的北平市民造成威胁，中共中央机关也面临严峻的安全形势。这次空袭的可怕之处就在于国民党空军的目标非常明确，就是要炸毁刚刚从全国各地调到南苑机场执行北平防空任务的飞机。

为了保护北平地区人民的生命财产安全，保卫预定于 9 月召开的中国人民政治协商会议和之后的开国大典，进一步加强北平防空，1949 年 8 月 15 日，华北航空处根据上级的指示，将在北平的飞行、地勤人员集中起来，在南苑机场组建了中国人民解放军第一个担负作战任务的飞行中队，下辖三个飞行分队和一个机务分队，习惯上被称为"南苑飞行队"或"北平飞行队"。该飞行队自 9 月 5 日起担负北平地区的防空任务，这标志着中国人民解放军从此有了自己的空中作战部队，部队装备的 P-51 战斗机、"蚊"式轰炸机、C-46 运输机、L-5 通信联络机、PT-19 教练机等都是从战场缴获及国民党空军人员驾机起义而来的军用飞机。9 月 21 日，中国人民政治协商会议第一届全体会议在北平召开。为了保证会议的顺利进行，该中队每天

讲武习勤的皇家苑囿

拂晓都要有10多架战斗机进行试车检查,发动机巨大的轰鸣声不仅对敌人起到了震慑作用,而且对刚刚获得解放的北平人民来说也是一种极大的鼓舞。1949年10月1日,该中队9架P-51战斗机参加了开国大典的阅兵式。有意思的是,人民解放军第一支能作战的飞行中队的飞机全是原国民党空军的,当时担负作战任务的飞行人员也几乎全是国民党空军培养的或在美国受过训练的。由于该中队出色地完成了开国大典的阅兵式,国庆后即10月的一天,朱德总司令在聂荣臻代总参谋长兼华北军区司令员、总参作战部部长李涛、军区参谋长唐延杰以及空军的常乾坤、王秉璋等人陪同下,到南苑机场视察和检阅飞行中队。朱德总司令对B-24感兴趣,还专门登上B-24飞机察看。由于该中队出色地完成了开国大典的空中阅兵任务,在新中国成立后的历次国庆阅兵中,南苑机场一直都是空、地受阅部队的训练基地,为空、地受阅部队的训练任务提供保障,而受阅飞机编队也都是从这里起飞。

随着全国的基本解放,北京受敌机空中威胁日益减少。为了适应空军大办航校、加速培养新飞行员的需要,1950年11月24日,空军颁布命令,撤销空军独立第一驱逐机大队,将空军地勤人员和飞机分配给各航校和部队。至此空军第一个飞行中队光荣地完成了自己的历史使命,人民解放军第一个飞行中队光荣地完成了自己的历史使命。虽然它存在的时间不长,却担负了北平地区的防空作战值班,参加了开国大典的空中受阅,以及紧急空运物资和接送中央首长等光荣任务,为建立人民空军做了初步的尝试,奠定了深厚基础,在人民空军的发展史上留下了光辉的一页。1950年11月,根据与中国政府的协议,苏联派了一个米格喷气机师驻南苑机场,担任防空值班任务,首都的防空有了更大保障。

南苑机场作为北京郊区最重要的空军机场,承担起保卫首都空域、保障首长专机起落的任务,担负着空、地受阅部队训

第七章　民国时期南苑与北京南部变迁

练的保障任务以及接待来访的外国飞行表演队的飞行表演任务。由于南苑机场跑道长 2900 米，起降条件优于西郊机场、沙河机场及民航管辖的首都机场（当时跑道均为 2200~2300 米），所以这里是新中国成立以后中外政要专机在北京地区的主要起降机场，也是迎送外宾的重要机场。1957 年 4 月 15 日，毛泽东、刘少奇、朱德、周恩来等领导同志在南苑机场接待了苏联最高苏维埃主席团主席伏罗希洛夫一行的友好访问，当时从南苑至中南海数万群众夹道欢迎。这也是苏联图 - 104 大型飞机着陆的首个中国机场。1971 年，美国国务卿基辛格于巴基斯坦当地时间 7 月 9 日凌晨登上了波音 707 专机秘密访问中国，商谈尼克松总统访华事宜，其专机就是在南苑机场降落的。在基辛格正式来访之前，先由巴基斯坦的飞机到北京试航。为了保密，他们飞的是一条新航线，从巴基斯坦直飞我国的南疆，然后经过西藏、青海、甘肃、陕西、山西、河北，到北京的南苑机场降落。当时为了保证专机飞行安全，其他外来的飞机一律不准在南苑机场降落。

新中国成立以后，南苑机场也延续之前的传统，在此建立了航校及空军培训机构。1949 年 12 月 1 日，空军第四驱逐机航校在北京南苑机场成立，12 月 24 日，第四驱逐机航校更名为中国人民解放军第六航空学校。1953 年 2 月 19 日，为培训大队长以上飞行指挥干部，在北京南苑机场组建空军中级指挥员训练班，隶属军委空军建制。同年 3 月改称为空军指挥员训练班，其后的十几年间先后更名为空军高级航空学校、空军第一高级专科学校。1968 年 9 月 30 日，中央军委决定，将空军第一高级专科学校改编为歼击飞行航校，其校部机构，由军级改为师级机构，改称中国人民解放军第十三航空学校，归北京军区空军建制领导。1969 年 10 月 29 日，中央军委决定将该校迁至山东济南，原驻沙河机场的航空兵第三十四师一〇二团进驻南苑机场（位于北京市丰台区南苑镇），并组建空军南苑场站。1981

讲武习勤的皇家苑囿

年11月上旬,空三十四师改为空军独立运输团,空一〇〇、一〇一、一〇二团依次改为空军航空兵独立运输团第一、第二、第三大队。

南苑机场自新中国成立以来一直是军用机场,直到1986年中国联合航空公司(简称"联航")成立,机场才对民航开放,但也仅仅对中国联合航空独家开放,是中国联合航空的基地机场。从此,北京南苑机场由原来的军用机场变成中国历史上第一座军民两用的大型机场。联航虽说是一家民用航空公司,却是空军与22个省、市以及大型企业联合组建的。联航独立于中国民航系统之外,因经常推出相当于火车卧铺票价格的机票而吸引了大量旅客,成为当时中国支线航空市场上的霸主。机场先后开通客货航线数十条,主要机型为波音737-700型和波音737-800型,其中佳木斯至北京的往返航线为每天一班,机型为波音737-700型,设有座位134个。航线航程1380公里,巡航高度10800米,时速达到900公里。

由于南苑机场有良好的军用机场的基础,所以飞行区场区设施较为完整,拥有一条4C级跑道,一座年运输120万人次的航站楼,这样大大降低和缩短了机场初期建设成本与建设周期。2004年联航完成军转民重组,继续以南苑机场为基地。2006年,候机楼改造工程启动,2007年新扩建的北京南苑机场候机楼建筑面积近10000平方米,可同时接待近千人同时候机,大大改善了乘客的候机环境。2008年,北京南苑机场经历了一个非同寻常的扩张时期,全年运送乘客达到135万7038人次,货物装卸量达到13243吨,交通量为12245架次。2012年11月26日,东航全资的中国联合航空有限公司与东航河北分公司完成联合重组,成立新的中国联合航空有限公司,主运营基地设在南苑机场。这样更加有利于统筹发展北京地区的航空市场,发挥南苑机场的资源优势,缓解首都机场压力,有利于形成京冀航空市场的联动发展,2017年南苑机场客运量曾达到 595 万人次。

南苑机场还是中国空军与外国空军进行友好交流的基地。1987 年 9 月 24 日，美国空军"雷鸟"飞行表演队随美国空军部长奥尔德里奇访问中国，并首次在中国（南苑）进行了精彩的飞行表演。1991 年 2 月，中苏双方签订引进苏 - 27 战斗机的协议后，苏联空军派出多种型号的飞机访华，在北京南苑机场进行了多次飞行表演和地面静态展示，其中包括米格 - 29、苏 - 27、安 - 72、苏 - 25 等，这些都是当时苏联空军压箱底的先进装备。2004 年是中法文化年，当年 10 月，法国空军"巡逻兵"飞行表演队抵达南苑机场，与空军"八一"跳伞队举行联合献艺。

综上所述，南苑是中国航空事业的肇始之地，在我国航空史上具有重要地位。南苑机场作为中国第一座机场，在中国近现代航空事业中做出了巨大贡献，其航空事业发展史伴随着中国近代化、现代化的发展史，见证了整个中华民族的屈辱、抗争与复兴，体现了中国人民奋发图强、不屈不挠的民族精神。

三　南苑之战：北京抗战史上的悲壮一幕

在北京市众多的道路中，以人物命名的并不多见，西城区的佟麟阁路、赵登禹路是其中仅有的几条之一。它们记录了北京抗战历史上难以忘却的惨烈一幕，虽然已经过去了 80 多年，但历史从未走远。默默矗立在那里的路牌无言地诉说着过往，它们早已与这座城市融为一体，并成为整个中华民族历史记忆的一部分。

（一）全面抗战爆发之前的华北局势

1931 年日本发动"九一八事变"之后，侵占东北三省，建立伪满洲国。1933 年 1 月，日军进攻山海关，占领热河。同年 5 月，南京国民政府与日本签订《塘沽协定》，中国军队退守至延

讲武习勤的皇家苑囿

庆、通州、宝坻、芦台所连线以西、以南地区，该地以北、以东至长城沿线划定为"非武装区"，日军陈兵长城各口，华北几乎已无险可守。此后，日军步步紧逼，1935年5月，华北再次爆发危机，日中签署"何梅协定"，国民党中央军、东北军和宪兵第三团被迫撤出河北，北平、天津直接暴露于日军枪口之下，沦为危城。

"何梅协定"签署之后，日本对华政策日益明朗。1935年8月，多田骏出任华北驻屯军司令官，与时任奉天特务机关长的土肥原贤二、关东军副参谋长的板垣征四郎在对华政策上态度渐趋一致，即通过在华北地区培植亲日力量，成立"自治"政权，脱离南京中央政府管制。1936年2月，日本国内少壮军人制造"二二六事件"，主张发动全面侵华战争的强硬派军方上台主政，日本对华军事战略愈发激进。此后，日本不断向华北增兵，华北驻屯军的兵力扩充到一个旅团，总兵力超过5000人，驻防地从天津、廊坊向北平南郊的丰台附近一线延伸。同时，关东军向察哈尔多伦、热河围场等地屯兵，大量整编的伪蒙军驻扎在张家口以北地区，长城沿线也聚集着成批的日军、伪军，北平到山海关铁路已被日军控制，至此，北平的东西北三面已被合围，只有西南的卢沟桥及宛平城，成为北平对外的唯一通道。

卢沟桥是北京西南的交通咽喉，卢沟桥以北数百米处还架有一座铁路桥，连接平汉铁路，而卢沟桥附近的丰台也是平汉、平绥、北宁三条铁路的交汇枢纽。对于日军而言，控制卢沟桥与宛平城就完成了包围北平的最后一个环节，据此可以截断北平与南方各地的来往，进而控制冀察当局，使华北完全脱离南京国民政府管辖，"卢沟桥之得失，北平之存亡系之；北平之得失，华北平原之存亡系之；而西北、陇海线乃至长江流域，亦莫不受其威胁也"。因此，中日双方对此都非常重视。1936年以来，日方在卢沟桥附近频繁进行挑衅性军事演习，其规模以及

第七章　民国时期南苑与北京南部变迁

炮火猛烈程度接近实战，演习部队的坦克甚至开进了北平城内。在卢沟桥畔，中日两军近在咫尺，事端频发，小摩擦不断，双方不断增兵。1936年6月，日本华北驻屯军调步兵旅团第一联队第三大队驻防丰台，而中方也在卢沟桥调兵遣将。宋哲元调三十七师（师长冯治安）一一〇旅（旅长何基沣）二一九团（团长吉星文）第三营（营长金振中）到此换防。这是一个加强营，官兵总数超过1400名。该营官兵进驻后，立即修筑防御工事，加强战备。

1937年6月中旬，日本政府近卫文磨组阁，此时日军迫切希望一举以武力征服中国，全面侵华战争一触即发。如果注意到近卫文磨组阁这一时间节点，也有助于我们理解卢沟桥事变爆发的历史必然性。

（二）卢沟桥事变之初，中日双方边打边谈

1937年7月7日夜10时，日军驻丰台第一联队第三大队第八中队在卢沟桥附近龙王庙举行实弹演习。11时许，日方借口一名士兵失踪，要求进入宛平县城搜查，遭当地守军第二一九团拒绝，双方爆发冲突，吉星文团长率部抵抗。翌晨2时许，日驻北平特务机关长松井获悉失踪日兵已经归队，但仍要求入城查明失踪情形，宛平驻军同意，双方派代表连夜赶赴宛平城谈判。3时半，日军第一联队第三大队大队长一木清直率领步兵四五百人及机枪队，携山炮4门，由丰台向卢沟桥方向增援，与第八中队会合，占领宛平城外的沙岗。5时30分，在交涉过程中，日军牟田口联队再次对宛平城发动炮击，中国守军在团长吉星文和营长金振中的指挥下，奋起还击。7月8日下午，日军驻天津军队1000人分四批增兵丰台。9日凌晨，第二十九军重新收复龙王庙与铁路桥，局势基本恢复到卢沟桥事变之前的状态。

卢沟桥事变爆发之初，双方争夺的焦点在卢沟石桥、铁路桥以及宛平城等地，虽已交火，互有伤亡，但投入兵力有限，

243

讲武习勤的皇家苑囿

战事规模总体可控,在一定程度上也可以说是彼此试探。从日本方面来讲,国内的政府与军部之间并未在解决方案意见上迅速达成一致,更重要的是,日军在北平周边兵力部署不足,此时开战没有必胜的把握。而在中国方面,当时驻守北平的是国民革命军第二十九军,此部并非蒋介石嫡系,而是由冯玉祥西北军蜕变而来,军长宋哲元原是西北军的五虎上将之一。1933年春,该军曾奉命参加长城抗战,以大刀队夜袭喜峰口日军炮兵阵地,轰动一时。自1935年"何梅协定"签署之后,国民政府中央部队已全部撤出,华北已经成为事实上的半独立王国。宋哲元周旋于南京政府与日本驻华北方面军之间,态度游移。一方面不受南京中央政府直接掌控,另一方面也并未表现出明显的亲日姿态。宋哲元本人关注的焦点是通过大力招兵买马,扩充自身实力,从而保住在华北的地盘,对于蒋介石及日本方面,都不愿得罪。至1937年初,第二十九军已经发展为四个步兵师、一个骑兵师、一个卫队旅,兵力总数近10万人。

7月7日当晚,宋哲元尚在山东乐陵老家休养,在蒋介石几次电报催促之下,才从山东返回至天津停留。宋最初对形势估计比较乐观,将其定性为一场普通的地方冲突,希望采取一贯的做法,大事化小,通过适当让步,"和平"解决问题。因此,双方展开谈判,9日初步达成了停止射击、互相撤退的协议。

7月11日,即卢沟桥事变爆发后的第四天,是一个关键的时间节点,日本决定撤换原属"稳健派"的华北驻屯军司令官田代皖一郎,代之以香月清司,这是一个重要而危险的信号。香月拥有丰富的个人资历和特长,年轻时参加过日俄战争,欧战后曾留学法国五年,是当时步兵战术的权威专家。更重要的是,他很了解华北局势,系主张对华强硬的顽固分子。后来的一系列事实证明,香月清司对于卢沟桥事变的走向以及全面侵华战争的最终爆发都产生了重要影响。

香月上任之后,一方面在短时间内通过日本军部将平津地区的总兵力增至近10万人，并通过周密的布置编织了一张合围北平的巨网；另一方面，行缓兵之计，与中方继续谈判，以拖延时间，等待援军到达。而宋则希望保住第二十九军在华北的地盘，对停战心存幻想。7月18日，宋哲元与香月会面，此时，他仍未识破香月的真实意图。当时第二十九军四个师也有10万兵力，但分别驻防在冀察各地，宋并未提前做好充分的军事部署。同时，为向日方表现诚意，宋下令拆除北平城内各要口准备巷战的防御工事、沙包等，并打开已经关闭数日的城门，又令平汉路试行通车。这些都是造成后来北平迅速沦陷的重要原因。

其实，早在7月15日，日陆军部内部就已经达成了出兵华北的决议。7月20日，日本参谋本部下达任务，再次明确表明武力解决平津问题。自7月22日起，日军机械化部队及大量重汽车秘密向华北输送，至7月25日驻屯军完成了部队集结，对平津地区第二十九军形成包围态势。当日夜，日军突袭廊坊，并出动飞机狂炸中国军民，次日拂晓，日军攻占廊坊。张自忠第三十八师一部被迫撤退。廊坊是连接平津的战略支撑点，此地告破，平津联系已被切断。7月26日下午3时，香月清司向宋哲元发出最后通牒，核心内容是要求第二十九军守军撤出北平。在宋哲元尚未答复前，日军就发起数次战斗。当夜22时20分，香月清司向所属各部日军下达了总攻北平、天津的命令。形势发展到这种局面，可以说和谈的大门已彻底关闭，一场席卷大半个中国的大战即将爆发。

（三）南苑失守，第二十九军出城，北平沦陷

7月27日中午，宋哲元正式拒绝香月清司的最后通牒，他分别向国民政府军政部长何应钦及军事委员会委员长蒋介石拍发了两封函电，"日人欺我太甚，不可再忍"，表达了誓与北平共存亡的决心，同时迅速完成对北平的军事部署。7月28日零时，香月清司发表所谓重大声明，宣称"除采膺惩手段外，别

讲武习勤的皇家苑囿

无他策"。大战一触即发。卢沟桥事变爆发之初,中日争夺的焦点在卢沟桥及宛平城,而在双方投入大规模兵力正式宣战之际,两军的焦点则转移到了南苑。在日军发动的进攻平津的战役中,规模最大、争夺最惨烈的一场战斗就发生在南苑。

南苑位于天安门正南,是北京的南大门,也是第二十九军军部所在地。摊开当时的北平防务图,如果做一个比喻的话,宛平城可以说是北平南方大门的一把锁,卢沟桥是打开这把锁的钥匙,而南苑正是那扇大门的门枢。对于第二十九军而言,即使丢掉宛平,只要南苑没有失守,就相当于门枢还在,北平仍然安全。抗战爆发之前,第二十九军将兵力重点部署在宛平、长辛店和南苑这一三角地带,多次组织军事演习。但对日军而言,由于已经在东、西、北三面包围北平,一旦占领南苑,就能将各个方向的部队连成一片,北平也将彻底成为一座"死城"。因此,卢沟桥事变爆发之后,日军就开始不断向南苑增兵。

早在7月15日拟制的进攻平、津的作战方案中,香月清司已经将重点作战目标从卢沟桥转移至南苑地区,主要针对的就是南苑第三十八师及第二十九军军部。在日方看来,南苑是置第二十九军于死地的最适宜的目标,进攻南苑具有极强的震慑作用。香月计划将整整一个主力第二十师团加一个步兵联队,全部用来攻打南苑。他甚至通过"冀察政务委员会"政务处处长潘毓桂向宋哲元提前透漏了日军将进攻南苑的消息。香月判断,日军已切断了平、津交通,将南苑军营团团包围,中国军队在兵力、装备、火力等方面占据绝对劣势,如果抵抗可能全军覆没。根据宋哲元先前的表现,中方守军甚至有可能不战而退。

不过,香月的设想落空了。宋哲元下定抵抗决心之后,立即对北平防务进行部署:令原驻防南苑的第三十八师董升堂的一一四旅移驻北平城内,以缩短战线;另调派驻河北省中部大名、河间的第一三二师赵登禹部,迅速北上,协同原驻南苑的第

第七章　民国时期南苑与北京南部变迁

二十九军军部各机关人员、军官教育团、卫队旅孙玉田部的两个团、骑九师郑大章部的一个骑兵团以及军事训练团的学兵，共同镇守南苑军营，总兵力约7000人，赵登禹被任命为南苑临时总指挥，郑大章为副总指挥官。第二十九军副军长佟麟阁也留守南苑。不过，此时驻守南苑的兵力总数虽然不少，但番号混乱，相互之间缺乏有效协调与接应，且非作战人员较多，战斗力有限。

赵登禹，山东菏泽人，早年加入冯玉祥部队，后任冯的随身护兵。1926年参加北伐。在1933年著名的长城抗战中，赵登禹率军镇守喜峰口，与日军激战数日，敌人多次攻击不果，锐气尽挫，赵登禹部最终取得胜利。赵登禹武艺出众，著名抗日歌曲《大刀进行曲》就是以其组织的大刀队为原型创作的。

早在7月27日晨，日军板垣征四郎第五师团、谷寿夫第六师团、矶谷廉介第十师团等部队就已攻占团河、黄村等地，进而向南苑方向集结。至当天晚间，已逼近南苑。此时南苑的防御非常薄弱。第二十九军属仓促应战，赵登禹也是在这一日晚间才刚刚到达南苑，由于时间紧迫，他身边只带了一个团，另两个团刚到团河，所部主力尚在涿县途中，而三十七师原驻防南苑的主力兵员已经离去。此时，南苑防御部署未及调整，亦未构筑防御工事，情况危急。日军迅速开始攻击，团河一三二师增援过来的两个团被日军包围，激战之后全部被歼。

28日凌晨6时，日军开始对南苑发起总攻。先行从天津机场起飞空军40余架进行轰炸，随后出动3000人的地面部队在空军炮火的掩护与支援下，从东南、西南以及西北方向向南苑核心区域突进。由于缺乏高射武器，第二十九军防空能力几乎为零，南苑阵地也在日军的轰炸中变成一片火海。与此同时，日军调动驻扎通县的预备队华北驻屯军萱岛联队从东方南下夹击，对南苑守军形成合围之势。

南苑第二十九军军部只是设立在平原上的一座军营，无险可守，虽构筑了防御工事但被迅速夷为平地。日军在炮、空火

讲武习勤的皇家苑囿

力和坦克车掩护之下，从拂晓到午后，连续向南苑阵地冲锋，第二十九军的形势非常危急，各部通讯中断，阵地被切割成数段，支离破碎，无法形成有效支援。不过，虽伤亡惨重，但中国守军坚守阵地，没有退却，给日军的进攻造成了很大的困难。后来日本陆军报道部在1939年出版的《大陆战史》从己方的视角记录了当时战斗的惨烈程度："我军在空军的掩护下，进攻南苑和西苑。南苑是敌军的重要据点，在北平的南方约8公里，是旧城的外缘，现在是中国军队的兵营和飞行场，在这里守卫的是支那名将赵登禹……战斗是在雷雨之中爆发的，尽管我军进攻猛烈，但是敌将赵登禹的防守非常坚固，几经阻战无法容易地将它拿下。我军的编队轰炸和炮击不断地进攻，但是敌军仍以必死之决心，以猛烈的火力朝我军射击，火力始终没有减低……此战惨烈之极，白刃战到处发生，我方死伤数量不断增加，地面上到处都是战死的尸体，这就是一场白日下的噩梦。"

临近中午时分，南苑守军接到了第二十九军军部的命令，迅速以郑大章所部骑兵开路向北平城内突围。但是，他们在撤退过程中遭遇到了更加凶险的伏击。原定从通县赶来意欲东面夹击的萱岛联队接到情报，临时改变作战路线，在南苑至北平永定门之间的必经之路大红门、天罗庄一带设下埋伏，在两边的麦田中架起了机枪。12时40分左右，撤退军队误入日军伏击圈，由于没有掩护，没有接应，已经筋疲力竭的中国军人成了毫无遮挡的射击靶子。与其说是战斗，不如说是一场单方面的屠杀，日军的轻、重机枪与迫击炮等各种武器猛烈扫射，中国士兵尸体横陈。赵登禹所乘坐的黑色轿车由于目标过于明显，首先遭到日军火力的集中扫射。据日方记录，赵登禹身亡时端坐在后座，前额和胸部均有弹孔，牺牲之状极惨。日军在他胸前的口袋里找到了赵的名片，并在身边的皮包中发现了赵写给宋哲元的信件等，受伤的司机也证实了死者的身份。而关于第二十九军副军长佟麟阁的阵亡过程，则说法不一。有说佟麟阁

第七章　民国时期南苑与北京南部变迁

从车中逃出后到漕沟侧隐蔽，头部被弹片击中身亡；还有说佟骑马指挥撤退军队，因腿部中弹跌落后又遭枪击而血洒疆场。无论以何种说法为准，两位将军以身殉国的行为都堪称壮烈。据日方记录，在大红门遭遇伏击身亡的中国士兵超过1000人。

经过一天激战，南苑防御工事几近全毁，南苑兵营被占。同日，日军占领宛平、沙河、清河等地。当晚，宋哲元命令第二十九军向保定方向撤退，北平陷落。

南苑之战中，尤其令人痛惜的是，几百名满腔热血的南苑军训团的学生兵死于此役，他们之前大都是北平各大学、中学的学生，受"一二·九运动"影响投笔从戎，入伍仅有半年时间。在宋哲元的计划中，建立军训团的主要目的是为第二十九军培养干部。但当日军进攻南苑，驻守在此地的学生兵也走上了战场。在此之前，学生兵们一直没有配备武器。直到卢沟桥事变爆发之后，他们才真正被武装起来，配发枪支与大刀。考虑到学兵团战斗力较弱，出于保护的目的，在布防时将他们安排在南苑南面阵地，这也是日军攻击可能性较小的方向。但由于情报泄露，南面阵地受到日军的炮火集中猛攻。学兵团虽然先前未有实战经验，但此战表现得异常英勇，当凶残的日军突破防线之后，学兵团没有退却，而是以年轻的血肉之躯与日军展开近身肉搏，伤亡10倍于日军。军训团的学生兵1500多人中，活着回到北平的只有600人。

南苑之战是卢沟桥事变后中日两军最激烈的一次战斗。南苑守军7000人中，伤亡超过5000人。

8月8日，日军在正阳门举行入城式，从此开始了对北平长达8年的殖民统治。

1937年7月29日，国民政府冀察政务委员会外交委员会秘书欧阳夫在红十字会的帮助下，率警卫兵10余人驱车赶赴大红门，寻回佟麟阁将军遗骸，在附近村民的帮助下运回将军在北平城里东四十条的住宅，雍和宫附近柏林寺的僧人将其灵柩移

讲武习勤的皇家苑囿

入寺中，化名王思源。赵登禹的部下将其遗体掩埋在青纱帐中。当天夜里，陶然亭西龙泉寺的方丈带领4名僧人把赵登禹遗体装殓入棺，直至抗战胜利。7月31日，国民政府发布褒奖令，追授佟麟阁和赵登禹为陆军上将，其生平事迹存备宣付史馆，以彰忠烈。褒奖令曰："此次在平应战，咸以捍卫国家保守疆土为职志，迭次冲锋，奋勇无前。论其忠勇，洵足发扬士气，表率戎行。不幸身陷重围，殁于战阵。追怀壮烈，痛悼良深！"

1945年8月，日本宣布投降，抗战胜利结束。1946年6月，佟麟阁与赵登禹的老上级、时任国民政府军委会副委员长的冯玉祥提议在北平市选择三条道路或者三个城门，以英烈命名，纪念两位英烈以及后来在湖北枣宜会战中英勇殉国的张自忠将军。7月，北平市临时参议院提案函请市政府实施命名方案。11月25日，北平市长何思源签发《府秘字第729号训令》，将原南河沿改称"佟麟阁路"，北河沿改称"赵登禹路"，铁狮子胡同改称"张自忠路"，以纪念抗日英烈。新中国成立后保留了这三处地名，并一直沿用至今。

1946年7月28日，冯玉祥发起北平各界举行公祭赵登禹、佟麟阁仪式。次日，赵登禹灵柩由龙泉寺起灵，运至卢沟桥西道口铁路桥侧的山坡上安葬。佟麟阁灵柩从柏林寺起灵，被护送至其生前在香山狼涧沟故居侧畔的山坡上安葬。

佟麟阁、赵登禹是全面抗战爆发之后中国军队最早为国捐躯的两位高级将领。在当时北平已成危城的情况下，他们毅然担负起坚守北平的重任，明知不可为而为之，壮怀激烈，最终殉国，展示出中国军人血性、勇于担当的一面。如今矗立在西城区的两块路牌还在默默诉说着那段烽火连天的往事。它们刻录着特定时代的印记，同时也在时刻提醒着后人，惨痛的历史应该被铭记，对于今人而言，除了祭奠在战争中英勇战死的将士们，珍视和平的来之不易，更应强固自身，奋发有为。

后 记

本书各章节撰写作者如下：第一章"捺钵文化与南苑历史文化的缘起"，由北京市社会科学院历史所靳宝副研究员撰写；第二章"元明时期南苑地区皇家苑囿的形成"，由北京市社会科学院历史所高福美副研究员撰写；第三章"清前期南苑的发展与御园功能"、第四章"清后期南苑的衰败"，由北京市社会科学院历史所刘仲华研究员撰写；第五章"清末南苑放垦与苑囿变迁"，由北京市社会科学院历史所孙冬虎研究员撰写；第六章第一部分"水系治理与北京南部生态"，由北京市社会科学院历史所吴文涛副研究员撰写；第六章第二部分"明清诗歌中的南苑风光"、第七章第一部分"南苑阅兵、兵营和火车线"、第七章第二部分"南苑航空学校与南苑机场"，由北京市社会科学院历史所陈清茹副研究员撰写；第七章第三部分"南苑之战：北京抗战史上的悲壮一幕"由北京市社会科学院历史所王建伟研究员撰写。

全书最后由刘仲华统稿。由于我们水平有限，书中多有不足甚至错讹之处，希请广大读者不吝指正。

2019 年 3 月 10 日

图书在版编目(CIP)数据

讲武习勤的皇家苑囿:南苑历史文化区研究/刘仲华等著. -- 北京:社会科学文献出版社,2019.12
(北京市社会科学院文库)
ISBN 978-7-5201-5357-7

Ⅰ.①讲… Ⅱ.①刘… Ⅲ.①文化史-研究-北京 Ⅳ.①K291

中国版本图书馆 CIP 数据核字(2019)第 171852 号

北京市社会科学院文库
讲武习勤的皇家苑囿
——南苑历史文化区研究

著　　者／刘仲华 等

出 版 人／谢寿光
责任编辑／李　薇　佟英磊
文稿编辑／贾宏宾　张倩郢

出　　版／社会科学文献出版社·群学出版分社（010）59366453
　　　　　地址:北京市北三环中路甲29号院华龙大厦　邮编:100029
　　　　　网址:www.ssap.com.cn
发　　行／市场营销中心（010）59367081　59367083
印　　装／三河市东方印刷有限公司

规　　格／开　本:787mm×1092mm　1/16
　　　　　印　张:16.25　字　数:210千字
版　　次／2019年12月第1版　2019年12月第1次印刷
书　　号／ISBN 978-7-5201-5357-7
定　　价／89.00元

本书如有印装质量问题,请与读者服务中心（010-59367028）联系

版权所有 翻印必究